本书系上海市哲学社会科学学术话语体系
创新研究基地成果

"社区中国与基层善治"丛书

>>>>>>>> 刘建军 主编

天津市重点出版扶持项目

社区中国

刘建军 / 著

天津出版传媒集团

天津人民出版社

图书在版编目(ＣＩＰ)数据

社区中国 / 刘建军著. -- 天津：天津人民出版社，
2020.12(2021.11 重印)
("社区中国与基层善治"丛书 / 刘建军主编)
ISBN 978-7-201-17121-0

Ⅰ.①社… Ⅱ.①刘… Ⅲ.①社区管理—研究—中国
Ⅳ.①D669.3

中国版本图书馆 CIP 数据核字(2020)第 266056 号

社区中国
SHEQU ZHONGGUO

出　　版	天津人民出版社	
出 版 人	刘　庆	
地　　址	天津市和平区西康路35号康岳大厦	
邮政编码	300051	
邮购电话	(022)23332469	
电子信箱	reader@tjrmcbs.com	

策划编辑	王　康		
责任编辑	郑　玥　王　玲		
装帧设计	明轩文化·李晶晶		

印　　刷	天津新华印务有限公司
经　　销	新华书店
开　　本	710毫米×1000毫米　1/16
印　　张	20
插　　页	2
字　　数	230千字
版次印次	2020年12月第1版　2021年11月第3次印刷
定　　价	76.00元

"社区中国与基层善治"丛书编委会

主　编：刘建军

成　员（以姓氏笔画排序）：

孔繁斌　刘建军　吴晓林　何艳玲　范　斌
罗　峰　唐亚林　唐皇凤　景跃进

总　序

马克思在《资本论》第一版序言中说道:"以货币形式为完成形态的价值形式,是极无内容和极其简单的。然而,两千多年来人类智慧对这种形式进行探讨的努力,并未得到什么结果,而对更有内容和更复杂的形式的分析,却至少已接近于成功。为什么会这样呢? 因为已经发育的身体比身体的细胞容易研究些。并且,分析经济形式,既不能用显微镜,也不能用化学试剂。二者都必须用抽象力来代替。而对资产阶级社会说来,劳动产品的商品形式,或者商品的价值形式,就是经济的细胞形式。在浅薄的人看来,分析这种形式好像是斤斤于一些琐事。这的确是琐事,但这是显微解剖学所要做的那种琐事。"①马克思解剖资本主义的终极秘密是从商品入手的,因为商品是资本主义体系的细胞。就像他在《资本论》第一篇"商品和货币"开头说的一句话:"资本主义生产方式占统治地位的社会的财富,表现为'庞大的商品堆积',单个的商品表现为这种财富的元素形式。因此,我们的研究就从分析商品开始。"②在很多时候,对宏大议题的主观化、简单化处理要比解剖一个细胞容易得多,因为可以任意裁剪历史,随意舍弃材料。

更为重要的是,马克思对商品这一细胞的解剖,并不止于窥一斑,而

① 《马克思恩格斯文集》(第五卷),人民出版社,2009 年,《资本论》第一版序言第 7~8 页。
② 同上,第 47 页。

是要见资本主义的全貌。就像他在《资本论》第一版序言中所说的："本书的最终目的就是揭示现代社会的经济运动规律，它还是既不能跳过也不能用法令取消自然的发展阶段。但是它能缩短和减轻分娩的痛苦。"[①]要想探究一种文明的秘密，要想洞悉一个国家治理的秘诀，无怪乎三种路径：一是自下而上和自上而下，二是由内向外和由外向内，三是由近及远和由远及近。马克思对商品的解剖兼具了由内向外和自下而上两种路径。资本主义的终极秘密，就这样在马克思抽丝剥茧式的剖析中，一丝不挂地全盘呈现出来了。

我们这套"社区中国与基层善治"丛书也是从国家治理体系和社会治理体系的"细胞"入手的，这个细胞就是一个个的社区与基层治理单元。但是中国社会中的"治理细胞"与西方社会中的"治理细胞"又有着迥然不同的属性和定位。与西方社会并行分立的、相互并不隶属的成千上万个自治单元不同的是，作为社会有机体之细胞的社区和基层治理单元，是支撑整个国家治理体系和社会治理体系的基石。借用马克思的概念来说，互不隶属、并行林立的细胞构成的像是一个不坚实的"社会结晶体"，支撑整个治理体系的细胞构成的是一个经常处于变化的"社会有机体"。如果说西方社会试图通过宗教和各种公益组织的力量去填补分立单元之间的空隙，那么中国则是依靠纵向的互动和横向的联结，不断推动国家治理和社会治理的整合效应和联动效应。

这就直接牵引出了我们分析中国基层治理时的四种基本范式：一是有机统一的政治，二是关联主义的政治，三是良性互动的政治，四是生活政治。这是我们秉承"从政治理解社会""从社会理解政治"这一方法论和辩证法的延续。因为我们今天所说的经济、政治、文化、社会乃是人为制造的

---

① 《马克思恩格斯文集》（第五卷），人民出版社，2009年，《资本论》第一版序言第10页。

话语系统与概念系统，但不是世界和生活本身，建构话语、发明概念的过程其实也是一个远离真相的过程。正是基于这一反思，我们才把中国的基层治理置于社会与政治的关联体系中来审视。

当代中国政治体系不是板块式、机械式、反映不同利益集团政治诉求的三权分立，也不是神高国低的政教合一政权，而是一种有机统一的政治。有机统一的政治背后实际上就是一种政治合成、一种政治创造、一种政治发明。政治的有机统一性就体现在党的领导、人民当家作主和依法治国的统一之中。对有机统一性的捍卫与发扬则使当代中国政治文明充满活力。反之，有机统一性的破裂和被遗忘则使当代中国政治文明陷入无序和危机。有机统一政治形态落实到基层，就是党建引领、居民（村民）自治与社会秩序的有机统一。

从一定意义上来说，中国的构造原理既不是个人主义的，也不是集体主义的，而是关联主义的。关联主义讲究的是个人与家庭、社区、单位、城市与国家的情感纽带、文化纽带与利益纽带。明末清初的大儒顾炎武先生曾经有著名的"亡国"与"亡天下"之辩。他说："有亡国，有亡天下，亡国与亡天下奚辩？曰：易姓改号谓之亡国。仁义充塞，而至于率兽食人，人将相食，谓之亡天下。是故知保天下，然后知保其国。保国者，肉食者谋之；保天下者，匹夫之贱与有责焉耳矣。"①所谓"天下兴亡、匹夫有责"就是揭示了普通人与天下国家的关联。古代统治者不管是与豪族共天下，还是与士人共天下，只能强化"保国"传统的延续。只有治理者与人民共天下的时候，才能催生出顾炎武所说的"保天下"。人民当家作主就是构建了每个人与国家的关联。所以中国的基层治理不是在个人主义、权利主义的轨道上划出一道泾渭分明的界线，以此确立互不侵犯的分立领地，而是在各种关联纽

---

① 顾炎武：《日知录集释》，岳麓书社，1994 年，第 471 页。

带的构建中最大限度地开发各种关系资源。以个人主义为原点的治理和以关联主义为原点的治理,乃是中西基层治理的最大分野。

如果说党的领导、人民当家作主与依法治国的有机统一是理解当代中国国家治理体系的理论基点,那么"政府治理、社会调节与居民自治的良性互动"就是我们理解中国基层治理的制度起点。良性互动的政治作为中国基层治理的基本范式之一,其最大的理论价值在于对"国家-社会"二元框架的突破与超越。国家与社会的分野是西方经济制度和宗教背景下的理论发明。马克思在《论犹太人问题》一文中非常清楚地道出了其中的根蒂:"犹太精神随着市民社会的完成而达到自己的顶点;但是市民社会只有在基督教世界才能完成。基督教把一切民族的、自然的、伦理的、理论的东西变成对人来说是外在的东西,因此只有在基督教的统治下,市民社会才能完全从国家生活分离出来,扯断人的一切类联系,代之以利己主义和自私自利的需要,使人的世界分解为原子式的相互敌对的个人的世界。"①原子式的个人要能够产生并且构成市民社会,就必须使得一切血缘的、半血缘的,伦理的、半伦理的,宗法的、半宗法的关系彻底解体,只有到这时才能说产生了原子式的个人,从而市民社会方得以成立。②

西方人在资本主义体系中发明出来的"社会"就是典型的基督教社会、原子式的个人社会、追逐私利的市民社会。正如马克思断言的:"这种利己生活的一切前提继续存在于国家范围以外,存在于市民社会之中,然而是作为市民社会的特性存在的。"③这样的社会当然要拒绝国家的介入和资源的再分配。但是在中国,无论是传统的乡土社会,还是后来的单位社会,以及改革开放后出现的以社区为基本单元的新型社会空间,都是与国家

---

① 《马克思恩格斯文集》(第一卷),人民出版社,2009 年,第 54 页。
② 参见吴晓明:《1978 年之后中国出现了"市民社会"吗?》,《中华读书报》,2014 年 12 月 10 日。
③ 《马克思恩格斯文集》(第一卷),人民出版社,2009 年,第 30 页。

相伴共生的。这既是由中国的文化基因和制度基因决定的,也是由中国的社会主义性质决定的。所以我们才会看到,波及千家万户的老旧小区改造会成为最高决策层中央政治局的会议议题。良性互动的背后不是谁决定谁的问题,也不是像波兰尼所说的将社会抛置荒野,更不是父爱主义的施舍与馈赠。良性互动是对各方主体性的充分尊重。这是不断变化、不断创新、不断突破的"社会有机体"思想在基层社会治理中的重要体现。

习近平说:"我们的人民热爱生活,期盼有更好的教育、更稳定的工作、更满意的收入、更可靠的社会保障、更高水平的医疗卫生服务、更舒适的居住条件、更优美的环境,期盼孩子们能成长得更好、工作得更好、生活得更好。人民对美好生活的向往,就是我们的奋斗目标。"①中国社会治理的最终落脚点是对人民美好生活的缔造。西方的古典政治学可以被界定为"政体政治学",西方的现代政治学可以被界定为"国家政治学"。政体政治学尽管指向善的政治生活,但是这里的政治生活是带有古典政治属性的,是服从于"人天生是政治动物或城邦动物"这一命题要求的。因此,在古典政治学视野中的生活是被想象出来的、排他性的、纯粹的、透明的、未经过经济染指的公共生活。现代政治学被锁定在人类社会最为重要的政治发明——现代国家的领地之内,将丰富多彩的市民生活留给了社会学和经济学。

在马克思断言的人类经过政治解放之后,在政治领域中实现平等的同时,则将不平等留在了市民社会之中。在这里,已经预设了政治与生活的分离。现代政治学之所以专注于国家权力,就是因为生活的非国家化、非政治化。但是在我们对现代政治学所鄙视的生活场景中,我们发现了完全不同于国家政治但又与国家政治有着千丝万缕关系的生活政治领域。在这个特殊的生活政治领域中,尽管没有大规模的阶级对抗,但是一个简

---

① 《人民对美好生活的向往,就是我们的奋斗目标》(2012年11月15日),载《十八大以来重要文献选编》(上),中央文献出版社,2014年,第70页。

单的生活议题可能会被引爆为国家政治动荡的前奏。也就是说,专注于公共权力、阶级政治、大人物政治的国家政治学,实际上是处于弥散性的生活政治的包围之中的。从这个角度来说,国家政治、阶级政治不能完成对生活政治的替代,相反,生活政治恰恰是国家治理极为重要的投射空间。西方人宣称的"自由民主制度"依靠隐蔽的技术与技巧将生活政治排除在外,并把生活政治议题还原为一个个市场能力议题,从而把冷酷的外在统治结构消融在难以觉察的"无意识"之中。这一统治策略的最终结果必然是社会的衰败与分裂。当这一社会后果突破了政治体系所能容纳的极限时,资本主义体系的危机与困境也就降临了。如果说剩余价值是资本主义经济体系的终极秘密,那么依靠市场逻辑完成对生活政治的吞噬和消解,则是资本主义统治体系的终极秘密。"社区中国与基层善治"丛书就是在超越西方政治话语的基础上,试图把中国基层丰富多彩的生活场景、生活美学、生活艺术以及生活意义呈现在大家面前。

总之,有机统一的政治缔造了中国基层治理的理论原点,关联主义的政治提供了中国基层治理的运行轴线,良性互动的政治塑造了基层治理权、责、利相统一的制度安排,生活政治规定了基层治理的价值指向。一言以蔽之,社会治理是拯救现代性危机、克服现代性困境的最后一道底线。揭示这四重范式的理论魅力和实践智慧是这套丛书得以立足的基础。

目前,本丛书的所有作者要么是我的合作者,要么是我的学生。我感谢他们。感谢他们把如此精彩的成果列入本丛书之中。顺便说一句,我们这套丛书是开放的,不是封闭的。我们渴望有更高水平的成果能够进入这套丛书。

是为序!

刘建军

2020 年 5 月 1 日于复旦大学

序

　　我接触到"社区"这一概念是在20世纪80年代。1986年，民政部在武汉沙洲召开会议，决定在全国开展社区服务。这是中国政府首次使用"社区"概念来推动基层工作，从此，"社区"这个词从社会学专业课本中走入了现实社会，与政府社会福利和基层政权建设工作有了第一次连接与互动。这是政府在回应国内单位制解构、社会转型中出现的各类社会问题时的一个颇具策略意义的行动。同时，也契合了那个时代的国际背景。第二次世界大战后，联合国经社理事会在1951年通过了390D号议案，倡导开展"社区发展运动"，之后的四十多年里，世界范围的社区发展由农村到城市，由发展中国家到发达国家，在缩小贫富差距、缓解社会矛盾、提高生活质量等方面取得了显著成效。人们对社区发展的意义和作用的认识也越来越深化。通过社区发展促进社会进步，业已成为新的国际趋势，而中国的社区发展历程也向世界展示了不一般的、独特的魅力。

　　三十多年来，我有幸全程参与了这一充满压力与挑战，充满未知与求索的实践过程。政府每天面临的是一大堆接踵而至又难以回避的现实问题，有时来不及梳理，有时也容不得看清方向就要作出取舍。我的经历告诉我：没有理论指导的实践往往会迷失方向！为此，我特别愿意与学者们合作来讨论问题、推进工作。其中，有社会学、政治学、法学、历史、管理学等方面专业的著名学者，刘建军教授就是其中一位。记得第一次见面，是在我们合作开展的"居委会自治家园"研究项目的开题会上。他的发言充满了对政治学的自信，尤其是那种溢于言表的专业优越感，给我留下了很深的印象。

随着课题研究的深入，他在对社会学、社区、基层社会的关注越来越倾心，探究的渴望越来越强烈的同时，也流露出对政治学研究的惆怅。之后不久，他给了我一封信，提出想来市民政局挂职任局长助理的要求，信中谈到了他关于"阅读书本"与"阅读社会"以及在中国如何做社会科学研究的思考。他说，这将决定他未来的学术发展。尽管当时对他所说的那个"未来"我并没有实质性的判断，尽管在我单位历史上这类"挂职"从无先例。但是我似乎感觉到，我可能遇到了一位怀揣高远学术理想的年轻学者，如果能让他有一段从政的经历，应该是一件有意义的好事。于是，我分别与市委组织部、市教委党委，复旦大学校党委积极沟通，提出这次挂职是学术研究型挂职，有别于组织部门的干部选拔型挂职的定位，这一提议得到了各方支持。经市民政局党组讨论决定，给予这位挂职的局长助理以最大限度的观察空间和提供尽可能多的研究便利。

第一次听到"生活政治"这一命题，是在他挂职数月以后，我们请他为机关干部上了一课。之后很多年里，我与作者经常会在基层社区和社会组织的一些不起眼的小场合相遇。每次他都有新的研究成果分享。比如，"以法入礼"就是在郊区的一次关于睦邻文化的小型研讨会上，他尝试用中国人的"礼"去解读基层秩序的构建路径。还比如，他邀请我去他蹲点的居委会考察，津津乐道地讲述居民自治的故事以及他写的《居民自治指导手册》在基层应用的情况。有一次他悄悄地、郑重其事地告诉我，他在居民区干部中的讲课越来越受基层欢迎了！这让我对他有了更深的了解，一个大学者那么在意底层民众的感受，一个大教授为终于能够与居民对话而兴奋，这是一个多么令人欣喜的华丽转身啊！

《社区中国》通篇充满了"突破"与"超越"的气息，这种扑面而来的学术勇气和智慧，让人不由得想跟着他探个究竟！从"乡土中国""单位中国"到"社区中国"的提出；从"一分为二的西方式对立"到"一分为三的中国式智慧"；从"社会结晶体"到"社会有机体"；从国家政治、权力政治、阶级政治到生活政治、齐民政治；从"富民"到"乐民"；从生活社区、政治社区到心灵社区……不盲从他人，成一家之言是作者成就其宏大学术企图和独特学术风格的用心用力所在。政治，在一般的认知里，通常是高远的、冷酷的，甚至是权势争斗的代名词。而作者笔下的政治似乎和睦可爱得多。暂且不清楚这是政治的另一副面孔？还是真有一种本质上就和睦可爱的政治？反正，作者试图让这种"和睦政治"通过"有机""关联""互动"和"生活"四重分析范式，把"社区"这块政治的剩余空间整合过去，让"无缝政治"形成闭环的善意是显而易见的。

当然，社区也好，社会也好，这些原来与政治保持相对独立的领域，当其自身主体性、社会性还相当脆弱的时候，面对这种被整合的趋势，会作出怎样的反应？另外，就"社区"而言，在当今中国基层实践和理论解读中，通常被简单理解为只是一个地理概念，一个行政管理层级或一个管理单元而已。其实，"有着共同东西和亲密伙伴关系的一群人"是这个有可能超越地理范围、超越行政层级的"社区"最重要的内涵，而这个重要内涵往往被忽略，被误读。有研究表明，"社区"，也就是健康的人际关系，具有某些社会功能，诸如社会支持、社会稳定、让人有依靠有归属等功能。而这种忽略与误读下的所谓的"社区"，其实确切地说那只是"居民区""小区"或"行政区"，它不具有"社区"的内涵要素。在那里，住了十几年的隔壁邻居是不熟悉的,社区建设着力于外部的物质给予,对于健康的人际关系和共同东西(价值观、文化、习惯、风气)的建立少有意识,少有办法。在那里,除了强行政是有效的,其他几乎没有驱动力。这种见"区"不见"社"的现状,在政治学范式里会如何解读?诸如此类的议题,我们期待有更多的实践与理论创新。

《社区中国》已为我们开垦出一片可供思考、探索、争论、实践的崭新空间。写到这里,我想用费孝通先生在浦东开发初期说过的一段话作为结语:作为中国历史的一部分,这是社会学的大文章,但不是社会学者自己做出来的,而是现实生活里的人都在做的文章。因为这是一个有几千年传统文化的中国要进入国际市场这一共同新社区的问题,外国人不可能将这篇关于社会和人的文章写出来,这篇文章只能由中国人自己来写。

马伊里

2020年7月2日于上海

前　言

　　尼科洛·马基雅维利在《君主论》中说："那些绘风景画的人们,为了考察山峦和高地的性质便厕身于平原,而为了考察平原便高踞山顶。"①我写此书,与以上两者均不符合。如果一定要套用马基雅维利式的表达风格,我只能说是"厕身平原看平原",也就是走进普通人的生活场景之中,看芸芸众生的喜怒哀乐、衣食住行与生老病死,即日本学者说的"现场主义"。我是研究政治学的。政治的确有强弱、大小与高低之分。弱政治、小政治和低政治就是我们所说的"生活政治"。生活政治关注的是生活场景中的公共物品的供给与配置,关注的是健康的人际关系、家际关系、家社关系、家国关系以及各种社群关系的展开与维护,它与刚性的权力结构、马克思所说的虚假的"意识形态"以及高超绝伦的谋略、阴险狡猾的诡计天生是绝缘的。生活政治讲究的是要把情感、责任、善意和公益带入其中。生活政治杜绝任何的游离与漠视。它要求我们将自己的身心融入鲜活的生活场景和人的心灵结构之中,这既是阅读社会,也是体悟人心。我们有时候说"小

---

　　①　[意]尼科洛·马基雅维利:《君主论》,潘汉典译,商务印书馆,1985 年,第 2 页。

社区,大政治",这一命题有两重含义:一是小政治向大政治的良性转化,即社区成为支撑国家善治、社会进步、经济发展、文明演进的基石。社区宛如国家机体上的细胞,为国家治理体系输送鲜血和能量。二是小政治向大政治的恶性转化,即生活政治中的冲突性议题、风险性议题突破了生活场景的空间边界向更大范围拓展,导致一根稻草压垮一头骆驼、一只蚂蚁压垮一头大象的意外后果。巩固"社区"这一健康细胞的基石功能,切断小政治议题向大政治议题恶性转化的通道、防止小风险转化为大风暴是古今中外所有公共治理的通则,这是将社会风险和政治风险降低到最低限度的前提。

为撰写本书我做了十年的积累。在写作本书的过程中,我把费孝通先生的《乡土中国》一书一直置于我的案头。阅读《乡土中国》一书时,我能真切感受到费孝通先生进入芸芸众生的生活场景之后,作为人类学家带给我们的精细观视,作为社会学家带给我们的深邃思考。人类学的魅力就在于在场、在地、在心。社会学的魅力在于透过表象发现背后的关系模式与结构体系。费老把自己的一生的学术使命确定在"志在富民"上,这折射出那个物质匮乏时代带给费老的深沉思考。经过四十多年的改革开放之后,当中国走出物质匮乏的束缚之后,我发现物质的富足、社会资源总量的增升与美好、幸福生活并不是必然相伴而生的。当我走进人们的生活场景之中的时候,宽敞的住房、美丽的环境、较好的硬件设置则是与无休止的抱怨、满脸的戾气、仇视的目光以及声嘶力竭的控诉戏剧性地组合在一起。我在想,费老追求的"志在富民"实现之后,人的生活会进入一种什么状态呢?我慢慢地总结出了我的研究使命,那就是"志在乐民",即如何让人们在一种流畅的治理结构中,在富有召唤力的关系建构中体验一种快乐的社区公共生活。在过去十年,我就将自己的身心置于中国人真实鲜活的生活场景之中,去捕捉其背后的社会流动、关系展开与结构生成。我不敢说自己已经拥有了像费老那样的洞见,但本书所提出的所有判断都不是单纯的办公室产品或书房中的臆断，而是从生动鲜活的生活事实中抽取出来的。躲进小楼成一统，管他冬夏与春秋。这不是我的学术风格，也不是我的学术追求。

改革开放四十多年的最大成果之一就是社会的成长和变动。一方面，社会作为一种积极的力量介入到了基层治理和生活政治场景的重新塑造之中，如社会救助、社会公益、社会组织、社会企业、社会劳动、社会财产等等，不一而足。这些带有社会属性、从社会中来到社会中去的主体与议题，彰显了社会力量的介入性与公共性。依托社区公益基金而成长起来的社会财产、依托社区公益活动而成长起来的社会劳动，都成为中国社会治理中最让人感动的风景。另一方面，社会的剧烈变动使中国的国家治理承受前所未有的压力和挑战。复杂社会、房权社会、流动社会、网络社会、风险社会的出现，以及与全球社会的勾连与重叠，是中国历史上从未出现的变局。因此，我们有如下的判断：健康而定型的国家治理体系取决于政党领导下的政府、社会与市场的相互协作。健康而定型的社会治理和基层治理取决于政府治理、社会自我调节和居民自治的良性互动。与西方将国家与社会视为互不相容甚至相互绝缘的两个领域不同，中国一直在探索国家与社会的交集区域和互动机制。这就直接导致了中国的国家治理和社会治理不是在国家与社会的相互决定、相互排斥的逻辑机理中展开的，而是在国家与社会相互关联、相互交集和相互合作的逻辑机理中展开的。在未来的发展进程中，我们如果把"社会"这个空间的组织、资源、治理机制和治理过程做实了，那么国家与社会良性互动和有效衔接的中介和机制就会更加健全、持久。

毫无疑问，创新社会治理是中国国家治理体系现代化的重要使命之一。这一伟大使命的承载者就是中国共产党。中国共产党不仅仅是一个执政党，更是一个领导党，是一个代表人民进行治国理政的政党。这样一种

社区中国

独特的性质,决定了我们必须要拥有长远而务实的治国理政的战略。创新社会治理是摆在党和政府、所有社会组织以及每一个公民面前的紧迫任务。社会治理的原点在哪里?撬动社会治理的支点在哪里?事实告诉我们,这一原点和支点就在社区之中。故社区治理的质量是对社会治理质量最为直观的测试。社区作为一种非科层化的生活空间,它对现代社会所缔造的大多数强制性的管理机制有天然的排斥感。社区治理的体系、结构、机制和过程必须服从于社区非科层化、扁平化这一基本属性。现代国家治理的秘诀可能就在于:把居民力所能及的事情交给居民共同体,把居民力所不及的事情交给他们的代表。这是现代国家基层民主与代议民主相互耦合的一种治理结构。显然,生活政治逻辑塑造的参与性、公平性、透明性、协商性的自治与共治就是社区治理的基本形态。塑造这样的治理形态有时候比营造巨大宏伟的政治场景更为艰难,因为它是对所有普通人的人性、公德、能力等各种民主禀赋的直接检验。只有走出社区政治冷漠过度、共识短缺、协商贫困的治理困境,才能从根本上为现代化国家治理体系营造成熟稳健的心理基石、人格基石和人文基石。

《大学》开篇就提出"格物、致知、诚意、正心、修身、齐家、治国、平天下"这一贯通古今的人生八条目。这是一个由内到外、由心到形的人生线路。如果"外"掩盖了"内","形"压倒了"心",国家治理和社会治理的原点和基点也就不存在了。习近平总书记所强调的源头治理的效能就无法释放出来了。所以八条目说明中国社会生成的机理是以个体修养为原点逐渐向外扩展的。这种机理孕育出了一种关联主义的身心结构、知行结构、群己结构和家国结构。这四重结构就是我撰写本书的学理背景。人不仅要处理行为与心智、个体与自然的关系,还要处理自我与小家、个体与社群的关系,更要处理个人与国家、世界的关系。这就要求我们每个人必须要拥有与他人、与社群、与国家相处的"认知工具"。认知工具的使命就在于人际关系和社会关系的人文建构。这是一个社会迈向善治的原始基础。正是在这个意义上,我希望社区能够成为所有人安放身心的温暖之地。

我们在理解中国社会的构成时,不能陷入个人主义与集体主义的二分框架而不能自拔。关联主义的社会生成机理直接导致了中国社会注重从个体向外部的道德扩展。所以这是一个有别于西方立体社会(即阶层社会或阶级社会)的水平社会。在这个水平社会中,个体身心的关联、个体知行的关联、个体与家庭的关联,家庭与社区的关联,社区与国家的关联,成为将不同要素串联在一起的联结机制。如果把社区置于这样的视野中来看,我们发现社区乃是"扩大的家庭"。所以作为国家治理体系之重要组成部件的社区治理,则不能脱离恢复社会关系、缔造社会联结、培育社会资本、提高精神密度、催升社区温度、展示社区风度这一底线。换言之,社区乃是一有温度、有温情、有温暖、有风度的善治空间。改革开放四十多年来,中国的社区治理一直在坚守这道底线。这是中国经济发展、社会治理的秘密所在。我们为什么要坚守这道底线? 一个极为重要的原因,就是基于我们对人之属性的认识。卡尔·马克思在《关于费尔巴哈的提纲》一文中提出:"人的本质不是单个人所固有的抽象物,在其现实性上,它是一切社会关系的总和。"①社会关系是由多重维度的关系组合而成的。现代人的行动空间和身份认同兼具私人性、社群性和国家性三种存在状态。人的社群性原理说明人不仅是自然人、家庭人、职业人、政治人,更是社区人。社区人是对人之社群性这一属性的外在表达。社区人恰好说明了人与其生活的社区紧密关联。如果我们把这道关联开发出来了,并且通过一系列的制度设计和资源供给把这道关联固化下来,那么我们中国社会治理的基石也就确立了。

---

① 《马克思恩格斯选集》(第一卷),人民出版社,2012 年,第 135 页。

社区中国

　　鲜活的生活事实告诉我们：在中国，绝大多数人都是要回归社区的。社区就是由一个个家庭组合而成但又超越家庭的生活共同体与治理共同体。2020年，中国在抗击新冠肺炎疫情的过程中，更是体会到社区作为"命运共同体"的重要性。从生活共同体、治理共同体向命运共同体的跃升，是在抗击新型冠状病毒过程中对社区的重新发现与重新理解。所以社区治理的好坏，直接决定着国家治理体系的细胞是否是健康的。如果每一个中国人都生活在安全、祥和、温暖的社区中，将是中国国家治理之大幸。对于百分之九十九的人来说，如果能够把社区中温暖的社会关系视为最奢侈的财富，那么也将是人生之大幸！过去十年，笔者扎根城市社区、融入百姓生活、发掘社区宏旨、提炼治理要义。我发现，承载民生关怀、彰显社群责任与国家责任的社区，是中国道路自信、理论自信、制度自信、文化自信的凝结与汇聚。社区建设、社区服务和社区治理，与百姓生活紧紧相连，与城市生命环环相扣，与国家命运息息相关。

　　通过社区发现中国发展的秘密，通过社区培育国家治理和社会治理的细胞，通过社区展示中国文化的魅力，这就是《社区中国》一书所承载的使命。细微之处见真知，细微之处见大义。《社区中国》一书的价值可能就在于此吧。

目　　录

导论　乡土中国、单位中国与社区中国　/　1

第一部分

中国社区精神

1. 两维视角与两种传统　/　13

2. 一分为三　/　21

3. 社群性　/　29

4. 血缘、地缘与"社缘"　/　37

5. 关联主义　/　41

6. 关联物权　/　48

7. 斯密人格VS.孔子人格　/　57

8. 社区社会主义　/　61

9. 以法入礼　/　66

10. 生活共同体、治理共同体与命运共同体　/　80

第二部分 社区：剩余政治空间的终结

11. 关联性转型 / 87

12. 业民社会 / 91

13. 无缝政治 / 102

14. 齐民政治 / 109

15. 组织资本与组织能量 / 114

16. 群体三分 / 127

17. 阶级地域化与身份还原 / 139

18. 生活社区、政治社区与心灵社区 / 151

19. 良性互动与社区公共产品供给 / 157

20. "社区安全阀"与底线政治 / 167

第三部分 社区治理形态

21. 反经济学逻辑的社区治理原理 / 185

22. 居民自治：映照社区的法律之光 / 194

23. 民主协商与参与项目制 / 200

24. 街居制与层圈结构 / 206

25. 小区制、新街坊制与场景美学 / 213

26. 熟悉的陌生人 / 225

27. 情感政治学与女性化社区 / 232

28. 生活政治学　/　250

29. 人文治理与人文社区　/　267

30. 社区温度与社区风度　/　274

结语：社区建设的五个维度　/　278

参考文献　/　283

后　记　/　293

导论 乡土中国、单位中国与社区中国

　　试问哪一本书能够把鲜活生动的中国传统社会呈现在你的面前？恐怕非费孝通先生的《乡土中国》莫属。费老这本薄薄的小册子，把传统中国的生活形态、交往形态、治理形态活灵活现地提炼出来了。费孝通先生提出的"差序格局""无讼""长老统治""礼治秩序"等均已成为后人解读中国传统乡土社会的经典概念。"乡土社会""乡土文化"也成为我们解剖传统社会的经典范式。乡土性或乡土本色，其实指的不是乡村，更不是一种落后的状态，而是一种文化形态和生活方式，甚至是一种精神世界和治理方式。它铸就了中国人生活的基本面，也展现了中国传统社会运行和延续的基本面。

　　新中国成立之后，随着中国乡村持续性的改造与重组之后，费孝通先生笔下的"乡土社会"经受了史无前例的涤荡。这已经不是传统的乡土中国所能比拟的了。"乡土中国"作为一种形态，在 1949 年之后发生了根本性的变化，无论是农村还是城市，都在"单位化"的轨道上经历了一个改造、重组的大转型。在社会主义集体化的进程中，农村社会的乡土本色日渐淡薄，在经历了一系列的反复和探索之后，到 1958 年逐渐形成了"三级所有，队为基础"的公社体制。公社体制是当代中国在组织化逻辑中对乡土中国进行全盘改造的顶峰。公社本质上是一种替代传统村落的社会制度。特别是公社制度的主干——生产队，乃是公社的细胞，是公社得以存在的基础。上级的各项路线、方针、政策，国家的所有计划指标最终都落实到生产队。公社制度与传统村落制度的融合与冲突只有在生产队的层面上才活生生、淋漓尽致地表现出来。[①]但是由于中国乡村在空间上的广大和时间上的绵延，新中国的乡村依然保留了部分的乡土性。乡土性的延续导致了正式组织与残留的乡土本色的融合与共存。尽管乡土中国作为一种整体性的文化形态、治理形态、交往形态已经不复存在，但这并不意味着乡土性的彻底终结。只要当大规模的农民工背井离乡、农业被卷入到市场化的洪流之中、城镇人口与农村人口比例翻转过来的时候，我们才可以说费孝通先生笔下的"乡土中国"逐渐走向终结。时至今日，乡土中国经过人口流动、资本下乡、市场化改造、农村空心化等多重力量的涤荡和重组之后，基本已经脱离了费孝通先生笔下的乡土本色，封闭、静美、稳定、有序的乡土社会和乡土文化基本上已经消失殆尽。即便乡土性作为一种特性会有部分的残余和遗留，但已经不占主导地位了。乡土性共同体正在逐渐被重组后的治理共同体所取代。乡村治理、乡村发展、乡村生态、乡村振兴等多重命题交织在一起，正在孕育着一种新型的乡村社区形态。从这个角度来说，乡村治理成功与否依然是影响中国国家治理的重要变量。

新中国成立之后，特别是在第一个五年计划实施之后，当中国乡村在经过社会主义改造之后形成了一种现代体制与乡土本色相互交融的生活形态、治理形态和生产形态之时，中国城市则是经历了一场脱胎换骨、浴火重生的洗礼与再生。不仅老舍先生在《龙须沟》中描写的肮脏、腐臭的城市生态环境得到改变，而且整个城市的社会结构、组织结构都被完全反转。一种新

---

① 参见张乐天：《告别理想：人民公社制度研究》，东方出版中心，1998年，第8~10页。

型的组织形式得以诞生,这就是与每个人的生活息息相关、与每个人的职业发展高度关联,甚至让每个人魂牵梦绕的"单位"。"单位中国"与经过改造后的"新乡土中国",共同构成了改革开放前中国基层社会的基本面。单位社会、单位组织、单位政治、单位生活、单位身份、单位体制等多重属性交织在一起,共同渗透在新型的社会调控体系和生产体系之中。基于此,以单位作为基本单元的中国城市,激发了中外无数学者的学术激情和学术想象。众多学者试图探究依靠单位组合在一起的中国城市到底隐藏着哪些秘密?单位是一种怎样的组织类型?"单位社会"作为一种理论范式和制度形态,又是如何确立和延续下来的?单位体制如何成为支撑超大型国家治理的支柱?诸如此类的问题萦绕在所有研究者的心头。

（一）作为"理想城堡"的单位①

　　几乎所有研究者都是把单位作为一个"理想类型"来对待的。②这样,单位就被视为一种理性化和制度化的组织实体,单位内的人员也就理所当然地被界定为"单位人"。客观而论,单位作为一种特殊的社会组织形式,确实有其统一的面貌和特性的,"单位人"作为一种特殊的社会角色和政治角色,的确是构成单位组织的基本单元。例如,社会学界把单位作为一种制度、一种统治和一种社会结构,③政治学界把单位作为中国城市社会中的一种特殊

①　本节核心内容已发表,参见刘建军、王鹏翔:《揭开"单位人"的面纱——人类学视野中的单位政治与单位生活》,《吉林大学社会科学学报》,2016 年第 3 期。

②　参见曹锦清、陈中亚:《走出"理想城堡"——中国"单位"现象研究》,海天出版社,1997 年,第 69~80 页。

③　参见李路路、李汉林:《中国的单位组织》,浙江人民出版社,2000 年,第 8~14 页;李汉林:《中国单位社会:议论、思考与研究》,上海人民出版社,2004 年,第 9~12 页。

的组织形式和社会调控形式,即基本的社会调控单位和资源分配单位;①是社会调控体系中以实现社会整合和扩充社会资源总量为目的的制度化组织形式,是国家与个人之间的联结点。②与之相适应,"单位人"也就成为对单位社会中人之社会属性的唯一界定。因为在单位社会中,几乎不存在脱离单位而存在的人。但是"单位人"假设掩盖了单位内部成员的差异性和复杂性。例如,单位领导者与单位内一般群众之间的差别,单位内部男性成员与女性成员的差别等,甚至"单位人"假设还忽视了行政单位、企业单位和事业单位内部人员的差别,而且这一差别在社会转型期,不是缩小了,而是扩大了。可见,以上问题都不是依靠"单位人"这一简单概念就能回答的。

(二)作为"行政人"的单位

从传统政治学和社会学对单位的研究成果来看,把单位作为"行政人"来看待的倾向也是很明显的。"行政人"假设根源于因资源再分配而形成的单位体制。例如李猛等人认为,"单位"是一种德治性再分配体制内的制度化组织,其制度化的基础在于国家成为组织所需资源的唯一或主要提供者、等级体制中上级对组织领导者的任命与决定、结构科层化与功能科层化的分离以及单位成员的永久性就业。③在笔者撰写的《单位中国》一书中,也曾经把单位视为一种等级结构中的"行政人",单位体制是中国在革命后社会的现代化进程中诞生出来的一种社会调控体系。单位组织按照其级别高低和职能与行业分布不同,被政党和行政的力量分割成若干个平行林立的管理

---

① 参见王沪宁:《社会资源总量与社会调控:中国意义》,《复旦学报》,1990 年第 4 期;王沪宁:《从单位到社会:社会调控体系的再造》,《公共行政与人力资源》,1995 年第 1 期。

② 参见刘建军:《单位中国——社会调控体系重构中的个人、组织与国家》,天津人民出版社,2000 年,第 59~64 页。

③ 参见李猛、周飞舟、李康:《单位:制度化组织的内部机制》,《中国社会科学季刊》(香港),1996 年秋季卷,总第 16 期。

领域。我们把这自上而下平行林立的领域称为"伞状结构"。伞状结构把基于分工而形成的行业结构与基于行政力量而形成的等级结构有机地结合在一起。每一行政机构都居于这一伞状结构的定点,把自身主管的下属单位纳入到等级化的伞状体制中,形成一个个平行林立的行政领地。从横向角度来看,单位的构成与属性呈现一种同一性;从纵向角度来看,它们则是分布于若干个平行林立的伞状结构之中,有等级地位之差异,如副部级单位、正厅级单位、处级单位等。中国在革命后社会现代化的进程中就是依靠这种伞状结构中的等级体制实现了资源的有效配置和政策自上而下的贯通。

　　单位体制作为一种制度创新,依靠国家和政党力量向社会的控制和扩张,改变了中国分散零乱的格局。[1]"行政人"假设尽管看到了单位组织的行政特性,看到了单位体制乃是按照科层制的逻辑在运转的,但对于单位的信息垄断和单位对国家的怀柔、隐瞒策略是无法解释的。相对于统一性的国家体系来说,单位作为一个"小国家"或"微型国家",对其利益的过度保护和对其内部信息的过度封锁,实际上把国家分裂成为一个个的蜂窝状结构。人类学家发现,在等级社会中,尽管那些自成一体的村落在某些方面的诉求要在更大或合作性的网络中得以表达,但它们却倾向于独立、自治的社会体系。[2]所以并不是集权的国家体系就一定能够塑造出完全听命于国家的组织,也不一定能够塑造出国家权力无所不包的社会空间。如果我们说农村社会是由一个个"个体马铃薯"和"家庭马铃薯"组合而成的,那么城市社会就是由一个个"组织马铃薯"组合而成的。国家针对单位分割国家体系的克服手段是多种多样的,例如把单位领导者转化为跨单位组织成员,使其具有一种复合型

---

　　① 参见刘建军:《单位中国——社会调控体系重构中的个人、组织与国家》,天津人民出版社,2000年,第254~265页。

　　② See Morton H. Fried, *The Evolution of Political Society: An Essay in Political Anthropology*, New York: Random House, 1967, p.119.

角色,既不仅仅是单位中的人,还是某一跨单位组织中的人,①或者采用古老的调动制,使单位领导者与某一单位结成永久联盟的可能性彻底丧失,或者采用单位评优制度、行政审查制度、财务审计制度、跨层级的群众评议制度、自上而下的巡视制度等,在复合参数的控制体系中,降低单位对国家的分割程度。总之,"行政人"假设只看到了单位在等级结构中的制度属性,忽视了它与国家之间异常复杂的关系。

将单位研究从单纯的行政人假设推至更高层次的当属张静对单位进行的政治社会学意义的研究。她在《利益组织化单位》一书中提出,"政行合一"制在基层的广泛存在,使得国家行政与社会民众之间建立了一种组织联系,在这种联系中,单位具有关键性环节之地位,它可能强化(促进),亦可能削弱(分割)上述联系。"政行合一"制的运行后果,一方面将社会利益的分歧和矛盾引入行政体制内,从而增加了体制内行政协调的困难。另一方面,它又将社会利益分割化,将冲突"化整为零",在各单位范围内进行处理,结果是分散了社会政治行动的内容、形式和规模,客观上减低了面向国家层次,或社会公共领域的政治压力。在这个意义上说,单位制及其政治功能,能够解释高度变迁中社会秩序的稳定,因为它是分散利益集结和组合的结构机制。②张静的这一研究显然比笼统地把单位视为一种统治形式或社会调控组织要深刻得多。单位组织的这种分散机制和组合机制,在行政领域、教育领域、公共服务领域依然具有持久性的效力。但对于那些已经脱离单位或者与单位保持着松散关系或单纯职业性关系的人来说,通过单位遏制横向集体行动就显得不那么奏效了。在社会转型期出现的一系列群体性事件或社会抗争事件,显然是该领域内单位体制瓦解的产物。这一系列集体行动事件既为政

---

① 参见刘建军:《跨单位组织与社会整合:对中国单位社会的一种解释》,《文史哲》,2004年第2期。

② 参见张静:《利益组织化单位:企业职代会案例研究》,中国社会科学出版社,2001年,第7页。

府行为的转变提供了压力和动力，也为我们探寻新的社会治理模式和人的组织化途径提供了新的社会空间。

(三)作为"道德人"的单位

单位的"道德人"属性，直接导致了计划经济时代的社会主义体制实际上表现为一种"单位社会主义"。社会主义的精神和原则是通过单位对其成员的保护及其资源分配体现出来的。这种制度安排有点类似于日本式的个人与组织的关系，即没有个体价值只有整体价值，换言之，人的价值首先是通过组织身份体现出来的。单位身份有效地遏制了阶级意识的萌生，也使得大规模的阶层冲突在单位边界内部得到平衡处理。[①]当然这一趋势在目前社会转型期已经面临严峻的挑战。所以对于单位来说，其成员就是它保护的对象；对于单位成员来说，单位就是他的家。这种假设因为过分意识形态化，而忽视了单位与其成员之间的"非道德联系"。实际上单位成员对单位资源的侵吞早在 20 世纪 50 年代就有了，建立在道德基础上的单位管理从一开始就是不牢靠的。尽管"以单位为家"是单位时代最为耀眼的意识形态标志，但它的确有掩盖个体侵吞集体利益的嫌疑。政党力量进入企业与厂长负责制的失败有着密切关系的。

(四)作为"经济人"的单位

在计划经济时代，经济人假设主要是针对资源再分配体制中的单位与国家关系而言的，即单位要最大限度地争取国家对单位的资源输入，这是在行政化逻辑中争取效益最大化的体现。在市场化时代，一些行政单位和事业单位出现了"厂商化"的趋向[②]，即依靠自身的行政优势和特殊权力，借助不

---

① 参见张静：《利益组织化单位：企业职代会案例研究》，中国社会科学出版社，2001 年，第 4 页。
② 企业单位的厂商化改造符合市场经济规律。

平等的竞争机制,最大限度地获取经济资源。客观而论,这一现象确实是存在的。但是对单位的"经济人"假设,也仅仅是单位社会的一个方面而已。而且迫于行政指令使单位放弃应该属于本单位的利益,或者单位因服从于国家宏观需要而让渡单位利益甘愿蒙受损失的现象直到现在还是存在的,这实际上是对单位"经济人"假设的一种否定,而且,在社会转型期,单位的社区化功能已经受到了关注,在条块资源的结合中,单位除了要承担行政责任之外,对某些社会责任的承担,也成为对单位"经济人"假设的一种否定。

单位不是单一性的功能性组织。单位的多重面貌与多重属性是揭示中国这个超大型国家治理的最佳窗口,就像通过家族来理解传统的乡土中国一样,即便单位功能在不断萎缩、单位属性不断变化,单位体制依然是我们解读中国国家治理的纵向轴线。所以不管把单位视为什么性质的组织,我们总体上可以这么说,单位中国的基本逻辑就是通过社会调控体系的重构,构筑起个人—单位(组织)—国家相互贯通的链条,达到社会整合和政治整合两者合一的基本目标。单位体制在改革开放之后经历了一个逐步松解的过程。①单位体制的松解可以视为过去四十多年中国社会最为剧烈的关系重组与结构重塑。可以说,我们现在面对的中国社会已经不是"乡土中国"和"单位中国"所能包容的了。在经历了家庭联产承包责任制、社会主义新农村以及城镇化的洗礼之后,中国农村进入了构建新型社区的过程。与此同时,中国城市在单位体制松解之后,也进入了社区重建和构建新型社会治理体系的征程。可以说,"社区中国"已经成为解读当代中国基层社会的基本范式。从"乡土中国"到"单位中国"再到"社区中国"的大转型,包含着政党-社会关系变革、国家-社会关系变革、基层治理体系变革、基层治理主体再生等多重维度的内容。所有这些要素都可以在"社区中国"这一基本范式中得到集中

---

① 参见刘建军:《单位中国——社会调控体系重构中的个人、组织与国家》,天津人民出版社,2000 年,第 427~433 页。

体现。

我们知道，自从德国思想家斐迪南·滕尼斯（Ferdinand Tonnies）1887 年提出社区与社会的差别以来，社区这个词已经在全世界流行一百三十多年了。现在人们对社区的共识程度已经很高了。尽管我们把社区理解为"由具有共同价值取向的同质人口组成的，是关系密切、出入为友、守望相助、疾病相扶、富于同情味的社会关系和社会团体"显得有点过于理想主义和浪漫主义，但是社区毕竟与大规模的社会系统、经济系统和政府管理系统完全不同。从外部形态来看，社区首先是一个地理单元，其次是一个生活单元，最后还是一个文化单元。当然，还有人会说社区是一个经济单元。例如我国台湾农村的社区营造比较成功，就是得益于它的土地制度，这是社区经济得以诞生的基础。其实，社区最为重要的内核就是它的治理结构。美国社会学家帕克（Robert E. Park）和伯吉斯（E. W. Burgess）在《城市社会学》一书中就提出：社区不仅是人的聚集，也是组织制度的汇集；社区与其他社会群集的根本区别是组织制度而不是人。社区的组织制度包括家庭和其他机构，如教会、学校、运动场、社区议事厅、地方剧院和工商企业。① 社区治理与企业治理、大学或医院这样专业化组织的治理迥然不同。社区治理的基本逻辑就是参与、协商与自治。在中国，社区这个术语是 1933 年费孝通先生从英语 community 翻译过来的。费孝通先生为什么要这样翻译呢？很可能是基于他对农村的关注，因为农村是一个区域，所以他翻译成社区。如果他翻译的时候关注的对象不是农村而是上海这样的城市，费老很有可能翻译成"社群"或"共同体"，而不是"社区"。因为社区这一概念带给人们的第一感觉就是一个区域。农村社区恰好就是一块区域，以村落聚集地作为载体的区域。

现在有很多人会问，社区是大一点好还是小一点好，就是受了这一译法

---

① 参见［美］帕克等：《城市社会学——芝加哥学派城市研究文集》，宋俊岭、吴建华、王登斌译，华夏出版社，1987 年，第 48~62 页。

的影响。社区的"行政化"和"政区化"也是与此联系在一起的。我们在调研的时候，经常听到"本社区所辖面积多少、所辖人口多少、所辖单位多少"的说法，就是根源于社区的行政化与政区化特征。所以现在有一些人建议能不能用社群代替社区。实际上费孝通先生的翻译不经意之间恰好与中国人的生活观念相吻合，因为在中国人的心目中，community首先是与生我养我的这块土地联结在一起的。在乡土中国时代，这块土地集中体现为村落聚集地；在单位中国时代，这块土地集中体现为集生产、生活于一体的工厂场所；在社区中国时代，这块土地集中体现为居住空间和居住小区。至此，我们就可以作如下总结：

从"乡土中国"向"单位中国"的转型，意味着社会在组织化轨道上的重建与重组。组织性对乡土性的改造甚至替代证明了国家、政党与社会关系的重构。从"单位中国"向"社区中国"的转型不仅意味着社会治理单元的空间转移，更意味着组织政治与生活政治在社区空间中的汇聚与合拢。如果说单位依靠其自身的资源再分配权缔造了一种具有中国特色的单位化生活景观的话，那么中国的社区就是在纵向互动与横向循环的组合中，创造着一种中国人所能理解和接纳的生活样态。这一转型是催生社区治理的直接根源。通过社区巩固国家治理之基遂成为治国理政的要点。总之，从"乡土中国"向"单位中国"再向"社区中国"的转型，暗含着社会组合方式和交往方式的转型以及治理空间的新生、社会治理体系的重塑等一系列连锁后果。

第一部分

中国社区精神

1. 两维视角与两种传统

在有限空间（传统的村落和小镇）、自然时间（日出而作、日落而息）和温情人间（亲缘群体、地缘群体、传统的互助群体）中生活的人，是怎样的一幅景象呢？他们的心境、对生命的理解、对自然的想象，又是怎样的呢？身处现代社会中的人，经常会泛起这样的涟漪，追问着前现代人的生活图景。现在我们可以肯定地说，这样的图景注定是一去不复返了。马克思、恩格斯在《共产党宣言》中用极具批判性的激昂笔调描述了现代社会对传统社会的替代场景：资产阶级在它已经取得了统治的地方把一切封建的、宗法的和田园诗般的关系都破坏了。它无情地斩断了把人们束缚于天然尊长的形形色色的封建羁绊，它使人和人之间除了赤裸裸的利害关系，除了冷酷无情的"现金交易"，就再也没有任何别的联系了。它把宗教虔诚、骑士热忱、小市民伤感这些情感的神圣发作，淹没在利己主义打算的冰水之中。它把人的尊严变成了交换价值，用一种没有良心的贸易自由代替了无数特许的和自力挣得的自由。总而言之，它用公开的、无耻的、直接的、露骨的剥削代替了宗教幻想和政治幻想掩盖着的剥削。马克思、恩格斯把现代社会等同于贪婪成性、剥削无孔不入的资本主义社会。①马克思、恩格斯对资本主义的批判成为把人压迫体系中解脱出来成为自由人的前提。马克思、恩格斯之外的思想家对现代社会的反思尽管没有这么彻底、这么激进,但他们对现代社会中的"脱域性""理性化""捆绑性""分工化""链条化"等特征是有着高度共识的。尽管在欧美国家诞生的城市郊区化趋势在催生着一种"田园资本主义"的诞生,但它不是对现代分工体系和交换体系的抗拒,而是对中心城区问题群体、边缘群体、亚文化群体的逃避。正是"田园资本主义"孕育出来的物理边界成为社会不平等、社会隔绝、社会分裂的巨大鸿沟,我们后文所说的西方社会把社区等同于问题群体的传统也恰好是根源于此的。②

现代社会是一个超越地域边界和时间限制的复杂体系。几乎所有要素都可以超越地域边界的约束和时间限度的约束而转换成"离域期货"和"未来期货"。在这个体系中,每一个人实际上都不自觉地被固定在形形色色的角色位置之中。霍布斯所说的利维坦实际上是"权力利维坦"和"功能利维坦"的叠加和共存。也就是说,脱离现代社会功能体系求取生存的机会已经荡然无存了。柴米油盐、衣食住行、生老病死,都不是个人力量所能左右的,它们都是整个社会功能体系的一个部件。但是人与其他动物的区别在于,人总是试图赋予外在因素以意义,即人总是渴望把生命意义传递到他所能接触的所有要素之中,沉浸到他所面对的庞大的"权力利维坦"和"功能利维坦"之中。这就注定了现代人的生命焦虑与二维张力。一方面,脱离权力利维坦与功能利维坦无路可逃;另一方面,营造展现生命意义的认同空间,又是人之文化期望。

德国学者斐迪南·滕尼斯的《共同体与社会》一书的书名就代表了以上

---

① 参见马克思、恩格斯:《共产党宣言》,人民出版社,2014 年,第 30 页。

② 参见[美]爱德华·格莱泽:《城市的胜利》,刘润泉译,上海社会科学院出版社,2012 年,第 16 页。

两维视角。一是我们每个人都生活在自身不能左右,且受制于其约束和决定的功能体系中;二是我们又试图寻找一种认同的对象和空间,以安放我们的心灵,投射我们的信仰。这两种视角的分裂就是身心的分裂,这两种视角的统一就是灵与肉的统一。令人遗憾的是,这种统一在关系冷漠、功能齐全、监控严密的现代性体系面前往往是脆弱的、短暂的,甚至是虚假的、自我想象出来的。尽管如此,很多人并没有停止对生命意义的追寻。承载、展示生命意义的共同体,就不断地在现代社会、现代城市中求取存续的空间。尽管这一空间往往是存在于现代性体系的夹缝之中,但它却在冰冷的现代社会体系中闪耀着温暖的灯火。

可见,滕尼斯"共同体与社会"的理论,为我们审视现代社会与个人的关系提供了一个永恒的"两维视角"。国家介入和社会的强制性规定与寻找文化认同和心灵归宿的冲动共存,两者之间的冲突成为现代社会所有人挥之不去的痛,几乎所有的困惑与失序都根源于此。这两种视角的相互排斥和矛盾组合,为我们研究现代社会和现代社会中的城市提供了一个拥有巨大张力的空间。几乎所有的反思都难以跨越这一张力空间的边界。卡斯特(Castel)在《草根城市》一书中,就非常准确地揭示了这一张力空间中的奇特共存。一方面,劳动力在国际和国内空间中的分化,通过城市服务的集体消费的日渐重要以及对于私人资本来说无利可图的公共产品,导致了国家对城市空间的制度性介入。城市议题成为当代政治冲突的前沿,政治也就成为城市过程的核心。另一方面,对空间意义和文化认同的追寻,对社会之善和社会服务的要求,以及基层自治的延展,在过去十年激发了不同语境下的城市抗争运动,该运动呼唤城市改革和替代性的城市愿景。①

---

① See Manuel Castells, *The City and the Grassroots: A Cross-Cultural Theory of Urban Social Movements*, California: University of California Press. 1983, pp.xv-xxi.

我们研究"社区中国"自然也脱离不了这二维视角。一方面,功能论、交换论、体系论、分工论、理性论等,为我们解读庞大的现代城市提供了宏大的背景;另一方面,认同论、意义论、乡愁论、沟通论、协商论、共同体论等,又为我们赋予生活空间以意义提供了细腻的话题。这二维视角揭示了现代社会与人的关系的整体面貌。

一旦走进细腻的社区生活空间,一个令人诧异的现象便随之出现了,这直接导致了两种社区分析传统的出现。一是对把社区视为边缘文化的聚集体,二是把社区视为主流文化和"现代城邦"的空间容器。这两种传统直接导致了社区在不同国家有着完全不同的定位和功能。

欧美学术界,尤其是美国学术界对社区的关注,始自对边缘群体的关注。社区这个词实际上是带有很强的亚文化味道的。对作为亚文化社区的关注,到底是一种文化猎奇?还是一种文化贬低?就不得而知了。美国学者怀特(William H. Whyte)在其名著《街角社会》一书的开篇是这样写的:

> 在"东城"的中心地带,有一个叫作科纳维尔的贫民区,那里居住的几乎都是意大利人和他们的后代。对于这个城市的其他人来说,这是一个神秘、危险和令人忧虑的地区。从高级的商业区大街步行到科纳维尔,仅仅需要几分钟的时间,但是商业大街的居民走到这里,却是从一个熟悉的环境进入了一个未知的世界。

> 多年来,科纳维尔一直被认为是一个问题区,而且,在我们与意大利交战期间,这个问题日益引起这一地区以外的人们的关注。他们生怕这个意大利人贫民区的居民热爱法西斯主义和意大利甚于热爱民主和美国。他们早就觉得科纳维尔与社会其他地区格格不入,他们认为它是

非法勾当的人和贪污腐败的政客、贫穷和犯罪，以及起颠覆作用的信仰和活动的大本营。①

以上这段话把西方人关注社区的原始动机暴露出来了。在他们的眼中，社区乃是与外来的族群、等级化的地域以及低收入者联系在一起的。在别墅林立、私人空间边界泾渭分明以及环境优美的高档住宅区，社区这个概念似乎是多余的。或者说，富裕阶层和特权阶层的社区共同体不是存在于居住空间之中，而是存在于超越居住空间、脱离居住空间的豪华俱乐部、顶级会所和高雅冰冷的城堡宴会厅之中。以个人主义为基础的社会结构与高交往密度的社区公共生活好像是完全不相容的。从西方学术界对社区的研究成果来看，从移民族群、问题群体的角度解读社区是其鲜明的风格。城市的多种族为亚文化的发展创造了机遇。不断扩大的种族差异丰富和培育着人们之间的相互接触，并使各群体建立文化认同感。具有种族特色的都市村落被视作有着强烈认同感的社区，包括对所在地的认同感，他们给自己划定了明确的边界，在自己生活的区域内有深入的互动。共同的身份对集体完整性的重要之处就在于，限制它与城市其他地区的社会互动，尤其是与邻近地区的来往，这是确保其地域边界的重要机制。具备种族特色的都市村落是芝加哥学派代表人物帕克对城市的形容所给出的最清晰的诠释，城市是由能相互接触但不能相互渗透的众多小世界构成的。②这个小世界不是我们所理解的世俗化、私人化、权利化的美丽家园，而是带有鲜明的族群色彩、问题标签（例如同性恋社区）的亚文化地带。所以西方世界中的社区，是附着在整个市场体系和城市治理体系的末梢地带和边缘空间。它既见证了一种优劣导向的

①　［美］威廉·富特·怀特：《街角社会》，黄育馥译，商务印书馆，2007 年，第 6 页。

②　参见［英］诺南·帕迪森编：《城市研究手册》，郭爱君等译，格致出版社、上海人民出版社，2009 年，第 253~254 页。

文化等级和地域等级，又为研究者提供了一种文化猎奇和文化想象。

西方世界中的真正意义上的社区只存在于工业化之前的中世纪时代和农业时代。这就是德国学者滕尼斯在其名著《共同体与社会》一书中所揭示的，在前都市/工业化世界中，"Gemeinschaft"描绘了这样一种社会秩序：互动是强烈的，个人之间的和基于初级社会关系的。坚固的社会团结就是佐证——实际上，个人是融为一体的社会集体的一员。通过在城市中的对比，"Gesellschaft"状态居主导地位，它具有短暂的社会关系的特征。个人已经变得越来越相互依赖（由于劳动分工），但是（相互）活动是建立在其估算出的交换价值的基础上的（由于资本主义影响的加深）。"Gemeinschaft"和"Gesellschaft"这两个词都不能直接译成其他文字，但它通常被认定为是"社区"与"社会"。①当滕尼斯笔下的社会完全将传统的社区吞噬殆尽的时候，社区就成了亚文化、单一族群聚集地、问题群体固定活动空间的代名词了。这就是社区在西方语境、西方文化和西方城市治理体系中的遭遇。尽管西方世界夹杂着一些对社区共同体和社区认同的古典倾向的呼唤，但是社区神话、社区的亚文化标签、阶级属性，始终是占据主导地位的。研究者和决策者把社区视为是一种廉价的专利品，它专指工薪阶层聚集的社区、受到产业衰退或城市更新的威胁的地区、工人阶级社区、怀特笔下的街角青年聚集的族群社区、旧金山的同性恋社区，等等。

在中国、韩国、日本等国家则出现了没有受到族群分割与侵蚀的"东方社区"。东方社区与西方社区的分野代表了社区分析的两种传统。族群或种族界限，是西方政治永远都难以跨越的一道坎。印度也遭受此苦，所以印度是依靠传统的等级结构和种姓制度维持着一种相互隔绝、泾渭分明、不能逾越的立体社会秩序。但以中国、日本和韩国为代表的东方国家，我们基本上

---

① 参见［德］滕尼斯：《共同体与社会》，张巍卓译，商务印书馆，2019年，第67~76页。

体会不到种族对社区的分裂。在多民族的中国,我们对民族的理解也与西方国家对种族或族群的理解是完全不同的。从这个意义上来说,西方世界的国家建设尽管取得了很大成就,但它始终没有跳出种族的漩涡,这有可能成为将来西方世界失序的根源。

在韩国,市民政治不仅是推动政治转型的重要动力,也是构建具有韩国特色的东方社区的一种尝试。目前,市民政治已经超出中央的局限,在城市、地方、乡村、街道等,到处都能发现其踪迹。居民自治、官民协治、为解决共同问题而努力的草根政治或社区内市民政治等也很重要。这种社区内市民政治以居民条例制定运动、居民参与预算制、居民自治会、村庄共同体建立、地区各种协治委员会和社会经济组织等多种多样的形式呈现。①市民政治范式主导下的实践在普通市民与城市治理、社区治理之间架起了一座沟通和互动的桥梁。这样的社区显然不是西方世界中作为亚文化的社区。

同样,在日本,我们也发现了具有浓郁的东方文化的社区。日本在很多人的心目中,是作为社会治理和社区治理的"理想国"而存在的。日本在社区规划、社区治理、社区服务等方面所具有的精细化程度、人性化程度,在整个世界上都是独一无二的。我们只举一个例子。在一位中国妈妈撰写的《日本国立小学 365 天》中,我们读到的不仅是母子之间的感情和日本学校教育的特色,也读到了背后的社区规划与社区治理。在日本,法律规定中小学不允许骑自行车上下学,且要求学生自己上下学,不能家长车接车送。所以在日本,学校的概念与其他很多国家都是不同的。学校不只包括校园,还包括上下学的路上。针对上下学安全,学校设有专门的组织机构,叫学区委员会。青少年保护协会(PAT)也要在上下学路途中做安全巡视,并定期印发上下学安全调查问卷,随时发现不安全因素,并及时改进,有时还需要与车站等相关

---

①　参见[韩]金义英:《韩国的市民政治》,《成均中国观察季刊》(韩国成均馆大学中国研究所主办),2019 年第 4 期(总第 28 期)。

机构交涉。学生要在《菊子手册》中的相关页填上从家到学校的交通路线，并画出从离家最近的电车站、公交站到学校的地图。开学两周后是第一次学区亲子见面会。按徒步上学和乘车路线、换车方法的不同，一到六年级学生被分成 30 个学区。徒步上学的按使用的校门来区分，乘车来校的按住址附近的车站来区分。每个学区有 20~30 名学生。[①]透过这段文字，我们发现，学校、车站等会成为社区的中心，整个社区的规划、服务和管理就是围绕学校、车站这些公共设施铺展开来的。从家到学校的一个小时内的路程就构成了一个社区的半径。日本在培养市民意识的过程中，修学旅行、成人仪式、公共广告、学校教育、传统的社会活动（如年中行事、家族行事等），都对社区内部关系资源和情感资源的开发起到了特别重要的作用。

社区是作为整个国家治理、社会治理的细胞而存在的。东方社区包含着东方文化体系中人与社会的关系。尤其是在中国、韩国和日本等东方国家中，不是将社区作为问题来看待的，社区不是主流文化之外的另类世界，而是人与他人、人与城市、人与社会发生关联的生活空间与公共空间。

---

① 参见谭琦：《日本国立小学 365 天》，生活·读书·新知三联书店，2017 年，第 128 页。

2. 一分为三

我们这里所说的"一分为二"和"一分为三",不是指方法论或辩证法,而是涉及本体、本原与人的生命形态的。也就是说,人类社会到底是生活在一个非此即彼、二元对立的世界中, 还是生活在超越二元对立的中庸空间之中。古人云:"一阴一阳之谓道",那么是一阴为道呢?还是一阳为道呢?显然,既不是一阴为道,也不是一阳为道,而是"一阴一阳"乃为道。阴阳两端的阴阳调和、阴阳中和、阴阳交替、阴阳共处,才是真正的支配世界的"道"。在人类文明的演进过程中,大多数文明都不自觉地受到了"一分为二"的影响。尤其是西方文明和伊斯兰教文明,都是存在于"一分为二"的思维框架和本体论之中的。贯穿其中的就是上帝与尘世的区隔与分离。脱离了这样"一分为二"的传统,就无从揭示西方文明与伊斯兰教文明的终极真相。尽管亚里士多德在《尼各马可伦理学》中阐述了难得一见的"一分为三"的思想,但这一传统并没有在西方文明中得以延续。亚氏在他的伦理学著作中,以中道为德性,以过度与不及为恶,他认为:

有三种品质:两种恶——其中一种是过度,一种是不及——和一种作为它们中间的适度的德性。这三种品质在某种意义上都彼此相反……例如,勇敢的人与怯懦的人相比显得鲁莽,同鲁莽的人相比又显得怯懦。同样,节制的人同冷漠的人相比显得放纵,同放纵的人相比又显得冷漠。慷慨的人同吝啬的人相比显得挥霍,同挥霍的人相比又显得吝啬……尽管两个极端同适度相反,最大的相反却存在于两个极端之间。①

这一思想尽管没有在西方文明中得以延续,却是中国文明得以延续的重要机理。

中国文化的确是有"一分为三"的传统的。中国文明的生命力就在于不是在两极对立的世界中选择非此即彼的立场,而是善于在两个端点之间走出一条独具特色的中间道路。毛泽东"三个世界"理论不是简单的发展层级的划分,而是对世界格局的哲学判断。"三个世界"理论为中国国际空间的拓展提供了一种超越基督教和伊斯兰教二元对立传统的崭新道路。中国特色社会主义道路,实际上就是经典资本主义与经典社会主义、计划与市场的中和。作为本体论的"一分为二"使伊斯兰教文明与基督教文明在征服、皈依、斗争道路上备受煎熬。作为本体论的"一分为三",使中国文明在中和、中道、中庸、中致的道路上有很大的回旋余地和缓冲空间。如果说"一分为二"是一种"勇气",那么"一分为三"就是一种"智慧"。宋代禅宗大师青原惟信提出了参禅的三重境界:参禅之初,看山是山,看水是水;禅有悟时,看山不是山,看水不是水;禅中彻悟,看山仍是山,看水仍是水。世间智慧不是体现在是否是山水的两极判断之中,而是体现在难以言说、难以名状但又直击人心的"仍是山水"的通达判断和超越之境中。

对中国"一分为三"这一传统进行精深挖掘并做出系统阐释的学者当属

---

① [古希腊]亚里士多德:《尼各马可伦理学》,廖申白译注,商务印书馆,2003年,第53~54页。

中国哲学史家庞朴先生。庞朴在《一分为三的世界豁然开朗》一文中说：

何为"三"？三分的形态又有哪些？我认为，大概有这样四种形态。

其一：三个都是实体。有一种大家熟悉的儿童游戏叫"石头剪刀布"，说的就是一种循环克制的关系。清朝末年流行一句话：百姓怕官，官怕洋鬼子，洋鬼子怕老百姓，也是一个互相克制的关系。三个实体间除了有相互克制的关系外，还有一种相互补充的关系。这方面，中国谈得最多的是"天地人"。在中国，无论是儒家还是道家，都主张"天地人"三极。据说，天的作用在化，地的作用在育，人的作用在赞。天能给出条件来，使得一切东西产生变化，从无到有；地会提供各种物质资源来养育万物；人的作用是赞，赞就是帮助。人要帮助天地来化和育，天地人是一个互相补充的关系。这种关系到一起就是参。

第二种形态：两实一虚，即两个实体，一个虚体。最常见的例子是，在市场上进行交易的，看上去似乎只有买方和卖方，实际上冥冥中还有个第三方，这个第三方在主宰着、控制着、指挥着买卖两方，它虽然不可见，但确实存在。这在经济学上被称为"看不见的手"。在中国历史上还有一个可以丰富这个理论的例子，叫作"看不见的脚"。《庄子·天下篇》谈到，当时有些诡辩家提出一些稀奇古怪的题目来互相辩论，有一个论题是"鸡三足"，就鸡是否有三条腿进行辩论。说没有的人当然容易，鸡没有三条腿；但是说有的也可以找出道理来——除了两条腿之外，鸡还有一条看不见的腿，因为如果没有，左腿要往左边走，右腿要往右边走，左腿踩着右腿，右腿拔着左腿，一定要打架，所以它一定要有主导的第三条腿让两条腿平衡，并指挥、支配两条腿向一个方向前进。这条腿看不见，但是必须要有。这便是二实一虚的那个虚的腿。中国古书里还说尧、舜都有三只眼睛，"尧、舜三眸子"。这第三只眼睛，是一只看不见的眼睛,它既看左边的情况,又看右边的情况,然后综合两边的情况,得出一个正确的判断。也是两实一虚的关系。

第三种形态:两虚一实。最明显的就是宗教的三位一体,基督教也好,佛教也好,道教也好,都有所谓三位一体的说法。如基督教里的圣父、圣子、圣灵,实际上只有圣子耶稣是实的,其他两个都是虚的。再比如佛教里说的佛法僧,道教里的精气神,都是两虚一实的三位一体。李白有一首诗叫:花间一壶酒,独酌无相亲。举杯邀明月,对影成三人。这里面只有李白一个人是实的,其他两个都是虚的,但是他这首诗是意味深长,奥妙无穷的。

当然,如果把时间这一维加进去,你会看到更为复杂的三分关系。最有名的如"正反合",就是从时间的维度来说一分为三的关系,如张载名句:"仇必和而解。"郑板桥有句名言叫"难得糊涂",他说聪明难、糊涂难,由聪明到糊涂更难。这其中就包含着非常深刻的正反合的道理。这个意思大家可以仔细琢磨体会。

以上大概就是三分的四种形态。这几种形态,其实在中国历史上早有各种表示。

比如在汉朝就有人提出"三是数之成"的概念,说十个数字里,一是数之开始,十是数之结束,三是数之成。一是数之始,十是数之终,这无须讨论,因为十一实际上是第二轮之始。三是数之成,这思想不得了,深刻。"三"是一个小小的循环阶段的结束,是一个完成,为什么?三里面包括一和二,而一和二是数的两个最基本的元素,奇和偶,两个最基本的元素,都在三里面包括了,所以说三是数之成。"三"也是正反合。从一开始,然后到二;一是同一,二就是对立,从同一到对立,然后到三,就是对立和同一。这种说法影响至今。我们说"三思而后行",这个"三"不是表示想三次,而是一个简单多数,是一个完成。还有"三碗不过岗""三番五次"，等等，这里的"三"也不是真正意义上的三，而是虚指，代表的是"数之成"。

再有如大家熟悉的"中庸之道"。用一句话说，"中庸"就是"执两用中"。"执"就是抓住，抓住两端，用中间的这一块，这就是"中庸"最基本的含义。"执其两端用其中于民"，你说这个事行，我说这个事不行，把咱们两个人的优点都挑出来，把缺点抛掉，找出一个共同的东西来，这叫"执两用中"。"中庸"的说法，盛行两千多年，只是到近代受到一些批判。现在大家似乎又在重新反思"中庸"的含义。

如果细分，我们又可以把"中庸"分成四种形式。一种是A而B。譬如"温而厉"，表面上是温良恭俭让，但在涉及原则问题上不让步。毛泽东同志说邓小平绵里藏针，跟"温而厉"是一个意思。任何事物都有其不足之处，因此要用对立面来补充之，最后达到比较好的中间状态，这就是"执两用中"。

"中庸"的第二种形式是，A而不B、B是A的特殊形态。比如说一个人"威而不猛"，"威"与"猛"意义相近，但"猛"是"威"之过头处，是不太好的发展，因此必须克制。任何事物都有其容易趋向极端的那一点，防止其过头，这就是"中庸之道"。

中庸之道的第三个形式，不A不B。如"不卑不亢"，既不谦卑也不高傲，既不采取这一端，也不采取那一端。在表达意见时采用弃权的办法也是这个意思。

第四种跟刚才的正好相反，既A又B。"能文能武"，"允公允能"，把两边的优点都集中起来，这是"中庸"的又一层意思。如果说，不A不B是排除两边缺点，采取超脱办法的话，那么，既A又B，则是包容两边优点，做到两全其美，万物皆备于我。

当然，要真正达到上面所说的那种种境界很难，但"执其两端而用其中"的思维方法、工作方法,却是中国人弥足珍贵的大智慧,需要我们仔细琢磨,认真运用。①

我觉得庞朴先生的这篇小文把"一分为三"的哲学讲得非常透彻。其实,哲学、政治学中讲的"人与自然""人与社会""共同体与社会""真理与谬误""理念与现实""民主与专制""自由与奴役"等诸多命题,都是"一分为二"式的机械表达。这些命题的优点是可以穷极真相,缺点是制造了没有尽头的对抗、斗争和焦虑。就拿人与自然的关系来说吧,不是指人与自然处于链条的两端,而是指在人与自然之间有一个"人化的自然",人对自然的敬畏不是对遥不可及的自然的敬畏,而是对你所能处理到的自然的敬畏,也就是对人化的自然的珍视。人与自然的命题应该转换为"人—人化的自然—自然"这样一种三分形态。例如人与社会,人如果不通过家庭、家族、社群等诸多中介群体与连带群体,怎么进入社会呢?人与社会的关系,其实不是指人与外在的、抽象的社会结构和社会实体的关系,而是指他与他有交往属性的家长、兄弟、姐妹、邻居、同事、朋友、同学之间的社会关系的建构。笼统地讲人与社会的关系,必然会陷入到个人至上呢还是社会至上这样非此即彼、势不两立的矛盾命题之中。西方文明的困境就在于此。

西方学者艾伯特·O.赫希曼(Albert O. Hirschman)在其名著《转变参与:私人利益与公共行动》中提出了一个非常经典的命题:人们为什么有时候会参与公共活动,而有时候却把更多时间投入到私人事务中?他在公共–私人二分法的基础上提出了"私人–公共循环"理论。②无独有偶,诺贝尔经济学奖

---

① 庞朴:《"一分为三"的世界豁然开朗》(2015 年 8 月 11 日),腾讯网,https://rufodao.qq.com/a/20150811/022533_1.htm,最后访问日期:2020 年 6 月 22 日。

② 参见[美]艾伯特·O.赫希曼:《转变参与:私人利益与公共行动》,李增刚译,世纪出版集团、上海人民出版社,2015 年,第 2~4 页。

获得者埃莉诺·奥斯特罗姆(Elinor Ostrom)也在她的经典名著《公共事物的治理之道：集体行动制度的演进》一书中提出了政府与市场之外的自主治理理论和自组织思想，为西方社会如何在利己主义的轨道上开拓出公共事务的善治，做出了开创性的研究。①但是这些研究有一个致命的前提，那就是私人与公共的二元划分。在个人—家庭—社区—国家相贯通的文明中，这一前提是极其脆弱的。西方人习惯于生活在一分为二的世界之中。理念与现实、专制与民主、计划与市场、上帝世界与尘世世界是西方一分为二哲学观的重要体现。从上文阐述中，我们可以冷静地看到，人类社会绝不是简单的二元划分。一分为二、二元划分往往将人类社会带入到一个非此即彼的斗争状态之中。这不是人类文明的智慧。事实上，真正为人类生活带来福祉的不是简单的一分为二，而是具有圆润性的一分为三。就像我在说我的前面是大山、后面是河流的时候，如果没有我，也就没有前面的大山和后面的河流了。大山、我与河流形成了一个有机的一分为三的世界。

当我们沿着一分为三的思路进入社会治理和社区治理领域的时候，就会发现一个神奇的一分为三的世界呈现在我们面前。例如，人是生活在"私人性—社群性—国家性""生物人—社会人—自由人"这一序列之中的。人的属性不是一分为二，而是一分为三。人不仅仅是受制于外在的作为实体的社会结构和权力结构的约束，他还拥有自身的生物世界、社群世界、人文世界和自由世界。费老晚年就对此有了反思：

> 我不再像在《生育制度》中那样强调社会是实体，个人是载体的论调，而多少已接受了潘光旦先生的批评，认识到社会和人是辩证统一的两面，在活动的机制里互相起作用。

---

① 参见[美]埃莉诺·奥斯特罗姆：《公共事物的治理之道：集体行动制度的演进》，余逊达、陈旭东译，上海三联书店，2000年，第48~50页。

社区中国

> 我固然修正了马老师①过分强调生物需要的观点,但我本身又陷入了另一个极端,犯了只见社会不见生物人的毛病。我写了一篇自我批评的文章。在这篇文章中我接受了潘光旦先生的新人文观点,把文化看成节制生物本能以协和社会关系的机制。②

同理,人们所拥有的物权也不是简单的私人物权与公共物权的二元划分,而是存在于"私有物权—关联物权(相邻物权)—公共物权"这一序列之中的。我们每天担负的劳动也是存在于一分为三的序列之中的,即"家庭劳动—社会劳动—生产劳动"的三元并存。如果我们生活在简单的国家-社会、私人-公共这一二元对立的框架中,真正的社会治理和社区治理是无法展开的。社群性是人之社区生活的前提,关联物权或相邻物权是社区生活共同体和治理共同体得以形成的基础,社会劳动是社会迈向善治的象征。所以我们所说的人的社群性、社会资本、关联物权、内生权利和积极义务,都是基于一分为三而衍生出来的。一分为三不仅为超越二元分化的对立状态和利己-利他的纠缠提供了富有智慧的启迪,而且也为社区共同体的构建提供了坚实的观念支撑。

---

① 即费孝通先生在英国留学时的导师、伦敦政治经济学院人类学系主任马林诺斯基教授,他是社会学界功能主义学派的代表者。

② 张冠生:《费孝通晚年谈话录(1981—2000)》,生活·读书·新知三联书店,2019 年,第 787 页。

3. 社群性

　　费孝通先生笔下的"乡土社会"是一个典型的熟人社会。熟人社会往往是与固定的区域、流动性低的人口以及错综复杂的血缘姻亲纽带联系在一起的封闭社会。目前，中国有很多县城，尽管脱离了传统的农业社会，县城中有高楼大厦、有商业体系，但很多县城并不是真正的城市，它是现代版的"乡土社会"，因为现代建筑的背后依然是乡土社会中各种社会关系的延续。我们用"现代村庄"来形容县城是再确切不过了。很多县城其实就是穿上现代外衣的现代村庄。

　　然而一旦走进一些大中城市，费老笔下的熟人社会马上就消失了，城市的空气天生使人冷漠，这是一个靠购买、雇佣等现代纽带联结起来的陌生人社会。陌生性越强，城市化程度就越高，这是一个颠扑不破的道理。反之亦然。城市从本质上来说就是一个靠货币符号联结起来的陌生人社会。

　　19世纪末，社会学的创立者们——埃米尔·涂尔干（émile Durkheim）、格奥尔格·齐美尔（Georg Simmel）、斐迪南·滕尼斯和马克斯·韦伯（Max Weber）——都认为，个人主义、流动性和城市化的兴起创造了一个以匿名和分异为特征的现代陌生人社会。①按照詹姆斯·弗农（James Vernon）的看法，英国成为现代国家的过程就是从熟人社会向陌生人社会转化以及通过非人格化的国家机器对陌生人社会重新进行统计、编码和治理的过程。所以弗农认为：国家权力通过匿名的行政体系进行的抽象化需要一台全新的政府机器。探查欲强的国家依赖于收集和处理海量数据的技术性手段，其中包括标准化制度、训练有素的人员和机器的复杂组合。②他甚至提出了这样的论断：如果民族国家的武力有一张人脸，那一定是一张陌生人的脸。③但是我们如果想当然地假定西方社会培育和塑造现代性的过程就是把每一个人抛洒到空旷原野，成为孤零零的原子化个人的过程，那就太单纯了。事实上，陌生人社会中新的社群纽带恰恰为我们思考现代社会提供了一个崭新的视角。

陌生人社会中新型的社群纽带不是乡土社会中的亲属关系，而是基于特殊的业缘或趣缘等关系而形成的。英国从熟人社会向陌生人社会的转型，往往会成为后人解读现代社会治理的经典范例。因为新型的网络社会使得公共信任成为可能。一位西方人针对 18 世纪英国依托俱乐部、联谊会、学会、协会等载体形成的网络社会时，这样说道：这种信任之能建立，得力于由酒馆、咖啡屋、联谊会、宗教共同体、共济会会所的长期成员构成的社交网络，也得力于一些与此类似的工商组织，商人和工匠在那里聚会，并交换信息和流言。在 18 世纪的英国，一个人要想做绅士，就必须善于社交，善于融入共同体。④但是这样的网络社会面临着两个致命的困境，这也是当今西方社会中的社会资本不断流失、社区共同体趋向于死亡的根本原因。一是"公

---

① 参见［英］詹姆斯·弗农：《远方的陌生人：英国是如何成为现代国家的》，张祝馨译，商务印书馆，2017 年，第 36 页。

② 同上，第 89 页。

③ 同上，第 96 页。

④ 参见［英］艾伦·麦克法兰主讲、刘北成评论、刘东主持：《现代世界的诞生》，世纪出版集团、上海人民出版社，2013 年，第 177 页。

民社会"本身的致命困境，即"托克维尔悖论"：这类俱乐部一方面将人们的个性融为一体，一方面又非常排他。结社精神与排他精神的浑然一体，相互隔离的象征性边界，又使社会处于可怕的分裂之中。二是随着"公民社会"的日益正规化、官僚化，富有人情味的社群资源就被现代性力量抽干了，社群纽带也就被现代性匕首斩断了。这就是罗伯特·帕特南说的社会资本的流失，一个冷漠的甚至是无助的独自打保龄球的社会就这样诞生了。

不管怎么说，西方社会的演变进程，至少说明了在陌生人社会中重建社群纽带的可能性是存在的，重建社群纽带的必要性也是不容忽视的。与英国依靠结社传统展示人之社群性不同的是，中国更多的是依靠以家为原点、以居住地为中心，向外铺展出去，去构建新型的"社缘"纽带。一位西方学者曾这样说道：法国人从家庭和国家的角度想问题，英格兰人倾向于从个人和社会的角度想问题。①在这一点上，中国文化可能与法国文化有点相似。中国人也习惯于从家庭与国家的角度思考问题，而且在家庭与国家之间形成了一种中介性的社群状态。这种社群状态能够获得家庭和国家双方的钟情与认可。对于个人与家庭而言，尤其是对于老年人、女性和孩子等社会关系资源相对稀薄的群体来说，国家与家庭之间的社群就是拓展生活空间的最好场域；对于国家而言，这是治理庞大陌生人社会的最有效的应对策略，也是展现"爱的政治"和"底线政治"的绝佳场域。

沿着上文我们讲的一分为三的思路，我们就可以发现在私人性与国家性之间，存在着社群性这一中间形态。从家庭角色到社群成员再到国家公民，这是典型的人之属性逐渐由内向外扩展的过程。严复先生把斯宾塞（Herbert Spencer）的《社会学》翻译成《群学肄言》，从字面上来看，是完全符

---

① 参见［英］艾伦·麦克法兰主讲、刘北成评论、刘东主持：《现代世界的诞生》，世纪出版集团、上海人民出版社，2013年，第160页。

合中国文化精神的。荀子说:"人之生,不能无群,群而无分则争,争则乱,乱则穷矣。故无分者,人之大害也;有分者,天下之本利也。"[①]中国人所理解的社会,不是西方社会学所说的外在于人的强制性的社会结构,而是与之生命相连的社群。人活在社会上,第一是合群,第二是能群,第三是善群,第四是乐群。[②]从政治学的角度来说,真正的公共生活是在参与社群的过程中体现出来的,也就是说在合群和能群的基础上实现善群和乐群。西方人所说的"选举"不过是周期性的政治仪式。这种仪式是不能天天举行的。但社群性的公共生活却是全天候的。因为一个人无法脱离他所处的居住空间和生活场景。这样,就在家人、国人的中间诞生出了第三种形态——群人。"群人"就是社群人或社区人。目前,社群人集中展示的场域已经从线下转移到了线上。进入互联网时代以后,让人始料不及的是古人所说的"物以类聚,人以群分"在网络空间得到了最集中、最完整、最彻底的呈现。

"人的社群性"是对社区人之本质的规定。马克思在《关于费尔巴哈的提纲》一文中提出:"人的本质并不是单个人所固有的抽象物。在其现实性上,它是一切社会关系的总和。"社会关系是由多重维度的关系组合而成的。我们认为,现代人的行动空间和身份认同兼具私人性(家庭和市场)、社群性(局部公共性,体现为社区和各种交往组织)和公共性(国家公民)三种存在状态。人的社群性原理说明人不仅是自然人、家庭人、职业人、政治人,更是社区人。社区人在现实生活中有多种表现,例如你有可能是同学会中的人,也可能是老乡会或战友会中的人,或者是某种趣缘群体或身份群体中的人,它们都是社区人的不同表现形式。"社区人"是对人的社群性的直观表达。基于人的社群性而形成的基层治理在任何国家和社会都有着漫长的历史和传

---

① 《荀子》,方勇、李波译注,中华书局,2015年,第142页。

② 景天魁:《论群学复兴——从严复"心结"说起》(2018年9月21日),搜狐网,http://www.so-hu.com/a/255376620_652526,最后浏览日期:2020年6月22日。

统,依托居住空间而形成的基层共同体是展示人作为社区人的重要场所。居民自治、社区善治的目标之一就是在现代社会恢复社区人的面貌与特征。社区中老年人的参与度之所以比较高,就是因为他们试图在参与社区公共事务的过程中恢复已经丢失的社会关系。人年纪越大,社会关系就越稀薄,故年长者在社会交往中往往不是关注其效果,而是享受其过程。其实,不仅老年人,任何一个丢失了社会关系的人,都试图在参与社区事务中把社会关系恢复起来。在调研期间,我在与一位社区长跑队队员聊天时,他告诉我,长跑队要组织一次去山东青岛的旅游,虽然他前一年刚刚去过,但还是报名要去。我问:为什么还要去?他回答说:跑友都去山东了,有五天时间,自己一个人留下来跑步很没意思,所以还是决定要去。长跑队便是一典型的自组织,加入该自组织的人基于爱好跑步这一趣缘,把以前丢失的社会关系重新恢复起来了。人的社群性在这一自组织中得到了充分展现,这就是社群生活的魅力之所在。凡是把已经丢失的社会关系重新恢复起来,凡是将日趋稀薄的社会关系重新使其厚植起来,这样的社区或社群肯定就能成为人生的归宿。

现代社会往往被视为是由单向度的人组成的陌生人社会,社会成员多数愿意沉浸在一种自由且孤独的状态,因此在现代化的大城市里除了以兴趣为基础的专业社团之外,都市居民基本上都缺乏公共生活,西方国家城市发展的现状似乎昭示着一种更加悲观的前景,这就是本来就有限的公共生活与社会交际也呈现了衰落的趋势。中国的城市规划、商业化的居民区开发以及职业化社会的形成,也导致了基层社会资本的流失和社会关系的断裂,社区善治就是在遵循人的社群性原理的前提下,通过恢复和重建人的社会关系,构建人之社会交往的渠道和空间。人的社群性是对现代性逻辑所塑造出来的"单向度人"的反叛。社群生活不是在统治逻辑和商业逻辑中展开的。社群生活讲求互助、群助,它是一种以爱、互助、群助为基础的交往和秩序。

人的社群性衍生出来的一个话题就是,一个人要生活在一种什么样的社会关系之中。一个人活在世界上当然需要经济资本,但经济资本并不能保证人的幸福。真正的幸福来自健全的社会功能。世界卫生组织给健康下的定义就是:身体健康,心理健康,社会功能良好。如果一个人能够在一种信任的社群关系和社群交往中求取一种宁静与平和,那我们就说他拥有了较为丰厚的社会资本。尽管我对"社会资本(social capital)"这种表达方式不是很认同,因为它对善意和睦的关系资源进行了经济学方式的处理。把任何美好的东西都化约和还原为资本,是西方人的思维方式。但鉴于约定俗成的关系,我们姑且沿用这一概念。

对社会资本理论阐述的最为完整的无疑是美国学者帕特南了,他写过两本十分有意思的书:一本书叫作《独自打保龄球:美国社区的衰落与复兴》,一本书叫作《使民主运转起来:现代意大利的公民传统》。前者书名来源于一个故事,64 岁的约翰·兰伯特(John Lambert)和 33 岁的安迪·波仕玛(Andy Boschma)通过本地的保龄球联盟而彼此相识,一个是白人,一个是非裔美国人,后来约翰患上肾病,而安迪义不容辞地捐肾给他,就是因为他们一起打保龄球成为朋友从而改变了彼此的命运。帕特南以小见大,认为"我们美国人需要重新建立联系"。他以"独自打保龄球"作为切入口,希望美国人可以再次"Bowling Together"(一起打保龄球)。[①]从这个故事引申出去,帕特南提出,民主质量的好坏或民主制度的绩效可以从公民社会的状况得到解释;如果某一个社会的民主运转出了问题,从根本上说,那一定是公民社会(公民意识、公民组织、公民行为等,总之是公民生活)发生了变化——例如,社区生活走向了衰落。帕特南在研究美国公民参与热情度降低、投票率下降的过程中,敏锐地发现当初托克维尔所描述的美国社区生活正在逐渐衰落,那种喜好结社、喜欢过有组织的公民生活、关注公共话题、热心公益事业的

---

① 参见[美]罗伯特·D.帕特南:《独自打保龄球:美国社区的衰落与复兴》,刘波等译,北京大学出版社,2001 年。

美国人不见了；今天的美国人，似乎不再愿意把闲暇时间用在与邻居一起咖啡聊天，一起走进俱乐部去从事集体行动，而是宁愿一个人在家看电视，或者独自去打保龄球。于是，帕特南想到用"Bowling Alone"（独自打保龄球）这个词来形容和概括美国社会的这一变化，并力求对这种变化的性质和原因做出理论解释。在他看来，"独自打保龄球"的现象意味着美国社会资本的流逝，造成这种现象的原因可能是复杂而不易确定的，但后果却是明确的，那就是公民参与的衰落。

那么如何使基层民主运转起来呢？仅仅靠经济资本是不行的。说到底，还得依靠社会资本，这就是《使民主运转起来：现代意大利的公民传统》一书所要探讨的问题。理论界对什么是社会资本有不同的看法，帕特南认为社会资本是建立在信任基础上形成的互惠和信赖的价值规范；[①]詹姆斯·S.科尔曼（James S. Coleman）则认为社会资本是一种责任与期望、信息渠道以及一套规范与有效的约束，它们能限制或者鼓励某些行为；[②]华裔学者林南（Lin Nan）从社会资源的角度将社会资本界定为内嵌于社会网络中的资源，行为人在采取行动时能够获取和使用这些资源。[③]不管有多少定义，社会资本都是描述了一种在社会交往中不断累积的信任资源、关系资源和媒介资源。生活在城市中的人，往往会有一种无助感。因为这是一个陌生的空间。西方人有句谚语："城市的空气天生使人自由。"但是我们也可以说，城市的空气天生使人孤独，城市的空气天生使人冷漠。如果社区的交往密度也降至最低，那么貌似繁华的城市其实已经陷入生命的悲哀状态了。在社区中恢复人们在社

---

① 参见[美]罗伯特·D.帕特南：《使民主运转起来：现代意大利的公民传统》，王列、赖海榕译，江西人民出版社，2001年，第201~206页。

② 参见[美]詹姆斯·S.科尔曼：《社会理论的基础》（上），邓方译，社会科学文献出版社，2008年，第358~364页。

③ 参见[美]林南：《社会资本——关于社会结构与社会行动的理论》，张磊译，世纪出版集团、上海人民出版社，2005年，第23~24页。

会系统中失去的社会关系，在社区中培育人们在社会系统中失去的信任，在社区中点燃人们在社会系统中丢失的关爱。这就是在催生社会资本。社会资本一旦被催生出来，基层民主、社区善治与居民自治就会运转起来了。

4. 血缘、地缘与"社缘"

　　费孝通先生在《乡土中国》一书中提出：血缘和地缘的合一是社区的原始状态。[1]他又说：从血缘结合转变到地缘结合是社会秩序的转变，也是社会史上的一个大转变。[2]现在，我们完全可以认为，中国血缘与地缘的合一状态已基本终结。血缘纽带的松弛和地缘纽带的断裂，已经成为基本趋势。那些突破血缘联系和地缘空间的人，以进城务工人员和大学生为主。他们从血缘和地缘高度合一的农村社区进入陌生的城市，要么靠打工求取生存，要么靠固定的职业求取发展。他们的第二代、第三代更是彻底脱离了血缘和地缘的束缚。籍贯制度的改变，把费孝通先生说的"血缘的空间投影"也彻底斩断了。可以说，今天的中国已经完全不是《乡土中国》一书中所呈现的画面了。居住在城市社区中的人，已经没有乡土社会中的血缘关系了。商品房制度滋生的流动性、人们对私有空间的关注、对个人隐私的保护也限制了城市社区新型地缘纽带的构建。也就是说，城市居民虽然居住在同一地域空间之内，但老死不相往来。这是一群陌生人的居住区，不是基于地缘纽带形成的生活

---

[1]　参见费孝通：《乡土中国 生育制度》，北京大学出版社，1998 年，第 70 页。

[2]　同上，第 75 页。

共同体。毫无血缘关系、又没有牢固地缘关系的居住空间如何维系呢？这是"后乡土中国"所面临的一大问题。

计划经济时代，城市中的居住空间是基于"业缘"关系形成的熟人社区，它是单位组织在空间上的延伸。所以与其说是社区，还不如说是单位。几乎任何一个单位都是由两部分组成的，一是工作空间，二是居住空间，后者就是我们俗称的"家属院"。一个单位就是一个大家庭。"以单位为家"不仅仅是一种牺牲精神，更是一种生活状态的写照。时过境迁，原来的单位要么改制，要么解体，单位人变成了社会人，家属院变成了"老公房"或"系统房"，居住在这些房子中的居民已经与原来的单位毫无关系。业缘社区的消失是与单位组织的变动连为一体的。单位与居住空间的脱钩，以及单位的解体、破产或重组，使得此类居住空间中的业缘资源逐渐式微，最终走向消解。而住房制度改革后涌现出来的商品房小区，则成为纯粹的陌生人居住空间。血缘、地缘和业缘的空白，对中国城市居住空间中的交往与治理提出了挑战。

正是在这一背景下，"社区中国"作为一种理论范式和治理模式呼之欲出。从"乡土中国"到"单位中国"再到"社区中国"的转变，可以被视为中国现代化进程在生活空间中的投影和折射。如果说乡土社会是个传统社会，那么传统就是经验的累积。乡土文化微妙的搭配可以说是天工，而非人力，①单位社会是依靠"国家—组织—个人"这一链条中锻造出来的一种制度安排，国家与社会的重叠，生活空间与职业空间、生产空间的合一，是其总体特征。②那么依靠新型社区组合而成的社会，就是生活空间、权利空间、治理空间、利益空间高度叠合的复合状态。在这样的复合空间中，中国采取了完全不同于西方国家的治理策略。在以个人主义为基石的西方社会中，这样的空间被纳

---

① 参见费孝通：《乡土中国 生育制度》，北京大学出版社，1998年，第84~85页。

② 参见刘建军：《单位中国——社会调控体系重构中的个人组织与国家》，天津人民出版社，2000年，前言第1~4页。

入法治化的轨道上,直接导致了传统社区的终结甚至死亡。中国则把这个复合空间重新锻造成国家治理的基石和细胞。尽管这一锻造过程在不同居住空间中的程度和效果有差异,但这一原则是通用的。如果要把它锻造成为新型的治理细胞,那么就一定要寻找新型的关系纽带。在血缘、地缘和业缘资源已经断绝的前提下,是什么样的关联纽带充当了锻造治理细胞的资源呢?

中国社会有一种特有的秉性,那就是绝对的个人主义自始至终都没有成为社会的根基。即便是在市场化改革之后,以商品房为基础的居住空间也没有释放出绝对个人主义的气息。这恰好为商品化居住空间的共同体化或社区化提供了难得的契机。英国学者艾伦·麦克法兰(Alan Macfarlane)在《英国个人主义的起源》一书中,独辟蹊径地展现了英国变革的历史根源。从英国滋生逐渐蔓延到美国的个人主义,并不是从天上掉下来的,而是从历史中延续下来的。作者提出,英格兰的乡村共同体社会,很久之前就已经被个人主义颠覆,且远远早于马克思的工业社会生产力,或者韦伯的新教伦理。英国的个人主义起源于交换市场支撑起来的庄园社会。农民作为一个阶层和农业共同体,在英国历史上并不存在。这种基于市场导向的社会结构是孕育个人主义的最佳温床。英格兰的契约传统由家庭成员之间发起,渗透到社会各个阶层,成为了社会惯例。[1]显然,以拆解家庭为特征的个人主义在中国历史上从来没有出现过。家庭功能的中外差异甚至可以成为解读中国发展秘密的最朴素、最直观的一把钥匙。市场化改革塑造出来的是商品市场和要素市场,而不是家庭成员之间的市场交易。这样一种传统在"乡土社会"中得到完整呈现。所以费孝通先生说:在亲密的血缘社会中商业是不能存在的。这并不是说这种社会不发生交易,而是说他们的交易是以人情来维系的,是相互馈赠的方式。商业是在血缘之外发展的,[2]即便是在高度私人化的城市社

---

① 参见[英]艾伦·麦克法兰:《英国个人主义的起源》,管可秾译,商务印书馆,2008 年,第 24 页。

② 参见费孝通:《乡土中国 生育制度》,北京大学出版社,1998 年,第 74 页。

区中,绝对的个人主义也没有完全扎根。相反,新型的关系资源却不断地生长出来,这就是我们发现的"社缘"。

　　我所说的"社缘",是指在共同的生活空间和居住空间中发轫出来的一种关联纽带。社区中国作为一种理论范式和治理模式能够确立下来,正是基于这一"社缘"。社缘包括趣缘、育缘、志缘、乐缘、书缘等多种形式。基于相同兴趣连接形成趣缘群体,基于后代教育这一纽带连接起来形成育缘群体,基于服务精神和公益情怀连接起来形成志缘群体,基于聚群成乐连接起来成为乐缘群体,基于读书求知而连接起来就形成书缘群体。诸如此类的纽带是从中国文化中生长出来的。中国城市社区中的组织资本和组织资源,就是依靠这些"社缘"纽带的开发而被催生出来。这些社缘纽带与乡土社会中的血缘、商业社会的地缘、单位社会中的业缘,已经有了很大的不同。城市社区如果要成为国家治理的基石和社会治理的细胞,取决于基层政府对这些连带群体的培育程度、对新型关系纽带的开发程度、正式组织与连带群体的嫁接程度以及这些组织从"活动型组织"向"功能型组织"转化程度的高低。①

---

　　①　参见刘建军:《居民自治指导手册》(第2版),格致出版社、上海人民出版社,2019年。

5. 关联主义

人们习惯于把集体主义与个人主义作为对立的两极，来分析中西文化的差异。其实，按照"一分为三"的哲学，在集体主义和个人主义之间，存在着一种不为很多人关注的"关联主义"。关联性强则向集体主义摆动，关联性弱则向个人主义摆动。我在教书的时候，曾经问学生，你是否知道父母的名字？是否知道祖父祖母的名字？是否知道曾祖父曾祖母的名字？一般来说，家庭内的关联不超过三代。当时很多学生都叫不出祖父祖母的名字了。这就说明家庭内的关联程度随着代际的继替，逐渐趋于衰弱。但是我又问，曾国藩的后人是否知道曾国藩呢？答案是显而易见的。这就是说，曾国藩依靠自己的修养、功业缔造了曾家的"高关联度"。我在马路上看到那些环卫工人的时候，我一直在想他们与这个城市的关联度有多高呢？很多城市依靠"积分制"来解决外来人口的户籍问题，这是不是依靠制度设计来提高外来人口对这个城市的关联度呢？沿着这样的思路，当我走进社区和人们生活场景中的时候，我想知晓人们是否与他所居住的社区拥有较高的关联度。因为关联度的强弱与高低直接影响到人们对社区公共事务的参与程度以及对社区的认同程度。

由此，我提出了关联主义或联动主义这一概念。我认为这是解读中国社会治理的重要理论范式。在经典的社会理论中，有两大范式是占据主导地位的：一是冲突论，这一范式把社会进步的动力归因于不同要素之间的斗争和冲突；二是功能论，这一范式把社会秩序理解为各个要素之间的功能互补，这一互补是外在于人的一种结构，它是任何个体所无法超越的一种"社会事实"（social fact）。无论是冲突论还是功能论，对于理解中国改革开放时期的社会治理，都是有其难以克服的缺陷的。中国社会治理塑造了一种新的理论范式，那就是关联主义或联动主义的范式。"关联论"这一范式既与中国绵延已久的整体主义哲学传统相吻合，又与现实的政治制度安排相契合。所谓关联主义或联动主义的范式，就是指整个社会难以划分为泾渭分明的私人领域与公共领域、社会领域与国家领域、生产领域与生活领域。不同领域运行逻辑的不同不能遮蔽不同领域之间的内在关联。关联论把冲突论与功能论所忽视的社会空间与社会机制提炼出来了。

根据著名学者梁鹤年先生的看法，西方文明的文化基因主要是由两组基因构成的：一是"唯一"与"真"的组合，二是"泛人"与"个人"的组合。这两组基因是相互勾连在一起的。在较早登场的理性主义中，"人"是包括个人与人人，可称人的主义（humanism）。在稍晚出台的经验主义中，"人"只是个人而已，是彻底的"个人主义"（individualism）。西方文明追求的是唯我独尊、排他性的秩序。因为自西方资本主义世界崛起之后，他们就试图为全世界的人们定制一双统一号码的鞋子。这与他们追求"唯一－真"的文化基因是密切相关的。"唯一－真"的文化基因衍生出了西方人的排他性和扩张性。至此，个人主义与"唯一－真"实现了一种奇妙的组合，但西方文化基于"分"的逻辑也为人的性格分裂和文明危机埋下了伏笔。梁鹤年先生非常深刻地指出了西方文明所潜伏的这种以"分"为基本格调的西方文明的轨迹：理性主义的笛卡尔以"我"为主体，以别于"世界"（客体），开启了现代西方主/我、客/他二元的世界观,创出个人的理念。这个二元世界有两个层面:我与外界、我的思想与我的身体。

随后,经验主义的洛克把个人的意识建立在经验上:个人像块白板,通过经验和教育而成形。这定义出个人自由与权利、个人与个人之间的社会性契约关系,并开启盎格鲁–撒克逊式的个人主义——一种在道德、政治与社会层面上强调个人价值的意识形态。个人价值与个人自由将支配西方文明的轨迹。[①]"成也萧何,败也萧何。"西方文明在近代的勃兴根源于个人主义,西方文明的内在困境也根源于个人主义。在个人意识无限膨胀的轨道上衍生出来的追求私利和自由竞争在创造出具有异化性的物质文明和资本主义世界的同时,也将西方世界带入了资本化和私利化的不归之路。

西方社会治理中出现的很多问题是因为个人主义的泛滥,导致了社区共同体和生活共同体的终结。普特南所说的"独自打保龄球"正是基层共同体终结的最好写照,以至于有学者喊出了"太多的权利、太少的责任"(too many rights,too few responsibilities)这样的呼声。激进的个人主义者基本是把任何权威都视为潜在的"威权",他们极力阻止合法性、民主化的调控以及实质性的公共权威。[②]

社区精神的衰落是西方个人主义社会陷入危机和困境的最为重要的体现。普特南提出的社会资本理论就是试图填补传统的结合型资本(bonding capital)衰退之后留下来的社会真空。基于志愿组织的桥接型资本(bridging capital)和基于横向联结的共同利益,可以超越不同社区和网络之间形成的基于阶层、种族和其他异质性差别。与此同时,基于纵向关系而形成的联结资本(linking capital)可以帮助个人从社会经济发展的正式制度中获取资源。[③]

---

① 参见[加拿大]梁鹤年:《西方文明的文化基因》,上海三联书店,2014 年,第 73 页。

② See Amitai Etzioni,*The Spirit of Community*,New York:Simon & Schuster,1993,pp.163–164.

③ See Mark Gottdiener,Leslle Budd and Panu Lehtovuori,*Key Concepts in Urban Studies*,*Second Edition*,Sage Publication Ltd.,2016,p.21.

从西方国家对一系列社会问题、社会危机的应对策略来看,它们在短期内还无法走出个人主义多缔结的碎片化陷阱。就像加拿大学者查尔斯·泰勒(Charles Taylor)对美国政治体系所进行的批评那样:危险的东西并不是现实的专制控制,而是碎片化——人们越来越不能形成一个共同目标并落实它。

碎片化发生在人们越来越原子主义地看待自己之时,换句话讲,人们越来越少地认为自己与其同胞结合在共同的事业和忠诚里。他们实际上可能感到自己生活在与别人结合的共同事业中,但这些事业更多的是小群体而不是整个社会。例如,一个局部共同体、一个少数族裔、某个宗教或意识形态的信徒们、某个特殊利益的促进者们。近几十年,美国政治过程越来越多地与司法复议(judicial review)掺杂在一起,美国人的精力被拖入利益政治或鼓吹政治之中。人们将自己投入单议题的运动之中,狂热地为他们喜爱的事业而忙碌。①西方政治,尤其是美国政治已经陷入这样一种泥潭:任何人、任何群体都在试图将"自身合理性"(如同性恋、吸毒等)的东西转化为"集体合法性"的东西。个人主义的无限泛滥、权利主义的狂飙突进,正在将西方政治拖入支离破碎的轨道之中。西方政治体系已经无法容纳恣意妄为的社会了。这是西方政治困境的社会根源。

如果说西方的一元论和个人主义来自其内在的文化基因,那么我们也可以说,中国的关联主义也是来自中华文化基因。依照梁鹤年先生提出的"文化基因"理论,可以为我们找到所有治理模式的源头。梁鹤年先生提出的文化基因理论在习近平总书记的讲话中被屡次引用。他提出:"使中华民族最基本的文化基因与当代文化相适应、与现代社会相协调,以人们喜闻乐见、具有广泛参与性的方式推广开来。"②中国优秀传统思想文化体现着中华民

---

① [加拿大]查尔斯·泰勒:《现代性的隐忧:需要被挽救的本真理想》,程炼译,南京大学出版社,2020年,第162~164页。

② 中共中央宣传部:《习近平总书记系列重要讲话读本》,学习出版社、人民出版社,2014年,第104页。

族世世代代在生产生活中形成和传承的世界观、人生观、价值观等,其中最核心的内容已经成为中华民族最基本的文化基因,是中华民族和中国人民在修齐治平、尊时守位、知常达变、开物成务、建功立业过程中逐渐形成的有别于其他民族的独特标识。这就是说,中国的国家治理体系和基层治理体系尽管以开放的态度和胸怀吸收了很多外来优秀因素,但从骨子里来讲,它是中国的"文化基因"孕育出来的。如果说西方社会治理和国家治理根源于"唯一-真""泛人-个人"这两组文化基因在文化、制度、政策和法律中的落实和展现,那么中国社会治理和国家治理就根源于合一-道、家-国这两组文化基因在文化、制度、政策和法律中的再现与发扬。"唯一-真"与"合一-道"、"泛人-个人"与"家-国"这两组文化基因,为我们呈现了中西文明的源头差异。追求"唯一-真"的文明其优点是看得深,缺点是偏执;追求"合一-道"的文明,优点是看得全,缺点是模糊。"泛人-个人"文化基因的优点是可以促进个体能量的激发,缺点是社会的撕裂与冷漠。"家-国"文化基因的优点是国家作为最高的政治伦理实体通过聚合最大限度的情感资源释放出一种集体能量,缺点是容易难以明确各要素之间的界限,造成治理权责的模糊与治理主体的缺位。所以不同文明对其文化基因衍生出来的优势与劣势都应该有着清晰的认知与判断。

先看第一组文化基因的对照。任何文明都有追求真理、追求大道的秉性,但达到真理彼岸的路径却是不一样的。中国人达到大道的路径是"天下定于一""阴阳合于一""天地合于一""天人合于一"。同样是达成一,西方是追求抽象的、排他性的"唯一",中国追求的是包容性、合成性的"合一"。从这个原点延伸出去,包容万物的合一展现了一种"大道",集合各种利益的合一展现了一种"群道"。王蒙提出了一个探求中国政治依据的关键概念,即"合道性"。我们认为这是与西方合法性完全不同的一个概念,它对于理解中国政治有着非常重要的价值。王蒙认为,古代中国,更多强调的是权力的"合道性"。什么叫合道性？就是说君王、朝廷、邦国有道,有章法、有理念、有是非、有秩序,百姓才能安居乐业,共享太平盛世。无道,则国无宁日,人心乖戾,民不聊生,大难临头。[①]著名政治学者王绍光已经注意到了这一问题,他将政体与政道视为中西政治分析的重要差别。[②]运用政体思维必然会将非西方世界的治理模式视为异端。因为政体思维天然的诉诸"合法性"这一概念工具。一旦运用这一概念，就有挥之不去的困惑与不解。美国学者裴宜理(Elizabeth J. Perry)运用合法性这一概念解读中国政治模式时,对西方理论与中国发展之间的非对称性也一筹莫展。她在《中国问题》的开篇一章"中国共产主义政权是合法的吗"最后一段煞费苦心地这样写道:"如果中国共产主义政权继续拥有一些历史合法性的残余,那么它将处于被目前治理实践所消耗殆尽的危险之中。但是没有任何确证迹象表明这个威权主义政体会立刻丧失其合法性;唯一的确定性证据就在于它自身的毁灭。"[③]西方人将他们信奉的终极依据叫作"真",中国人将自身信奉的终极依据叫作"道"。"合一–道"追求求同存异、包容性的秩序。将自己的价值观和秩序观强加于人,这是"唯一–真"的外化。在包容差异性和求同存异的基础上展现"大道"与"群道",这是"合一–道"的外化。

再看第二组文化基因的对照。第二组文化基因关系一个极为重要的逻辑命题,那就是构成社会的第一单元是个人还是家庭？西方社会完成了梅因所说的"从身份到契约"的改造之后,个人作为社会结构的第一单元就确立

---

① 参见王蒙:《中华传统文化博大精深"不可说"？不妨抓住"道通为一"来解读》(2019 年 5 月 5 日),上观新闻:https://www.jfdaily.com/news/detail?id=148878,最后浏览日期:2020 年 6 月 20 日。

② 参见王绍光:《政体与政道：中西政治分析的异同》,载胡鞍钢主编:《国情报告·第十四卷 2011 年(下)》,党建读物出版社,2012 年,第 449 页。

③ See Elizabeth J. Perry, "Is the Chinese Communist Regime Legitimate?", in Jennifer Rudolph and Michael Szonyi eds., *The China Questions: Critical Insights into a Rising Power*, Cambridge and London: Harvard University Press, 2018, pp.11–17.

下来了。尽管家庭的功能依然存在,但家庭已经不是支撑整个社会的初始单元了。中国文明的一个突出特点就是,家作为社会的第一单元,自始至终都没有变化过。之所以如此,乃是与中国社会是一个伦理社会、中国文明中没有外在于人的上帝的位置等因素有直接的关系。于是,Country、State 和Nation被翻译成"国家",直接反映了中国人对国家的本土理解。《孟子·离娄章句上》曰:"天下之本在国,国之本在家,家之本在身。"这一论断是中国对政治共同体的最佳诠释。本来国与家指的是天子之国与诸侯之家,也就是《左传》中说的"天子建国,诸侯立家"。随着封建制被郡县制所替代,诸侯之家也就逐渐消失了。家便演变为安放人之心灵、演绎祖先与后人关联的理想场所。

泛人–个人追求的是以个人为原点、以平等为逻辑命题的机会主义的制度安排,家–国关联追求的是将小我与大我联结在一起的整体主义的制度安排。个人主义的治理传统讲究的是个人领域与外在领域的并立,家国理论讲究的是个人—组织—国家这一链条对多种要素和多重领域的串联与整合。不理解家国关系就无法理解中国政治,就像不理解政教关系就无从理解西方政治一样。家国同构与政教同构在中西文明演进史上都占有极为重要的位置。尽管现在严格意义上的家国同构和政教同构已不复存在,但家国同理、政教同理的传统还是延续下来了。有国才有家、家为国之本在中国社会结构中依然稳固。从国到家和从家到国这两条线路,在中国是同时并存的。这显然不是私人领域与公共领域的二元划分。所以我们说家国理论是理解当代中国政治的元理论,家国情怀是支撑当代中国超大型社会的精神纽带。在中国文化中,"国家"与"家国"是可以互换的,甚至是可以通用的。

6. 关联物权

  关联主义向物权领域的扩展催生出"关联物权"这一概念。从最广义的角度来说,每个人与生活的城市、社会和国家都是关联的,过分强调个人主义,肯定是有问题的;绝对的个人主义是不存在的,没有父母,就没有我们,个人跟他所处的这个社会不是绝缘的,而是关联在一起的。当然,很多人可能意识不到这种关联。当那么多的宠物饲养者任凭宠物排泄物污染环境的时候,当人们将垃圾随意抛洒的时候,他们可能忘记了这座城市是与他们是相互关联的一个整体。社会治理应该强化一种关联化思维方式:城市建设可以在非常短暂的时间中显示出宏大的语境,中国有很多大城市在 20 世纪 90 年代之后发生了令人叹为观止的巨变。正是这一宏大语境的上演,释放出巨大的城市能量。但是宏大的语境(context)如果不能和人与人的交融(contact)相联结,那么这个宏大的语境只能释放出冰冷的气息。现代化社会治理体系就是使居住在这座城市中的每一个人都成为与城市治理、城市未来息息相关的关联者。同样,城市中的每一条道路、每一寸草地,都是与每一个城市人不可分离的关联物权。现代化社会治理体系的奥秘就是将每一个城市人塑造为一个与城市命运不可分离的关联者。

我们知道,经济学有一个基本假设,产权边界的清晰界定是经济发展的前提。道格拉斯·诺斯(Douglass C. North)就提出产权本质上是一种排他性权力。①我在阅读美国普林斯顿大学社会学家马修·德斯蒙德(Matthew Desmond)撰写的《驱逐:美国城市中的贫困与利润》一书时,发现产权(房权)不仅仅是排他性权力,而且还是盈利性权力、驱逐性权力、侵略性权力、侮辱性权力。德斯蒙德在书中描述了美国威斯康星州最大城市密尔沃基市(Milwaukee)"为头顶拥有片瓦而斗争"的八个贫困家庭。就像一位该书评论者所说的那样:《驱逐》一书是令人震撼的。这是一部在理解贫困方面填补巨大空白的著作和研究。它提醒我们去关注美国最贫困的社区。德斯蒙德展示了一连串的驱逐事件就是因为一个小孩向一辆私家车抛洒了一个雪球这样一件小事而被激发出来的,它直接使很多家庭陷入了多年贫困的怪圈。德斯蒙德用"冰冷之城"或"冷漠之城"(Cold City)来描述美国城市中"驱逐"所释放出来的无情与傲慢。②所以仅仅用"排他性"还不足以揭示出私有产权或私有物权的阶级属性、地位属性甚至族群属性。产权的英文表达是"property right",物权的英文表达是"real right"。产权在外延上要比物权宽泛,像知识产权就不属于物权,物权是指权利人在法定的范围内直接支配一定物并排斥他人干涉的权利。我们在研究经济制度的时候,一般使用"产权"这个概念。我们在分析权利主体与其支配财产的关系时,一般使用"物权"这一概念。从这个角度来说,我们购买的住房就是典型的物权象征。中国四十多年改革开放孕育出来的是一个典型的"物权社会",落实到社区和生活场域,那就是典型的"房权社会",这个变化是我们在解读中国社会特征时必须要面对的客观事实。

---

① 参见[美]道格拉斯·诺斯:《经济史中的结构与变迁》,陈郁等译,上海三联书店、上海人民出版社,1994年,第21页。

② See Matthew Desmond, *Evicted: Poverty and Profit in the American City*, New York: Penguin Random House LLC., 2017, pp.1–5.

西方关于财产权的思想，无论是洛克式的自然(劳动)财产权思想，还是费希特的契约财产权思想，以及黑格尔的人格财产权思想，[1]都不足以揭示出中国房权社会中关于财产权(尤其是房权)的完整理解，也不足以为基层社会治理体系的完善提供充足的思想资源。同样，中国传统的关于物权的各种思想，也难以为基层社会治理体系的构建提供恒久的思想支撑。我们必须在吸收以上两者的基础上，去开发新的支撑基层社会治理体系的思想资源。

如果把房权作为理解中国基层社会治理的权利源头，那么我们就必须要将中国人对房权的理解搞清楚。这就需要在特定的历史转折与特定的情境构造中，去寻找支撑房权社会治理的思想和理论。从客观而论，理解中国房权社会的治理有三个关键节点：一是1998年全面实行的住房分配货币化改革；二是2007年3月16日十届全国人大五次会议通过的《中华人民共和国物权法》；三是2020年5月28日十三届全国人大三次会议表决通过的《中华人民共和国民法典》(本法自2021年1月1日起施行。与此同时，婚姻法、继承法、民法通则、收养法、担保法、合同法、物权法、侵权责任法、民法总则同时废止)。第一个关键节点不仅激发了房地产行业的迅猛发展和土地财政的扩张，而且把原有的人房关系翻转过来，彻底改变了人对房子这一不动产的理解。

基于住房这一不动产的财富再分配和社会分层正是在这个时期迅速膨胀起来。中国学者吴晓林在《房权政治》一书中对房权时代的来临及其所产生的结构性影响作过这样的分析：1998年，中国城市住宅商品化改革的大幕拉开，自此，城市商品房住宅小区迅速扩展，与此相伴随，一个规模庞大的"住房阶级"在城市空间形成并逐步扩大。同时，由房产质量和物业纠纷引发的业主维权运动也迅速蔓延开来。各地的业主维权活动愈演愈烈，逐渐演变

---

① 参见陈浩：《自然与契约的彼岸——黑格尔"抽象法"中的人格财产权概念》，《哲学动态》，2018年第4期。

为一种新的、席卷全国的抗争运动。无论从规模还是从频率来看,城市社区业主维权已经成为中国继工人维权、农民维权之后的第三大维权现象。这种以城市中产阶级为主体的运动,不但改变了城市社区治理的权力结构,而且也推动公民积极参与规制创制和民主意识的扩展。业主以其在居住空间的"日常生活",直观地感受城市化给"每个人"带来的"阵痛",他们因利益受损而发起的业主维权行动,客观上向城市基层治理转型发出预警信号。研究业主维权问题不但事关业主的日常生活权益,而且对于把握城市中国的转型,建构以"住房权利"为主线的社区政治学也具有十分强烈的现实意义。①

2007 年物权法的通过,则是从根本上决定了房权社会的成型。如果说物权法通过之前的房子乃是一交易商品的话,那么物权法通过之后的房子就成了被法律所确认的人格的化身。从房权中衍生出来的一种新的社会身份——"业主",也就顺理成章地得以诞生了。对"业主"原始意义的注解应该是"家业的主人"。业主的自私、业主的维权、业主的傲慢等多重令人眼花缭乱的现象在社区中层出不穷,可以说,有什么样的房权观和物权观,就有什么样的治理。一个极为重要的问题就摆在所有人面前:房权社会如何治理?

所以实事求是地说,中国城市治理体系的重构在应对从单位人向社会人的转型中是及时且有效的。但在应对从社会人向"房权人"、从原子化个体向再组织化个体的转型中是略显滞后的。物权社会或房权社会的治理困境根源于此。我们可以肯定地说,在社区中,几乎所有物权并不是截然分为公共物权和私人物权两种,而是在其两者之间有一种极为重要的物权形态,即关联物权。关联物权的产生,可以弥补社区中原本"公共物权"和"私人物权"两极分化的不足。因为关联物权的存在,才使得社区中的居民自治拥有了其物权基础。社区中的各种物权都具有极强的关联性。中国改革开放的一个最

---

① 参见吴晓林:《房权政治:中国城市社区业主维权》,中央编译出版社,2016 年,第 1 页。

为重要的社会后果就是拥有私有产权的住房遍布城市各个角落。以前的住房都是单位分配的，以前的居住区也都是单位化的住宅区，但现在的很多城市，拥有私有产权住房的比例已经达到了百分之七十以上，这个变化远远超过了西方发达国家。很多居民只有对私有物权和私有产权的感知。从这个角度来说，中国人所说的"业主"这一概念存在一定的争议——因为"业主"这个称谓强化了居民私有物权的意识，把财产的傲慢与住房霸权推向极致，甚至切断了业主与社区公共性、共享性与共有性的关联。一个居民不仅是家业、住房的主人，更是私人产权之外社区一草一木的守护者。业主既包含着权利，更包含着义务与责任。准确的说法应该是"区分所有权人"。购买房子的时候，你不仅要购买住房，而且还有购买住房近处的"小公"和远处的"大公"。一个居民把自己的住房看护得井井有条，但在住房之外，却随地吐痰、乱扔垃圾，在居住区的草坪上任凭自己的宠物恣意排泄，这显然是忘却了"业主"所包含的责任和义务。社区中的一草一木、社区中的一砖一瓦，社区中的楼道空间与公用水管，都是与每一个居民密不可分、息息相关的"关联物权"。举例来说，没有三楼就没有四楼，家中的承重墙就是典型的关联物权，它既属于特定某人，又不属于该人。社区中的楼道、草坪、水管、煤气管道等，都是典型的关联物权。恰恰是关联物权，将一个个原子化的社区中的居民串联在一起，联结在一起。可以说，关联物权是居民自治能够得以孕生、推进和不断升级的最为重要的现实基础和内在动力。而关联物权的关联密度是影响社区物业治理绩效更为根本的因素。①

实际上，关联物权原理是有其严密的法律基础的。建筑物区分所有权是我国物权法规定的不动产所有权的一种形态。从物权法的角度来看，所谓建筑物区分所有权，指的是权利人即业主对于一栋建筑物中自己专有部分的

---

① 参见刘建军、王维斌：《社区物权治理的政治逻辑》，《齐鲁学刊》，2019 年第 4 期。

单独所有权、对共有部分的共有权以及因共有关系而产生的管理权的结合。从这个角度来说，大家平常所说的业主并不是孤立的、相互隔绝的住宅和经营性用房的绝对主宰者，而是指拥有建筑物区分所有权，并对物业管理区域内的公共设施拥有公共所有权和使用权的特定权利主体。[1]只不过，由于各种各样的原因，所有权人、共有产权、关联物权这些非常关键的观念区分在社区中并未得到推展和普及，使得绝对的私有物权的观念抑制了社区中公共观念的产生与扩展。可以说，没有关联物权的观念，社区治理的优化是很难实现的。经济学的很多原理并不适用于社区治理，经济学所推崇的成本-效益、规模效应（例如居委会所辖户数越多，越不利于熟人社区的形成）等与社区治理往往是绝缘的。

根据关联度的高低、关联距离的远近以及关联能力的强弱，我们可以把关联物权作进一步的延伸与扩展。基于高关联度、近关联距离、强关联能力而形成的相邻物权，是我们能够肉眼所见、身心感知到的"相邻物权"。楼道就是典型的相邻物权空间，公共水管、公共水箱、承重墙就是典型的相邻物权实体。正是最能体现相邻物权属性的楼道空间催生了楼组自治的诞生。在以楼组自治见长的社区，楼道空间已经与家庭私有空间连为一体了，楼组中的各个家庭亲如一家，大门紧闭、不相往来、形同陌路的局面逐渐被改变，这就是相邻物权催生了自治的生长与扩展。

基于低关联度、远关联距离、弱关联能力而形成的"共有物权"或"共有财产"，往往是社区最为难以治理的一个领域。典型代表就是维修基金、公益性收入、物业管理费这一共有财产的管理。在专业管理上，业主是弱者，物业公司乃是强者。这直接导致了业主们对居住区共有财产的管理陷于无知之困、无力之困、无制之困交织在一起的尴尬状态之中。基于此，以研究信托制

---

① 参见陈文：《社区业主自治研究》，中国社会出版社，2011年，第7页。

物业管理制度见长的陈剑军先生提出了一种不同于市场关系、科层关系的"信义关系"。他提出：市场之约，或市场关系、市场连接，即两方都基于利己而构成的连接。合同是典型的市场之约，基于双方的付出比例，约定好剩余分配比例。市场连接往往是单链结构，市场之约指向各自利益最大化方向。科层之约，或科层关系、科层连接，即一方基于利己、另一方基于利他而构成的连接。科层之约呈现命令、服从关系，适用于上级与下级、组织与个人之间的科层结构。国家与国民、公司与员工是科层型连接。科层连接往往是树状结构，科层之约指向利己方或命令方的利益最大化方向。

与市场之约和科层之约不同的是，信义之约，或信义关系、信义连接，即两方都基于利他目标而构成的连接。一方付出信任以利他，另外一方付出忠诚以利他。信义之约的缔结目标就是利他。根据利他对象的不同，信义之约有两种，一种是互惠型利他，也就是"甲利乙，乙利甲"，构成效力的循环。还有一种是开放式利他，在多人合作的情况下，也就是"甲利乙，乙利丙"，然后不断延续扩展下去，形成开放社会的公共精神和利他文化。信义之约适用于构建具有公益或共益特征的社会共同体。信义连接往往是网状结构。信义之约指向共同体利益最大化方向。信托是信义之约的一种，是信义之约的典范，是法律化的信义之约。信托指向受益人利益最大方向。信托具有分权共治与适合弱-强合作等特点，有助于解决社区共有财产或共有基金的管理纠纷。他进而提出，信托是利他互惠共同体，对比"双利己"的市场关系的合同之约，可以发现信义之约中因为有了"利他"而对偏离合作行为具有更强的约束力量。陈剑军的这一发现，印证了本书提出的社区治理的反经济学逻辑这一规律，即以管理社区共有物权和共有财产为职责的物业管理公司不是经济学讲的一般意义的逐利"厂商"，而是承担一定社会责任的、带有社会企业性质的互惠共同体企业。即物业公司尽管不是"社会企业"，却是"社会性企业"。这与下文所说的"斯密人格与孔子人格"的对照也是具有一脉相承关系的。所以社区共有物权和共有财产的管理应当遵循社区共同体的逻辑,在超越市场之约和科层之约的基础上,在互惠关系中培育利他主义的资源与禀赋。

从以上分析我们可以看出,小区和生活空间中的物业冲突、物业矛盾并不是简单的管理问题,也不是专业化治理所能完全包容的。隐藏在各种冲突和问题背后的是,我们如何重新组织和治理新型的物权社会,如何为物权导向的社区奠定稳定、可持续性的治理结构。表面上看,因为共同所有人体量较大、时间精力有限、专业技术分工等因素,无法自己承担物业管理的责任,于是产生了物业管理的市场供应。背后的关键则是围绕住房私有产生的人与人的权责关系。这种权责关系因为住房观念的转变而出现了革命性变化。①表面上看是物业服务问题,背后是物权治理问题。如果说新时代中国社会的主要矛盾已经由人民日益增长的物质文化需要同落后的社会生产之间的矛盾,转化为人民日益增长的美好生活需要和不平衡不充分的发展之间的矛盾。那么中国基层社会治理的主要矛盾也就是从人民日益增长的物质文化需要同资源短缺之间的矛盾,转化为人民日益增长的美好生活需要和治理结构不完善之间的矛盾。这就是四十多年改革开放孕育出来的物权社会在社区空间中的体现,以物权为轴线的新型社区在呼唤着新型治理结构的诞生。

关联物权催生了社区中的"可操作的民主"技术和程序的产生。②因为这是处理物权或产权归属模糊空间的最好方法。在实践中,随着社会财富的私有化和共有化(是"共有"不是"公有"③)比例的不断提高,基层共同事务决议的产生将越来越复杂和困难。因此,需要有(会议)开展民主协商组织能力的

---

① 参见李锦峰:《物权治理与物业管理指导手册》,格致出版社、上海人民出版社,2019年,第15页。

② 参见寇延丁、袁天鹏:《可操作的民主》,浙江大学出版社,2012年。

③ 此处所说的共有物权其实就是我们所说的关联物权,也有人把它说成是"社会财产"。社会财产就是相对于公产、私产而言的。参见宋庆华主编:《沟通与协商:促进城市社区建设公共参与的六种方法》,中国社会出版社,2012年。

专门社会组织和社会工作者来做协作者,他们协助大家通过友善地讨论、发表各自的想法(争论)以寻找到实现达成共识的共同目标,不再有"谁战胜谁"的概念,不再有"胜利者和失败者"的概念,任何人都有权发表自己的想法,提出问题和为解决问题作贡献。因为这些意见都是在为共同体的利益着想,只是最后的决策需要大家的参与和表决。学会通过妥协达成共识特别重要。在社区公共议题的处理中,形成多数人的决定其实并不难,最难的是如何让一个多数人的决定不侵害少数人的利益,最难的是如何让一个多数人的决定不因为少数人的反对而无法执行(结果其实就是少数人决定了"不执行多数人的决定"),最难的是如何调整人们只看到"利益敌对方"的缺点而忽视优点的心态。①

---

① 参见宋庆华主编:《沟通与协商:促进城市社区建设公共参与的六种方法》,中国社会出版社,2012年,第122~123页。

7. 斯密人格vs.孔子人格

如果滕尼斯所说的社会与共同体的区分是成立的，那么社会和共同体这两个截然不同的领域是否存在着不同的精神气质呢？

我们在调查过程中发现，凡是依靠过度维权来追求私利的社区最后都走向无休止的争吵和混乱；凡是抑制公民权利并切断所有参与通道的社区最后都走向官僚化和对国家与政府的单向依赖。这两种状态引发了我们无尽的思考：难道就不存在介于两者之间的中间状态吗？在这个中间状态中，指向个体利益的权利处于一种约束状态，指向公共利益的权利处于一种伸张状态。人们在一种直接关联的生活场域中，体验到惠及每个人的卢梭式公意状态。于是，我们在滕尼斯所说的社会和共同体两种空间中发现了截然不同的两种人格特质，我们把它称之为"斯密人格"与"孔子人格"。

所谓斯密人格，得益于亚当·斯密在《国富论》中的经典阐述：自私自利是人与生俱来的本质，是先天性的；进一步来说，当独立的个体投入到群体生活的社会交往行动中时，自利的本性会伴随着与他人的关联交涉而逐渐显现，在自觉与不自觉中以"看不见的手"不断地调控着人们的社会生活，使之变得井然有序。在个体向社会性的过渡中，单纯的经济行为渗透出道德行为,自利意识逐步让渡给利他意识。经过这样的转化与升华,经济行为的指向已从单纯的"利"调整为共同的"善"。斯密有一句非常形象的名言:我们获取的食物并非来自屠夫、酿酒师或面包师的恩惠,而是出于他们的利己思想,这就是典型的斯密人格。①斯密人格的核心不是利己,基于利己实现利他才是斯密人格的核心。同样,他的《道德情操论》实际上也是阐述了这样的观点,即依靠对人性恶端的抑制维持理性的社会秩序。这种合宜性的美德实际上还是依靠利己实现利他的人格特质。因此,他对传统的、彻底无我的利他主义和被可憎激情这一魔鬼笼罩着身心的人,都是不提倡的。就像他在《道德情操论》中所说的:"那些让人倍感亲切的激情,即便在它们看起来有些过分,也决不至于使人反感。甚至在对友谊和仁慈的偏爱中亦有某种令人愉悦的东西……我们感到遗憾的只是,它不适用于所有的人,因为并不是所有的人都值得对他仁慈。因为它必定使值得以仁慈相待的人成为暗含在谎言中的背信弃义和忘恩负义的牺牲品,使他遭受无数的痛苦和不安……与上述令人亲切的激情相比,敌意和怨恨则有着完全不同的情形。一个人过分强烈的嗜好那些可憎的激情,会使他成为人人畏惧和厌恶的对象。在我们看来,他就像是一只凶猛的野兽,应当从文明社会中被驱逐出去。"②斯密人格也是道德的,只不过其道德性要依靠间接性的利他功能和社会利益的实现才能体现出来。所以斯密人格更多的是在依靠法律和市场支撑的社会体系中得以体现出来。这就是滕尼斯讲的社会或者是波兰尼讲的脱嵌于社会而独立成长的"市场系统"。这个空间和体系与斯密人格有天然的亲和性。

但在家庭和交往密度较高的社群中,斯密人格的有效性便大打折扣。我们在社区中发现,私利驱使的动机和激情,在很多情况下都没有转化为社区公益,反而是更大程度地撕裂了社区共同体。那么支撑社区共同体的人格特

---

① 参见[英]亚当·斯密:《国富论》,高格译,中国华侨出版社,2018年,第8页。

② [英]亚当·斯密:《道德情操论》,余涌译,中国社会科学出版社,2003年,第40~41页。

质应该是什么样的呢？

我们在孔子思想中，找到了这一人格特质。我们把它界定为"孔子人格"。西方人宣称的社区中应该是"更多的责任、更少的权利"，就无限接近孔子人格。孔子人格实际上就是君子人格。"修己以安人。"就像福柯认为的，现代国家诞生以后，修身齐家治国平天下的通道基本上就被切断了。正确的说法乃是修身齐家治社区。因为社区处于"己所欲"的范围内。从这个角度来说，每个人在与国家建立一种象征性的联系之外，也与社区建立了生活性关联。而作为微型国家的社区，则是依靠面对面机制缔造了一种透明和无间。因此，任何始自私利的行动都会处于公众的监视和蔑视之中。但客观的现实却又昭示了，从社区为公出发的所有行为可以全部转化为利己的制度安排与利己的关系资源。正是从这个角度出发，我们发现了一种完全不同于斯密的人格特质，那就是在追求公益的过程中实现利己或"益己"，与斯密的在追求私利的过程中实现公益，恰好是相反的两极。这就是我们前文所说的，如果滕尼斯对社会与共同体的划分是正确的，那么与"社会"相匹配的是"斯密人格"，与"共同体"相匹配的是"孔子人格"。

我们无法对斯密人格和孔子人格做出绝对的道德评价。"从私到公"和"从公到私"，作为斯密人格与孔子人格外在化的两种机制和通道，都展现了一个魔幻且富有无穷吸引力的过程。尤其是孔子人格在社区中的外在化过程，展现了利他主义哲学最后是如何转化为健康人格的内在性资源。任何国家的社群共同体，都对孔子人格有天然的匹配性和亲和性，正如任何国家的社会系统实际上都要遵从斯密人格的要求一样。一个社区，宛如现代城市中的一个"现代城邦"。这个现代城邦无论是作为利益共同体和治理共同体，还是作为安全共同体和命运共同体，它对透明、公开、公正和程序等诸多直接民主要素的要求是绝对的，不容置疑的，所以任何的欺骗、诡计与勾结等幕后策略，都难以持久。在一个面对面交往、无缝隙交往的社群生活中，展示孔子式人格魅力的行为会处于公众的监视和赞美之中。直面社群公益的行为换来的是个体道德影响力的提升、个体的身心健康以及社群对其家庭形象的赞美。公益不是转化为世俗的"私利",而是内化为高雅的"私益",转化为一种有益于身心的安宁与坦然。谁能说这种转化不是一个神奇的过程呢?

8. 社区社会主义

　　理解中国城市社区,有三重重要的政治背景与理论背景:一是习近平提出的"人民城市",这是对城市社会主义本质属性的设定;二是党的全面领导,这是对城市治理之政治属性的把握。三是习近平提出的"全过程民主",这是对城市治理过程属性的提炼。以上三者汇聚到社区之中,就形成了独具中国特色的"社区社会主义"形态。社会主义作为一种意识形态能够与中国社会相结合,社会主义作为一种体制能够与中国现代国家的建设和现代化模式相结合,社会主义作为一种文化精神能够与中国传统文化基因相融合,一定是有难以窥探的深层次原因。就像"美国为什么没有社会主义"这一命题的魅力如此经久不衰一样,为什么中国一定要实行社会主义,也是一个有着无穷吸引力的重大命题。中国共产党的历届领导人都意识到了这个问题,如果中国的发展脱离了社会主义道路,如果中国的发展导致了两极分化,那么中国作为一个国家的整体性危机可能就要降临了。

　　社会主义体制是一个综合性的概念。就像雅诺什·科尔奈(János Kornai)所说的:"采用'制度范式'的研究者把体制(制度)看成一个整体,强调部分与整体的关系。社会主义体制作为一种整体性制度安排,包括政治架构、意识形态、严格意义上的经济和对经济的监督管理、体制内部的信息流动、典型的社会关系以及由政治—社会—经济环境塑造的典型行为特征。"①如果我们从社会主义体制与每个人的生活关联这一视角出发，就会发现计划经济时代的社会主义体制实际上是通过"单位社会主义"体现出来的。社会主义体制作为一种整体性的制度安排，如何与一个个具体的人发生关系呢？如何面对一个个活生生的人呢？这是一个非常关键的问题。因为它不同于资本主义，会把一个个人驱赶到市场中去，把每个人的生命还原为市场化空间中的利益主体和交易主体，把个人社会地位的高低还原为市场能力的强弱。社会主义体制则是要把一个个具体的人镶嵌到整个国家机器之中，既要实现对每个个体的保护，又要实现对每个个体的调控。但国家不是抽象的，对于个体来说，国家只有把个体安置到实体化的空间和岗位之中，才能在个体与国家之间架起关联的通道。这就是计划经济时代独具中国特色的单位社会主义。

单位社会主义的基本特征就是个人与国家的联系是通过单位对资源的再分配体制得以实现的。单位作为国家的代理者或承载者，担负着为个人工作和生活提供所有资源的责任，也担负着调控个体行动和生活节奏的政治任务。单位在对资源进行再分配的过程中，秉承社会主义精神，在工资制度、福利制度、住房分配制度方面，力求贯彻平等的精神，把单位营造成标准的社会主义大家庭。在计划经济时代，单位社会主义的平等精神随着岁月的流逝呈现递减趋势，也就是说单位社会主义逐渐渗透进单位差别主义的因素，即单位内部不同等级、不同角色在获取资源方面出现了一些差异，这也就背离了单位社会主义的精神。但从总体上来看，单位社会主义作为一种传统和精神特质，一直延续至今，只是个人对单位的依附关系已彻底松解，单位社

---

① ［匈牙利］雅诺什·科尔奈：《社会主义体制：共产主义政治经济学》，张安译，中央编译出版社，2007年，中文版序言第11~12页。

会主义的表现方式不是表现为把个体视为依附性的"单位私有物",而是更多地把个人与单位的关系视为是一种契约性安排。随着单位体制的松解,很多企业单位在面临改制或消亡的过程中,具有较强权力强度和资源优势的行政单位和事业单位依然在巩固和传递着单位社会主义的精神和文化。但单位社会主义原有的平等精神、主人地位、以单位为家的情怀等多重要素已经永远地成为历史的记忆。

与此同时,大多数人从单位中走出来,进入了一个与单位完全没有关系的新型生活空间,这就是社区。与以前的单位生活空间相比,现在的生活空间是由社会保障体系、基层公共服务体系、居委会制度、社会保险体制等多重社会性制度安排支撑起来的。这就是我们所熟知的从"单位人"向"社会人"的大转折。当单位社会主义作为一种情怀和精神日渐淡漠的时候,一种新型的社会主义文化在中国逐渐兴起,我们称之为"社区社会主义"。与单位社会主义相比,社区社会主义是怎样的一种精神特质和制度安排呢?

社区社会主义的根本就在于它不是把社区视为是独立于国家之外的私人领域或绝对自治性的社团空间。在这个方面,西方人所熟知的市民社会、公民社会、私人领域、自治性的公共领域、第三域等所有概念,与中国的社区都不是完全重叠的。社区社会主义虽然没有单位社会主义那样对其成员的资源再分配机制,但各种资源向社区的下沉、汇聚以及社区内部的资源整合、资源互补等是非常明显的。所有这些资源分配的机制都体现出了一种独具中国特色的社区社会主义精神。

既然社区要成为社会主义的展现空间,那么以党建引领为核心的社区治理体系就成为中国城市所有社区的一个基本特征。正如单位社会主义的领导力量是单位党委一样,社区社会主义运动的领导核心也是社区党组织或基层党组织。正是拥有至高合法性和唯一合法性的基层党组织,充当社区资源的争取者、串联者、整合者、开发者和分配者的角色。党建引领下的社区社会主义,避免了个人和行业性系统对社区资源的分割。我们在香港社区中会看到"Private Way"(私人路),在欧美国家经常看到"此为私人院落,禁止任何人进入""此为私人空间,进入者一切后果自负"的标牌。在个人主义和权利主义轨道上塑造出来的生活场域,实际上已经宣告了社区的死亡。这是典型的社区资本主义,从中释放出来的是资本的傲慢与权利的无情。就像哈贝马斯所说的,生活世界完全被资本殖民了。在中国城市社区中,我们基本上看不到类似这样的捍卫绝对私有物权和空间权利的标牌,社区社会主义使得中国社区释放出一种温暖的气息。私人力量、资本力量、利己权利处于多种力量的监视之下,它们不能恣意无限扩张。社区这一公共生活空间和公共治理空间,没有被市场化的洪流完全吞没。波兰尼所说的市场与社会的脱嵌、市场与社会的双向运动,在中国表现得并不是那么极端。这也是中国道路的内在文化魅力。

更为重要的是,在中国,凡是与社区关联度高的群体,大多是退休群体、老年群体、低保群体、居家太太群体或失业群体等。中国正是依靠社区中拥有社会主义性质的各种制度安排,将以上群体吸纳到社区公共空间之中,切断了边缘群体游离于社会体系之外的可能性。社区社会主义既表现为一种政治情怀,也表现为一种社会救济。在单位社会主义日渐淡薄的时代,社区社会主义成为支撑新型社会治理体系的精神支柱和制度保障。所谓共建共治共享、社会治理共同体,都是对社区社会主义的政策性表达。

在中国四十多年改革开放的历程中,我们发现社区成为滋养社会主义传统的土壤。当社区之外的所有空间都在契约化轨道上逐步推进的时候,社区却成为单位社会主义精神的转嫁之地,成为社会主义传统的沉淀之地。我们甚至可以进一步推论,将来能够将社会主义传统完整继承下来的空间可能就是社区。因为社会主义从根本上来说体现为权力、资源向社会的回归。权力回归社会不是一种抽象表达,而是一种制度安排,更要有实现的物理空间。社区具有彰显社会主义精神的禀赋与属性,因为它与每一个具体人的生活都联系在一起。从这个角度来说,没有社区社会主义的成长,就没有中国社会的稳定;没有社区社会主义的制度安排,以人民为中心的价值追求就可能失去实践的空间与平台;没有社区社会主义的培育和巩固,中国的现代化进程就有可能脱离社会主义的轨道。

9. 以法入礼①

    对于任何一个现代国家来说,权力继替、中央与地方关系、国家机构设置等重大政治议题,都要借助法律确认下来。依法治国可以说是所有国家迈向现代征程的必由之路。更为重要的是,在现代国家的治理过程中,必然会滋生各种利益性与权利性冲突。现代国家中的冲突规模、冲突强度是以往的社会冲突所不能比拟的。不仅阶级冲突或带有阶级色彩的族群冲突,往往会使现代国家陷入不能自拔的无序和混乱之中,而且现代的社会冲突可能会通过应得权利和供给、政治和经济、公民权利和经济增长的对抗全方位地爆发出来。②

    如何将现代国家保持在秩序的状态中？这个严峻的问题刺激了法治国家的诞生。现代国家必须要依靠理性化的现代制度提供保持社会秩序和个人发展的基础,这一现代制度最为集中的体现就是法律制度。③因为法律的使命在于创造秩序,减少社会交往过程中的机会主义行为,降低社会调控过

---

① 本节核心内容已发表,参见刘建军:《从"工具主义法律观"到"治理主义法律观":全面推进依法治国进程中的观念革命》,《湖北社会科学》,2017年第2期。

② 参见[英]拉尔夫·达仁道夫:《现代社会冲突》,林荣远译,中国社会科学出版社,2000年,第3页。

③ 参见[德]柯武刚、史漫飞:《制度经济学——社会秩序与公共政策》,韩朝华译,商务印书馆,2001年,第246~247页。

程中的附加成本。这对于维护社会秩序和经济秩序来说是至关重要的。①现代国家几无例外地都是奉行法治精神的国家。无论是将法律视为"普遍性的陈述",还是将法律当作国家治理的手段,法律在现代国家治理体系中的地位都是不容小觑的,所以法律绝不是单一性的控制手段的组合,而是一种社会制度,是一种社会规范,它与风俗习惯有着密切的关系,它维护现存的制度和道德、伦理等价值观念,它反映某一时期、某一社会的社会结构。②如果一个国家在其治理过程中不断面临着个人意志的左右、充满着各种机会主义的陷阱,那么它离法治国家就还有很长的一段距离。尽管法律不是万能的,聪明的国家治理者肯定不是法律的偏执狂,但是现代国家的政治过程却与法律有着天然的内在契合性。这是现代国家治理体系与传统国家治理体系最为显要的区别。仅仅建立在爱、道德、个人关系和血缘关系之上的政治秩序是不牢靠的,法律意味着治理者和被治理者都有勇气在公共事务上运用理性。更为重要的是,法律是对治理者和被治理者的双重约束。法律不仅缔造了国家权力扩张的边界,而且也是规范被治理者行为的强制性规则。

总之,国家治理过程的制度化、程序化、规范化依赖于法治国家的构建,在观念多元、结构复杂、横向与横向差异都异常显著的现代国家之中,唯有遵循法治的尺度才能缔造具有稳定性、连续性、再生性、扩展性的政治秩序,唯有依靠法治才能将国家治理的制度和程序固定下来并传递下去。法治国家本身就是国家长治久安的同义语。

然而一旦进入基层社群生活领域,我们马上就会面临如下的问题:刚性的、绝对的法治逻辑对这个领域来说是否是万能的? 社群生活中的所有矛盾和冲突是否都要纳入法治化的逻辑和路径中得以化解? 我们都很羡慕日本

① 参见[德]柯武刚、史漫飞:《制度经济学——社会秩序与公共政策》,韩朝华译,商务印书馆,2001 年,第 246~247 页。

② 参见瞿同祖:《中国法律与中国社会》,中华书局,1981 年,导论第 1 页。

井然有序的社会秩序,但其生活领域中的冲突与矛盾,并不完全是依靠法律来化解,而是依靠对市民意识的培养。"在一个拥挤的大城市里,一方面是越来越高涨的个性和私有观念,另一方面则是城市生活不可避免的大量的公共关系和社会活动。如何协调其中的关系呢?当然少不了法律和政策的调整作用,但现代城市生活的一些细节之处是法律和政策所无法达到的。比如私人土地的范围、房屋,尤其是日照权、建筑高度,还有公寓的公共部分的使用,这些邻里相处的问题都不是靠设立一项法律或制订一个政策所能解决的,而只能在互谅互让、互相理解和互相尊重的前提下解决,而这就需要市民们有良好的市民意识。市民意识对于一个城市形成良好的城市风气和城市性格非常重要。现代大城市的城市管理是建筑在良好的市民意识的基础之上的。"①

可以说,日本良好的社会治理和社会秩序是依靠体现良好公共素养的市民意识支撑起来的。在日本,良好的市民意识可以使人在拥挤的城市中体验空间之美,在狭窄的马路上体验有序的交通,也可以在公共空间中有秩序有风度地体验社区公共产品的共享。环顾整个世界,可能只有新加坡是把基层治理纳入到了刚性、清晰的法治轨道中。从这个角度来说,社区治理赖以凭靠的规则资源是独特的,社区公共秩序也是凭借多种规则资源的交融和相互嵌入共同构筑起来的。美国学者罗伯特·C.埃里克森(Robert C. Ellickson)曾经写过一本很有意思的书——《无需法律的秩序——邻人如何解决纠纷》。从书名上我们就可以判断他的立场与观点了。他提出了一个很重要的命题:法律制定者如果对那些促进非正式合作的社会条件缺乏眼力,他们就很可能造就一个法律更多但秩序更少的世界。所以规范,才是权利的根本来源,而不是法律规则。②不过,在我的观察与研究中,埃里克森提出的"无需法律的秩

---

① 王元:《日本城市综合管理》,上海远东出版社,1997年,第134~135页。

② 参见[美]埃里克森:《无需法律的秩序——邻人如何解决纠纷》,苏力译,中国政法大学出版社,2003年,第166~189页。

序"这一命题可能过于极端了。准确的说法应该是"法律转化的秩序",或者说是基于"法律公约化"的秩序。也就是说,邻人冲突、基层矛盾的化解,不是依靠冰冷僵化的法律,而是在社会化、礼俗化、公约化轨道上转化出来的柔性规则。法律在转化的过程中被重新得以注解和诠释,因为这是生活政治的逻辑所导致的,与无情冰冷的政权逻辑相去甚远。

正是沿着这样的思路,我在研究中国基层秩序的过程中,提出了"以法入礼"这样一个概念。法治与"以礼入法"是古代中国赖以治国的两个重要手段,前者更多是法家的观点,后者更多是儒家的观点。在阐述"以法入礼"之前,有必要先了解一下"以礼入法"的内涵及其由来。

传统中国的法律是一个"以礼入法"的儒家化的过程。[①]"以礼入法"、中国法律之儒家化这一命题是著名学者瞿同祖先生提出来的。这一命题澄清了古代中国是法治还是德治的争论。秦汉的法律是由法家所制定,其司法理念近似于现代的人人平等理念,他们以法律的准绳,希冀把所有社会事务的处理与民间纠纷的解决都绑缚到国家的公权力场域之中。由此,国家公权力场域是社会事务与民间纠纷的唯一处理与解决场域,国家的、社会的事务,无论在哪里发生、发展,都必须在这一场域中得以完成并得到公权力的证实。随着秦帝国的崩溃与汉帝国的兴起,儒家思想成为国家意识形态的同时,开始主导司法领域。儒家的思想开始成为司法理念的主导。儒家所重视的家族不仅成为社会的基础,而且成为社会事务与民间纠纷的处理与解决场域。"家族主义及阶级概念始终是中国古代法律的基本精神和主要特征,它们代表法律和道德、伦理所共同维护的社会制度和价值观念,亦即古人所谓纲常名教。"[②]因为"二者是儒家意识形态的核心和中国社会的基础,也是

---

① 参见《中国法律之儒家化》,载瞿同祖:《中国法律与中国社会》,上海商务印书馆,1981年。
② 瞿同祖:《中国法律与中国社会》,中华书局,1981年,第354页。

中国法律所着重维护的制度和社会秩序"①。从政治上分析,国家是家族的延伸;从司法理念上分析,"传统中国对于法律的概念主要被儒家的道德教育所形塑,它具有很深的道德内涵"②。家族是道德化司法理念的承载主体,大部分的司法活动也是在家族场域而非国家场域发生的,国家只不过是家族法律决定的执行者而已。

家族在传统中国就像现代社会中的社会自组织或社区,它是国家治理的基石,得到国家的承认,并受到国家的维护。"家族实为政治、法律单位,政治、法律组织只是这些单位的组合而已。这是家族本位政治法律的理论的基础,也是齐家治国一套理论的基础,每一家族能维持其单位内之秩序而对国家负责,整个社会的秩序自可维持。"从司法意义的角度分析,"家族是最初级的司法机构,家族团体以内的纠纷及冲突应先由族长仲裁,不能调解处理,才由国家司法机构处理。这样可省去司法官吏许多麻烦,并且结果也较调和"③。

"与其他任何文明一样,中国的法律也是运作于社会中的基本的经济和社会力量、哲学理念和宗教信仰,以及实践等相互冲突的产物。"④传统中国的司法理念,坚持社会事务与民间纠纷的处理与解决在家族所代表的社会场域中展开。如此行事,一方面公权力无须事必躬亲,则国家可垂拱而治;另一方面,纠纷如果解决不当,社会与民间的抗争针对的是具体的家族,而不会扩展到对整个政治制度的不信任,则政治制度可以免于损害自身的合法

---

① 瞿同祖:《中国法律与中国社会》,中华书局,1981 年,第 1 页。

② See Herbert H. P. Ma, Law and Morality: Some Reflections on the Chinese Experience Past and Present, *Philosophy East and West*, Vol.21, No.4, Symposium on Law and Morality: East and West, 1971, p. 443.

③ 瞿同祖:《中国法律与中国社会》,中华书局,1981 年,第 27 页。

④ Cyrus H. Peake, "Recent Studies on Chinese Law", *Political Science Quarterly*, Vol.52, No.1, 1937, p.117.

性。这与梁治平先生的研究互相印证,他说:"在中国古代社会,国家法不但不是全部社会秩序的基础,甚至也不包括当时和后来其他一些社会的法律中最重要的部分。……在国家法所不及和不足的地方,生长出另一种秩序,另一种法律。这里可以先概括地称之为'民间法'。"①古代国家既无意也无力提供一整套能够取而代之的法律制度,然而官府的认可和支持有助于加强其效力,②国家治理秩序是家族在运用"民间法"或"习惯法"的基础上达成的各个家族治理秩序的合集。

传统中国的司法理念坚持社会事务由社会自身处理,民间纠纷由民间自行解决的原则,家族是其承载主体,调解是其实现方式,无讼是其理想目标,而调解是达到无讼的桥梁。"调解制度在我国古代被称为'调处''和对'。"③"如果说无讼是中国古代政治与法制建设的价值取向,那么调处制度则是实现息讼、无讼的重要手段之一。这在中国古代是由来已久的,不仅积累了丰富的经验,而且形成了整套的制度,是世界上少有的。"④因为在传统中国的家族之中"有许多纠纷根本是可以调解的,或是家法便可以处置的,原用不着涉讼,更有些家庭过犯根本是法律所不过问的,只能由家族自行处理。家长族长除了生杀权以外,实具有最高的裁决权与惩罚权"⑤。

调解发生的场域不是国家公权力所代表的政治领域,而是家族所代表的社会领域。调解发生于具有社会权威的第三方的主持下,基于当事人的合意,而对于纠纷进行在地处理。它严格地区分发生于正式国家司法设置——法院中的审判。后者的司法理念与前者大相径庭,审判的理念在于把社会事

---

① 梁治平:《清代习惯法:社会与国家》,中国政法大学出版社,1996年,第32页。
② 参见梁治平:《清代习惯法:社会与国家》,中国政法大学出版社,1996年,第116页。
③④ 黄娥:《历史的传承:中国古代调处制度——兼与现代调解制度比较》,《中南财经政法大学研究生学报》,2007年第4期。
⑤ 瞿同祖:《中国法律与中国社会》,中华书局,1981年,第27页。

务拉入国家政治领域,并使其得到政治的解决,公权力是社会事务与民间纠纷的仲裁者。

基于传统中国的司法理念,"受到处于主导地位的主流儒家伦理道德的影响,在中国几乎所有的三方结构的争议解决都是通过调解的方式完成的。简而言之,人们认为中国法官并不兼有审判和调解的职能,相反,法官本质上是一名调解人,他几乎不做或很少进行在传统法院模型中指明的此类审判活动"①。在传统中国,"非官方的'和解人'很明显一直在发挥作用。仅当这些和解人无法解决争议时,人们才诉诸于更正式的调解,即诉讼"②。调解体现了政治统治解决民间纠纷的非政治性却是社会认同的制度设置,是"从哪里来到哪里去"理念的具体运用,它在很大程度上减少了社会事务与民间纠纷的国家化或政治化现象,也就是在一定程度上达到了古人所说的无讼的目标。这正如赛如斯·H.匹克(Cyrus H. Peake)所说:"中国人对于和解与调处艺术的运用,对诉讼产生了长久而难以解决的灾难,并使其产生了对法庭的不信任,这为法律在中国社会的运作空间设置了显著的与明确的局限,这与法律在西方社会运作的广阔空间相比,具有明显的不同。"③

调解在司法意义上,消弭了国家与社会的藩篱,使国家与社会融为一体。它体现的并非是国家对于社会的强行压制与吸纳,而是国家对于社会的承认与支持,甚或是社会使国家嵌入其中,并按照社会的准则行事。它坚持家族是社会的自组织,任何的民间纠纷与社会事务都可以在家族的范围内,由族长或家族权威人物作为第三方进行调处,而无须公权力的介入,实现了

---

① [美]马丁·夏皮罗:《法院:比较法上和政治学上的分析》,张生、李彤译,中国政法大学出版社,2005年,第221页。

② 同上,第226页。

③ Cyrus H. Peake, "Recent Studies on Chinese Law", *Political Science Quarterly*, Vol.52, No. 1, 1937, p.138.

社会事务与民间纠纷的从社会中来,到社会中处理与解决的无讼理想。由表及里地分析,向我们展示了调解的非压制性与非极权性,而是"在中国传统的司法官的诉讼观念中,只是把司法过程视为纠纷平息的过程,而不是将其视为发现真理的过程……对于司法者来说,最重要的是如何顺利地解决现实的矛盾和纠纷,化解冲突,实现和谐。在这方面,注重调解的古代司法能够给我们现代司法者以许多有益的启示"①。

以家族与调解为支撑的传统中国的礼制(治)与现代法制(治)的背后隐藏着一个大的隐喻,亦即国家治理的"差别性行为规范"与"统一性行为规范"之争。这就如撰写《中华帝国的法律》一书的作者布迪和莫里斯的观点:在中国普通人对这类伦理规范的认识及接受主要不是通过正式制定的法律制度,而是通过习惯和礼仪的普遍作用来完成的。宗族、行会以及由年长绅士掌握非正式管理权的乡村共同体和其他法律之外的团体,通过对其成员的反复灌输道德信条、调解纠纷,或在必要时施行强制性惩罚,来化解中国社会中不可避免的各种矛盾。②由此可知,礼治得以确立的理念与规范基础在于差别性,法治得以确立的理念与规范基础在于统一性。传统中国的"刑不上大夫,礼不下庶人",就是基于礼制(治)的差别性行为规范在国家治理中的体现;而现代中国的"法律面前人人平等",就是基于法制(治)的统一性行为规范在国家治理中的体现。因为"礼"是等级性的行为准则,它们根据个人相对的社会地位而支配人们之间的关系;③而法是统一性无行为规范,它根据个人形式上与人格上无差别的一般化标准来规范人与人之间的关系。但是这并不意味着前者是劣等的,后者是优等的,而是不同时代不同社会,

---

① 顾元:《衡平司法与中国传统法律秩序:兼与英国衡平法相比较》,中国政法大学出版社,2006年,第40页。

② 参见[美]布迪、莫里斯:《中华帝国的法律》,朱勇译,江苏人民出版社,2003年,第3页。

③ 参见[美]昂格尔:《现代社会中的法律》,吴玉章、周汉华译,译林出版社,2001年,第89页。

不同的法律观念与实践。由此可见,传统中国的礼制(治)国家所建基的基础——礼,"不是一套抽象的伦理道德上的原理,而是治世的工具,是可以供人们学习的实用知识,是可以为统治者所用的制度规范,是可以使社会秩序不断复制、不断传递的社会机制"①。"以礼入法"体现并实践着传统中国儒家化的法律。这是独具中国特色治理形态。所以瞿同祖先生说:秦、汉法律为法家系统,不包含儒家礼的成分在内。儒家以礼入法的企图在汉代已开始。虽受条文的约束,只能在解释法律及应用经义决狱方面努力,但儒家化运动的成风气,日益根深蒂固,实胚胎酝酿于此时,所以曹魏一旦制律,儒家化的法律便应运而生。自魏而后历晋及北魏、北齐皆可说系此一运动的连续。前一朝法律的儒家因素多为后一朝所吸收,而每一朝又加入若干新的儒家因素,所以内容愈积愈富而体系亦愈益精密……归纳言之,中国法律之儒家化可以说始于魏、晋,成于北魏、北齐,隋、唐采用后便成为中国法律的正统。其间实经一长期而复杂的过程,酝酿生长以底于成。②

今日之中国已经进入了一个重构社会治理体系的时代。如果说20世纪80年代以来构建的社会保障体系托住了被市场化"甩"出来的社会,那么社会治理体系的构建则是对多元权利主体构成的社会结构的积极回应。但是社会治理体系的基本原则、构成要素、运作过程、评价标准到底是怎样的,目前并没有达成一致性共识。人们习惯于在结构导向(国家-社会关系)的社会治理体系、技术导向的社会治理体系、项目导向的社会治理体系之中思考这一问题。我们另辟蹊径,试图在规则导向的社会治理体系中来思考。

自古及今,在中国一直存在着两种类型的法律观:一是把法律视为可以选择的治理工具,我们称之为工具主义的法律观。二是把法律视为国家治理

---

① 刘建军:《古代中国政治制度十六讲》,上海人民出版社,2009年,第55~56页。

② 参见瞿同祖:《中国法律与中国社会》,中华书局,1981年,第345~346页。

不可或缺的基本要件,法治包含着现代国家治理的基本逻辑。法治是治国理政的基本方式,法律是治国之重器,就是对这种法律观的基本写照。我们把这种法律观称之为"治理主义法律观"。古代中国德主刑辅的治国方略就是工具主义法律观的展示,法治是治国理政的基本方式、国法高于党纪则是治理主义法律观的展示。显然,法律对于今天的中国来说,既不是一种工具,也不是西方意义上的"法律者,一切神事及人事之君也",而是一种治理资源和治理准则。①基于这一导向,我们关心的核心话题是:治理主义法律观如何在社会治理的过程中得以落实? 治理主义法治观在社会治理中的落实得益于从"以礼入法"向"以法入礼"的转变。

在当代中国,最能体现为以礼入法的制度就是"人民调解制度"。人民调解制度是中国共产党领导人民在革命根据地创建的依靠群众解决民间纠纷的,实行群众自治的一种自治制度。依据传统中国实用化法律观而设立的人民调解制度,如果因循传统调解的路径,应该很难找到准确的介入冲突和化解矛盾的有效途径。从后者来看,人民调解制度只是依靠传统的调解方式,它已经无法应对基层社会出现的种种现代的冲突类型,由此,也就无法化解产权性、体制性与结构性冲突。那么人民调解制度能否实现自身的创造性再转化呢? 人民调解制度能否与现代法治结合起来呢? 我们提出,中国要想走出法律儒家化的传统,促使像人民调解制度这样的制度转化为依法治国的积极资源,就必须实现从"以礼入法"到"以法入礼"的转变。调解制度卷宗化、调解制度正规化、调解主体专业化(以法官和律师为主的调解主体),都是促使调解制度实现从"以礼入法"向"以法入礼"转化的重要标志。以礼入法导致的是法律的道德化和伦理化,以法入礼导致的是法律的社会化、民间化。法律的道德化和伦理化弱化了法律的权威,法律的社会化与民间化强化

---

① 参见刘建军:《从"工具主义法律观"到"治理主义法律观":全面推进依法治国进程中的观念革命》,《湖北社会科学》,2017 年第 2 期。

了法律在化解社会冲突中的权威性。以法入礼可以促使法律作为一种信仰扎根于中国的文化土壤之中,其在社区治理中的落实尤为显明和迫切。①

社区治理不同于国家高层治理,也不同于功能化组织的治理。那么社区是一种什么性质的治理空间呢? 社区从根本上来说是一种公约化、礼俗化的治理空间。它对礼治的需求远远超过了对刚性的法律的需求。当然,激烈的产权性冲突则是礼治爱莫能助的,它必须纳入到刚性的法律框架中才能得以根本性的解决。但从总体上来看,社区治理既不是依靠内在的道德自觉即德治得以维系,也不是完全依靠强制性的外在约束即法治得以维系。依靠公约表现出来的礼治乃是法治和德治在社区治理中的汇聚和凝结。

德治与法治,对于中国人来讲已经是耳熟能详、家喻户晓了。然而介于法治与德治之间的礼治,则是体现了传统中国智慧的社区治道。关于这一点,并不是很多人所能洞悉的。对此,萧公权先生曾经论证说:"春秋时人之论礼,存广狭二义,其广者指典章制度,其狭者指仪文形式。儒家之所重视而阐明者,乃广义之礼,并不以冠婚丧祭、揖让周旋之事自限。夫子之功德在于扩大礼之范围并加深其意义,遂为正民治国之要术。"②所以礼并非仅仅关注形式上的繁华,而是指向古人所说的:"礼也者,合于天时,设于地财,顺于鬼神,合于人心,理万物者也。"③礼作为一种治道,并非仅仅局限于祭祀,它兼具人伦与国政,所以古人讲:"不学礼,无以立"④,"礼义也者,人之大端也","故坏国、丧家、亡人,必先去其礼。故礼之于人也,犹酒之有蘖也,君子以厚,小人以薄"⑤,它是与国家治理、政令制度、保境守民息息相关的一系列国家

① 参见刘建军:《论社会转型期政治信任的法治基础》,《文史哲》,2010 年第 4 期。
② 萧公权:《中国政治思想史》,辽宁教育出版社,2001 年,第 98 页。
③ 陈澔注:《礼记·礼器》,上海古籍出版社,2016 年,第 270 页。
④ 孔子:《论语》,杨伯峻、杨逢彬注译,岳麓书社,2018 年,第 211 页。
⑤ 陈澔注:《礼记·礼运》,上海古籍出版社,2016 年,第 264 页。

治理之道，即"礼之所以守其国、行其政令，无失其民者也"①。《礼记·曲礼》中的一段话揭示了礼治在个人生活、社会生活、家国生活以及宗教生活中的要义："道德仁义，非礼不成，教训正俗，非礼不备。分争辩讼，非礼不决。君臣上下父子兄弟，非礼不定。宦学事师，非礼不亲。班朝治军，莅官行法，非礼威严不行。祷祠祭祀，供给鬼神，非礼不诚不庄。是以君子恭敬撙节，退让以明礼。"就此来讲，礼治作为一种治道，从狭义到广义，从细微礼仪到国家治理的宏观战略，不仅是国家的自觉行为，更是各种社会自组织的自觉行为，是每个家庭的自觉行为，是伴随着每个人生命成长全过程的自觉行为。只要国家仍然存在，社会联系、社会自组织仍然存在，家庭仍然存在，人的身体与生命仍然存在，礼就不应缺位。

礼治所呈现的治理之道，并非是混同于传统中国的旧礼治，而是与现代社会结构相对应的新礼治。我们今天提到礼治的时候，往往将"礼"视之为束缚人的自由的桎梏，往往将礼治视为中国传统的糟粕，要么认为它具有旧礼的繁复不堪，要么认为它像旧礼一样禁锢个体的自由，要么认为它是鲁迅笔下的"吃人"礼教。所有的这些对礼治的描述与认识，使我们对于当下礼治的理解附上了旧礼的魔咒，使我们认为如果不突破礼教的罗网，就无法表达我们对礼教的憎恶。但是将当下我们所说的新礼治等同于旧礼教与礼治的认识，虽然认识到对旧礼治中束缚人的自由的部分进行彻底的革命，然而却没有认识到对传统礼治所实践的符合人之社群性的地方进行创造性转化。

正如前文所言，要想将把作为独特的生活与社会空间的中国城市社区，完全纳入到法治轨道当中，是不现实的，其高昂的治理成本也是难以承受的；然而要想使城市社区治理完全依赖德治，由此构建基于人的内心的自觉自在的社区治理结构，从而达成社区的德治实践，是过度理想化的。由此，一

---

① 左丘明：《左传》，蔡践解译，中国纺织出版社，2017年，第232页。

种想法开始在我们的脑际形成，即试图把法治精神和德治精神融入到社区治理当中，通过"以法入礼"的路径催生新时代的新礼治，这样可能会构建一种既可以与传统相契合，又可以与现实相适应的新的社区治理形态——礼治社区。礼治社区并不是传统礼治的复制与复活，而是借助"以法入礼"催生出来的、居于德法之间的礼治社区。

礼治是德治与法治在社区中的凝结与汇聚，它处于德法之间的中间位置，是社区治理之道的精髓。我们可用"德法之间"这一命题来概括，这恰好符合了本书开始提出的"一分为三"的原理。概括而言，这种礼治是一个融旧铸新的过程，是以"以法入礼"为基础的现代礼治。现代礼治既有对传统礼治的继承，也有对传统礼治的革新；既有对现代法治的吸纳，又有对偏执主义法治观的扬弃。例如孝之礼、和之礼、爱之礼、行车之礼、公共环境维护之礼等，大都是对应新型社会结构和新型权利主体的新礼。所以礼治社区就是在治理共同体这一理念的主导下，通过协商、讨论而形成约定俗成、共同遵守且有刚性约束力、长了牙齿的礼治规则，以达成一种有序、有信、有义的社区公共生活形态。它具有以下四个特征：第一，礼治社区是尊重"礼"的权威的社区；第二，礼治社区是依靠礼治规则调解和化解冲突的社区；第三，礼治社区是依靠"礼"作为黏合剂融合不同身份和阶层居民的社区；第四，礼治社区是依靠"礼"实现自我管理、自我教育、自我服务、自我监督的社区。社区礼治形态是以人性化、道德化和情感化为取向的，包含着法治的精神和德治的素养，包含着对居民的尊重，包含着对共同体的贴合与融入。①

严格说来，现代礼治虽然可以不用变换传统礼治的名称，但是往往具有转化传统礼治的内容与实质。这正如复旦大学历史学家姜义华先生所极力提倡的全面建设新的三位一体的德治、礼治、法治体系，成为今日中国发展

---

① 参见刘建军、宋道雷：《礼治社区：探索中国特色基层治理》，《决策探索》（下半月），2015 年第 11 期。

刻不容缓的任务。①我们强调礼治作为现代中国城市社区的治理之道，并非是仅仅因为中国传统上有礼治的缘故，也并不是为了以此来区别于西方社区治理的民主治道，而是因为礼治是与中国的社区禀赋和社群生活属性相适应的。党的十八届四中全会通过的决定在阐述构建法治社会时提出："加强公民道德建设，弘扬中华优秀传统文化，增强法治的道德底蕴，强化规则意识，倡导契约精神，弘扬公序良俗。发挥法治在解决道德领域突出问题中的作用，引导人们自觉履行法定义务、社会责任、家庭责任。发挥市民公约、乡规民约、行业规章、团体章程等社会规范在社会治理中的积极作用。"这就是将法治与德治相结合而催生出新的社会治理和社区治理的政治依据。市民公约、乡规民约虽然不是正式的法律法规，但是它们在社会与社区中的治理作用比正式法律的成本更低，成效更加显著。因为它对居民的思想具有形塑作用，对居民的行为具有自然的约束作用，对居民的内心具有潜移默化的化约作用。故我们对法律的认识与实践不应该是教条主义的。由此，我们可以得出如下的判断：运用不同类型的法律和规则化解不同领域的冲突和矛盾，是治理主义法治观的重要体现。作为巨型国家的现代中国的治理肯定不能只依靠单一类型的专业化法律。中国作为传统与现代兼具的社会主义法治国家有其独特的基本要义和独特的治理形态。简而言之，礼治社区是居于德法之间的中庸形态。党的十八大第一次提出"社区治理"这一概念，该词意味着社区内部权力结构的重塑、社区治理主体的再生、社区治理过程的重构等多重含义。当治理主义法律观走进社区、走进人们日常生活中的时候，我们发现了一种特殊的处于德法之间的社区形态——礼治社区。这不是传统的"以礼入法"的延续，而是与现代社会治理相适应的"以法入礼"的创新。

---

① 参见姜义华：《论"礼治"的当代意义》，《红旗文稿》，2014 年第 20 期。

10. 生活共同体、治理共同体与命运共同体

　　"社区"在中国特定的时代、特定的空间以及特定的结构中出现，并不是一种简单的语义修辞，它在中国政治体系、社会体系以及生活体系中拥有复合型的内涵与功能。

　　把居住空间视为"生活共同体"的传统是由来已久的。在传统的乡土社会中，村落是作为典型的生活共同体而与每一个人发生密切关联的。费孝通先生所说的"差序格局"只是说明了人与家族共同体关联程度的强弱以及生活共同体内部不同家族之间的界限而已。因为中国很多的村落并不是理想的、基于差序格局组合起来的"单姓村"，而是由不同家族组合起来的"复姓村"。所以以村落为单位的生活共同体就必然孕育出独具一格的家族政治、村落政治等特殊的"低政治"形态。从人–地关系的角度来说，狭小的居住空间、对有限自然资源的依赖以及高密度的内部交往，决定了以村落为单位的生活共同体是客观存在的。传统的生活共同体就是我们今天依然非常留恋的"熟人共同体""情感共同体"等。我们小时候在农村生活，可以尽情外出玩耍，饥饿时可以到任何一家讨一口饭吃，可以随意进入一家寻找同伴，家庭之间基本上是没有任何防御边界的。这就是熟人共同体所缔造的随意性的

生活节奏和毫不设防的生活样态。尽管生活的成本是极其低廉的,生活的物质保障是极其匮乏的,但人地天然合一、人群高密度共处与交往的生活状态是对低物质水平生活的有益补偿。直到今天,我们依然能够感受到这种补偿对于陌生、冰冷、机械的现代社会结构而言是多么奢侈、温馨和宝贵。

新中国成立之后,尤其是在第一个五年计划结束之后,中国城市社会进入了我们所熟知的单位制时代。在单位制时代,尽管居住空间就是国家空间,居住场所就是单位场所,但这丝毫没有扼杀生活共同体的形成。无论是作为单位内部空间的"宿舍体制",还是作为单位附属空间的"家属院体制",都释放出浓郁的生活共同体的气息。受制于就业制度、住房分配制度、物资供应制度以及财政制度的约束,对于绝大部分人而言,单位在作为工作空间、生产空间、交往空间的同时,实际上也是最为重要的生活空间。我们今天已经比较陌生的"以单位为家"的口号,在当时是有两重含义的:一是把自己贡献给单位的牺牲精神,二是单位本身就是扩大的家庭的再现。从某种程度上来说,单位就是现代版本的乡土社会中的"生活共同体"。

市场化进程中的住房货币化改革以及商品房制度的兴起,斩断了以单位为载体的生活共同体传统。与之并行的则是以居住空间为载体的社区的复兴。显然,以居住空间为载体的社区的复兴是与商品房制度的推行联系在一起的。正是个人产权住房导致了人们对居住空间的重新理解。在此之前的居住空间,乃是单位工作空间的延伸与补充。作为单位附属空间的居住地,是与正式体制联系在一起的。房权社会的兴起,改变了这一观点。中国四十多年改革开放最为重要的结果之一就是房权社会的兴起。私有产权住房作为最为重要的中介和节点将人、居住空间、城市规划、公共产品配置以及国家宏观政策,串联在一起。从此以后,人们对居住空间的理解发生了变化,由原来的单位延伸空间转向了"社区"理念。由此,附着在单位体制身上的生活共同体也就逐渐在住房商品化制度、商品房制度的推行过程中被"社区"替换了。这个替换的过程,就是中国新型生活共同体的成长过程,尽管在不同城市、不同区域这一共同体的内聚力、关联度有很大的差异。但这并未影响新型社会治理体系的构建和新型生活方式的塑造。

从"单位人"向"社会人"的转型,也就顺理成章地成为所有城市构建新型社会治理体系的理论基点和现实关照。社区建设中的服务供给、"15分钟生活圈"的营造以及社区内部各种关系资源、互助资源、公益资源的开发,均服从了生活共同体的逻辑要求。中国城市中社区公共产品的供给程度在社会转型中没有陷入短缺、贫乏的状态,就是与中国城市制定了与"单位人"向"社会人"转型相匹配的公共政策密切相关的。因为"城市让生活更美好"首先是以"城市让社区生活更便捷""城市让社区资源更富足"为首要前提的。与"单位人"向"社会人"这一转型相适应的公共政策,是解释中国城市在剧烈社会转型中依然保持稳定、安康、繁荣与和谐的最为重要的变量。

诚然,生活共同体仅仅是对社区公共产品配置状态、人际交往状态的直观写照。生活共同体只是揭示了社区中的交往密度、情感密度与关系密度,还没有触及支撑社区公共生活的治理机制。社区并不是单纯的生活空间,也是包含着利益冲突、群体冲突以及权利冲突的微政治空间,更是国家治理体系的基本单元。在西方很多国家,社区实际上是与选区合二为一的。对社区内部各种关系资源、情感资源的开发,实际上就是在培育政治资本,否则无法消解人们的政治冷漠,更无从激发人们的政治参与。中国的国家治理也是把社区作为"基石"来看待的。而且中国的政治制度和政治传统决定了,自上而下的所有决策最终必然要落实到最为基层的社区领域。从以上两个角度来看,仅仅作为生活共同体的社区是无法承担起化解内部冲突、支撑执政体系的基石这双重使命的。因此,在生活共同体的基础上,探索构建治理共同体的路径,就成为单位制松解之后几乎所有中国城市创新社会治理体系的重要使命。治理共同体是在两个层面展开的,一是内部治理机制的重塑。"社区政治"作为崭新的政治领域,是与利益冲突、权利冲突联系在一起的。从冲突和矛盾的角度来说,如果说生活共同体关注的是邻里冲突,那么治理共同体关注的是涉及较多部门、关系到更大群体、地域空间较大范围内的利益冲突、权利冲突等。大家所熟知的居委会、业委会和物业公司三驾马车的关系,就是涉及治理结构的重塑这一重要问题。从这个角度来说,没有治理主体的参与、没有治理议题的产生、没有治理议题的协商、没有治理过程的展开、没有治理效能的提升,生活共同体也无法存续下去,社区就失去了可持续发展的长效动力。二是社区在国家治理体系中的定位。中国不是在多党竞争这一制度结构下对社区的政治分割与政治圈地。中国奉行的是政党主导下的社区治理结构的重塑。我们已经说过,在基层社会治理领域,只有党组织拥有穿透组织边界、超越群体利益在更大范围整合资源的政治优势和组织优势。所以依靠区域化党建为载体的基层社会治理就成为社区治理共同体的政治生命线。正是依靠政党的领导地位,中国社区治理共同体就架起了与整个国家治理体系相贯通的桥梁和纽带。

一般来说,以生活共同体和治理共同体为支撑的社区,就已经达到了服务和治理的极限了。但是2020年的新冠肺炎疫情为社区注入了新的理解,拓展了社区的责任内涵与任务内涵。这就是作为"命运共同体"的社区形态的出现。命运共同体不同于生活共同体中的互助互帮与互惠,也不同于治理共同体中权利导向的公众参与,而是在消解和模糊权利界限、利益界限基础上的"集体生命"的再生。这是超越利益关联、权利关联、人格关联之上的"血肉关联"与"生命关联"。

我们知道,无论是在传统的乡土社会,还是现代的城市社会,都包含着"各扫门前雪""老死不相往来"的弊端。尤其是在商品房制度推行之后,传统的熟人共同体遭到毁灭性的打击,私人产权住房缔造的权利边界,成为阻滞交往的铜墙铁壁,成为难以跨越的万里长城。社区内部的关系资源、信任资源、网络资源和交往资源,处于不断丢失和被蚕食的状态之中。但是一场突如其来的"普害性"灾难,让人们不得不进入"权利让渡"的轨道上来,跨越权利边界、共同维护社区健康、集体利益与公共安全的曙光开始普照社区。一种新型的社区观念开始形成,这就是把社区视为"命运共同体"。在新冠肺炎疫情期间,拒人千里之外的家门打开了,事不关己、高高挂起的行为消失了,隐藏在社区中的群租人口暴露了,维护社区安全和健康的公益行为涌现出来了。尤其是以前难以达成共识、难以实质推行的各种制度、规则和公约,在"命运共同体"这一理念的驱使下,实现了效用最大化的践行和推广。

在新冠肺炎疫情之前,像小区出入证制度、"居委干部+社区民警+卫生中心人员"的三人小组制度等要想在社区得到实质性推行是有相当难度的。因为生活共同体与治理共同体还不足以支撑坚实的安全社区、健康社区的构建与维护。对社区治理的制度、规定和公约达成共识的难度也抑制了社区的可持续发展、阻碍了社区公共精神的复兴。正是疫情期间孕育出来的"命运共同体"的理念,牵引出了一系列社区制度、规则和公约的出现,进而改变了个体与社区的关系。"重新理解社区",是新冠肺炎疫情期间带给整个世界、国家乃至每个个体最为重要的启迪。

第二部分

社区:剩余政治空间的终结

11. 关联性转型

　　迄今为止,有两次大的转型是注定要载入人类历史文明史册的。一是肇始于 18 世纪 60 年代的欧洲并在 19 世纪初至 20 世纪初真正得以蓬勃、全面开展的从前工业化时代到工业化社会的历史巨变, 二是 20 世纪 80 年代开启的社会主义国家从传统计划体系到新型的、丰富多彩的现代体系的历史巨变。这两次巨变的影响都不是被局限于特定区域、特定国家之内的,而是波及全球的。时至今日,学术界对第一次大转型的研究可谓是汗牛充栋,但对于以第二次社会主义国家为主体的大转型,迄今为止还没有令人信服的成果。毫无疑问,中国在这两次转型中都扮演了极为重要的角色。伴随着第一次大转型,在应对内外压力和艰难探索中,中国完成从君主制向共和制的转型,步入了迈向现代国家的征程;在第二次转型中,中国凭借卓尔不群的政治智慧开辟了世界范围内超大型国家独特的中国道路和中国之治。如果说欧洲在第一次大转型中扮演了现代化发动机的角色,那么中国在第二次大转型中则确立了独树一帜的社会主义国家的发展经验与转型之路。为什么这么说呢? 一个极为重要的原因就是,发生在欧洲的第一次大转型和 20 世纪 80 年代除中国之外的社会主义国家的大转型,都是以"脱嵌"和"休克疗式"

作为代价的。开始于 20 世纪 70 年代末的中国转型,则是以"关联性转型"作为基本特征的。脱嵌式转型直接导致了波兰尼(Karl Polanyi)所说的经济与社会的分离。企图建立一个完全自律性市场的想法必然会给人类文明带来万劫不复的灾难。就像波兰尼所宣称的:这种自律性市场的信念蕴含着一个全然空想的社会体制。假如不放弃社会之人性的本质及自然的本质,像这样的一种制度将无法存在于任何时期,它会摧毁人类,并将其环境变成荒野。①欧洲的两次世界大战验证了波兰尼的判断。"休克疗式"转型则更为残酷,它不仅导致了市场与社会的分离,而且还直接导致了国家与社会的分离。与社会相脱离完全服膺于资本逻辑的国家与市场勾连在一起,缔造了一种非常恐怖的"结构性分裂"格局,社会被抛至荒野,文明与人性面临着史无前例的亵渎和嘲弄。这是"休克疗式"转型带来的致命后果。

欧洲从互惠体系向市场体系的大转型直接导致了市场与社会的分离,于是社会抵制市场的反向运动和市场吞噬社会的反向运动交错进行,使大转型进程中充满着无穷的变数。对这一进程做出经典研究的当属卡尔·波兰尼。他在《大转型》(或《巨变》)一书中,揭露了基于市场的自发秩序的虚假性,他采用难得一见的高屋建瓴式的分析揭示了自发秩序的神话是如何被制造出来的,又是如何破产的。市场体系的残酷性就在于把生产资料、劳动力以及贵金属变成商品。一旦基于市场体系取代了传统的互惠体系和再分配体系之后,正如波兰尼所宣称的,若要建立一个完全自律的市场经济,必须将人与自然环境变成商品,而这将导致两者的毁灭。虚拟商品替代真实商品的结果就是所有的一切都要变成为市场销售而生产的东西。一般情况下人类社会经济功能(及物品的生产、流通、分配和消费)的满足,并不独立于社会、宗教或政治功能,人们的行为中也没有一种单纯为"逐利"的动机。换

---

① 参见[英]卡尔·波兰尼:《巨变》,黄树民译,社会科学文献出版社,2013 年,第 27 页。

言之,经济是"嵌入"社会之中的。相反,市场经济体系形成之后,经济"自发调节"、自我运转,就跟社会"脱嵌"了。①这种"脱嵌式"的大转型给欧洲带来了刻骨铭心的教训。两次世界大战和法西斯主义的兴起就是"脱嵌"式转型带来的灾难性后果。

　　让我们把视线转移到 20 世纪 80 年代以来最引人注目的社会主义国家的转型之中。以苏联为代表的社会主义国家的剧变,是真正的社会主义的失败呢,还是经过变异之后的虚假社会主义的破产呢? 长期以来,苏联解体、东欧剧变作为 20 世纪最为重要的历史事件,被淹没在后冷战时代的民主话语中丧失了其本来面目。苏联解体是让西方世界最为兴奋的历史性事件。苏联作为一个超级大国的解体让西方世界的傲慢与自负膨胀到有史以来的最高点。福山用"历史的终结"这一命题来表达自由资本主义的绝对胜利。苏联学术界的消沉、沮丧与绝望成就了西方学术界独享解释这一历史性世界的垄断权。历史的真相也就淹没在西方学术界制造的民主转型话语之中了。从国家与社会、市场与社会的关系来说,苏联解体、东欧剧变之后的转型比欧洲早期的"脱嵌式"转型更为残酷。苏联东欧的"休克疗式"转型是对以前制度遗产的彻底抛弃。波兰尼所担心的社会被抛掷荒野的局面使社会丧失了自我救助的能力。国家对市场和资本的反向运动与社会对资本和市场的反向运动似乎不是同步的。原来嵌入到政治体制、经济体制的社会空间,与权力和市场经历了一场刻骨铭心的"休克疗式"的割裂之后,已经丧失了获取再生的能力。所以苏联解体表现为两重面向:一方面,不是因为国家社会主义体制终结,党-国精英才抛弃原有体制。真正的事实与之相反:是由于党-国精英抛弃了原有体制,原有体制才终结。②另一方面,原先被国家保护和吸纳

---

① 参见[英]卡尔·波兰尼:《巨变》,黄树民译,社会科学文献出版社,2013 年,第 27 页。

② 参见[美]大卫·科兹、弗雷德·威尔:《来自上层的革命》,曹荣湘等译,中国人民大学出版社,2008 年,第 133~134 页。

的社会在苏联解体之后被甩到体制之外，波兰尼所说的社会被抛掷荒野的局面不幸降临，社会在与国家、市场脱嵌的深渊中苦苦挣扎。这就是"休克疗式"转型带来的不可逆的恶果。

中国四十多年改革开放带来的转型不仅是史无前例的，也是独树一帜的。之所以说是史无前例，是因为改革开放孕育出来的新型要素和新型结构是传统中国所不曾容纳的。这是典型的开新与突破。之所以说是独树一帜，是因为在所有社会主义国家中，中国的转型不是以国家对社会的抛弃作为代价的。我们曾经用"单位人"向"社会人"、从"单位"到"社会"这样的命题来概括中国社会的转型，但是单位人与社会人、单位与社会的链条并没有在转型过程中被彻底斩断。相反，恰恰是单位资源与社区资源的嫁接为中国社会转型提供了充足的保障。例如，改革开放后社区精英基本都是单位中层管理人员转化过来的，依靠区域化党建缔造的政治链条和协商平台，缔造了特定空间范围内的资源整合状态和资源互嵌状态。基于此，我们把改革开放后中国社会的转型称之为"关联性转型"。关联性转型与欧洲近代化早期的"脱嵌"式转型与苏联解体后的"休克疗式"转型形成了较为鲜明的对照。中国社会稳定、社会整合、社会互补的秘密都可以在关联性转型中得以呈现。关联性转型的成功在于中国拥有超越组织利益、群体利益和区域利益之上的政治组织。这种政治上的超脱性和独立性，保证了国家与市场对社会的资源回馈和制度支持。

12. 业民社会

　　我们研究中国从单位向社区、从"单位人"向"社会人"的转型，一定是有一个前提：中国社会的性质是什么？经过四十多年改革开放，中国社会的转型已经是无可争辩的事实，那么这是传统伦理社会的翻版吗？这是西方公民社会的移植吗？与之相适应，房权社会孕育出来的新型角色——"业主"中的"业"是私人之"业"呢，还是社群之"业"？是个人之"业"呢，还是公共之"业"？显然，对中国社会性质、社会治理主体的理解直接关系到社会治理逻辑的展开与治理模式的选择。

　　当西方人一直在追问中国经过四十多年的改革开放为什么没有孕育出西方式的"公民社会"的时候，我们不仅要问，中国的社会建设为什么孕育出了不同于西方"公民社会"的另外一种形态？还要问，为什么中国的社会建设开辟出了一条不同于西方近代以来社会转型的道路和模式？这里面肯定涉及社会基本单元的根本差异、社会观念的根本差异、个人与社会以及国家与社会的关系根本差异等多重因素。如果说西方的"公民社会"是其独特的政治传统、经济制度和文化观念孕育出来的，那么中国也在按照自身逻辑孕育出了独特的社会形态。简单地追问为什么中国社会建设没有孕育出西方式的公民社会，就如同追问为什么西方在后现代轨道的社会转型没有孕育出东方式的情感社会、伊斯兰世界的宗教社会一样，这都是带有独断主义、自我中心主义的追问。任何社会形态的合理性都取决于与其自身发展进程相适应的程度，而不是取决于模仿他者和追随他者的程度。

现代西方文明向全球扩张最锐利、最自豪的精神武器就是"公民社会"理论。公民社会来源于英文的"civil society"。在中文中，"civil society"有四种译法：一是文明社会，二是民间社会，三是市民社会，四是公民社会。目前学术界普遍使用的译法是"公民社会"。公民社会作为被人创造出来的一个概念，到底指向何物？人们在创造这一概念的时候，将何种独特的价值内涵和政治目的赋予了它？以上两个问题是理解公民社会的关键所在。要想回答以上两个问题，必须要追根求源，弄清楚"civil society"在西方世界中的产生与流变。

首先应当明确的是，"公民社会"在西方世界并没有一个统一的、固定的内涵。它既是一个历史的概念，又是一个文化的概念，更是一个政治的概念。也就是说，它在不同的历史时期、不同的国家、不同的个人、不同的文化背景下，其内涵是完全不同的，甚至是相互对立的。概括来讲，"civil society"至少有如下四种代表性内涵。

(一)与自然社会相对应的"文明社会"

亚里士多德和西塞罗将"civil society"等同于"文明社会"，这显然是与人类文明初始时期的发展阶段相适应的，即对人类摆脱蒙昧状态进入文明状态的一种概括与说明。这一传统被后来的洛克(John Locke)、康德(Immanuel Kant)、卢梭(Jean-Jacques Rousseau)等人继承下来。例如，洛克就将"civil society"等同于"公民或政治社会"，这一"公民或政治社会"是建立在私人财产基础之上的，他认为，处于奴隶状态、没有财产，难被认为属于公民社会，①因为公民社会的建立目的在于保护个人财产。康德将公民社会看作是宪政国家②，卢梭也将公民社会视为国家③。在这种传统中，我们非但丝毫看不到公民社会是与国家相对立的独立领域，反而看到公民社会就是政治社会，公民社会等于国家。在这里，公民社会本身就是城邦、国家的代名词，是指一个社会团体发展到一定程度并脱离野蛮状态的产物和结果，它是与自然状态相对立的一种文明形态。

（二）与政治国家相对应的"私人领域"

公民社会脱离国家成为一个自主领域，代表了一种新型传统的形成。亚当·弗格森（Adam Ferguson）是这一传统的开创者，他认为，公民社会是从国家分离出来的自主领域。公民社会的发展反映了人性的进步，即从简单的、以部落为"江湖"的军事主义社会发展成为复杂的商业社会。④这一传统被后来的黑格尔、马克思等人所继承。在 19 世纪，黑格尔在弗格森的基础上，明确将政治国家和公民社会区分开来。公民社会是代表私人利益的领域，国家是代表普遍利益的领域。⑤马克思在《论犹太人问题》中说："犹太精神随着市民社会的完成而达到自己的顶点，但是市民社会只有在基督教世界才能完成。基督教将一切民族的、自然的、伦理的、理论的东西变成对人来说是外在的东西，因此只有在基督教的统治下市民社会才能完全从国家生活中分离出来，扯断人的一切类联系，代之以利己主义和自私自利的需要，使人的世

---

① 参见[英]洛克：《政府论》（下卷），叶启芳、瞿菊农译，商务印书馆，1996 年，第 48~58 页。

② 参见[德]康德：《历史理性批判文集》，何兆武译，商务印书馆，1990 年，第 1~21 页。

③ 参见[法]卢梭：《社会契约论》，崇明译，浙江大学出版社，2018 年，第 27~32 页。

④ 参见[英]亚当·弗格森：《文明社会史论》，林本椿、王绍祥译，浙江大学出版社，2010 年，第 251~259 页。

⑤ 参见[德]黑格尔：《法哲学原理》，范扬、张企泰译，商务印书馆，1979 年，第 1~40 页。

界分解为原子式的相互敌对的个人的世界。"①原子式的个人要能够产生,并且构成市民社会,就必须使得一切血缘的、半血缘的,伦理的、半伦理的,宗法的、半宗法的关系彻底解体,只有到这时才能说产生原子式的个人,从而市民社会方得以成立。

可见,黑格尔和马克思都推翻了以前对公民社会所赋予的政治内涵和道德内涵。尤其是,马克思干脆将"civil society"等同于"资产阶级社会",它代表了一种按照自身法则运行而不受法律要求和政治团体伦理影响的经济秩序。这一传统被 20 世纪 80 年代的中国学者所继承,它迎合了当时市场经济发展初期的某些要求,即将"civil society"视为计划经济国家体系所释放出来的市场领域,它与国家并不是天然的敌对关系。

(三)制约、监督国家权力的"独立领域"

在二战之后,尤其是在 20 世纪七八十年代以后,随着第三波民主化浪潮的兴起,西方学者开始创立关于公民社会的第三种传统,即将公民社会视为真实的、建立在非正式社会团结基础之上的一种社会形态。这一界定完全颠覆了黑格尔传统,赋予了公民社会以极强的政治内涵。在这里出现了公民社会的两种"亚形态":公民社会Ⅰ与公民社会Ⅱ。公民社会Ⅰ来源于以斯密为代表的苏格兰学派,即民主政体通过嵌入到由公民社团构成的紧密联系中得到有效的保护。公民社会Ⅱ则认为,自治的自我组织群体能够产生替代性的公共领域,并以此限制国家权力。公民社会Ⅰ滋生了帕特南提出的社会资本理论,公民社会Ⅱ则滋生出了社会抗争理论、民主转型理论等各种具有颠覆性的理论范式。

进入 21 世纪以后,中国学者逐渐摆脱黑格尔式的公民社会理论,对公

---

① 《马克思恩格斯文集》(第一卷),人民出版社,2009 年,第 54 页。

民社会给予了浓重的政治青睐,赋予了其特殊的政治功能,就是以公民社会Ⅱ作为经典蓝本。西方学者将拉丁美洲和东欧公民社会的兴起视为其民主转型的直接动力。但历史证明,强大的公民社会或许会导致民众群体的碎片化,并使之形成许多敌对派别,从而增加了产生公共暴力的风险。西方国家在这一点上已吃过大亏。普林斯顿大学教授伯尔曼(Sheri Berman)对于公民社会在魏玛共和国的作用进行了详细分析。他认为,在20世纪二三十年代德国的公民社会,社团生活非常活跃,几乎每个人都属于职业或文化组织,而这恰恰被认为是公民社会的支柱。但是这些活跃的公民社团不但没有能够强化民主和自由价值,反而颠覆了民主和自由价值。主要原因是德国的政治制度十分薄弱,没能满足市民组织的要求,这使得市民将目光转移到民族主义甚至纳粹身上。最后恰恰是公民社会的密切网络促使了纳粹的成立。[1]可见,西方人所颂扬的公民社会并不是天然的自由和民主的基础。

(四)作为与国家合作的"公民社会"和作为国家控制手段的"公民社会"

如果说公民社会作为与自然社会相对应的"文明社会"、与政治国家相对应的"私人领域"、制约/监督国家权力的"独立领域"三重界定,具有或多或少的修辞意味,在创造概念上做文章的话,作为与国家合作的"公民社会"和作为国家控制手段的"公民社会"可以说是在直面现实的基础上提出来的。事实上,制约、监督国家权力的"独立领域"往往是在作为西方国家输出民主的时候经常被使用。在其国内,资产阶级国家更加强调公民社会与国家的合作性以及作为国家控制机器之构成部件的公民社会。特别是国家依靠基金会体制、政教合作体制、舆论控制体制以及政府作为后台的社会组织体制,完成了对社会的无形控制,而以上要素恰恰就是公民社会的重要构成要素。

---

[1] See Sheri Berman, "Civil Society and the Collapse of the Weimar Republic", *World Politics*, Vol.49, No.3, 1997, pp.401–429.

公民社会不过是这一国家控制体系的代名词而已。如果公民社会的行动超出了国家控制体系的范围,垄断暴力的国家机器就迅速登场了。所以就连西方学者也不得不承认,独立于国家不是公民社会的唯一标准。德国埃森-杜伊斯堡大学教授托马斯·海贝勒(Thomas Heberer)认为,独立于国家这一条件远远不能成为公民社会的唯一标准。为了实现共同的发展目标——比如中国的"四个现代化"或者"和谐社会",绝对需要国家和公民社会组织之间的共同合作、协调。他还指出,民主化不等于公民社会,也不是在民主化后就会产生公民社会。它需要在此之前就形成有助于公民社会发展的结构。为此,公民社会的结构一定不能与国家结构相对立,双方可以相互补充,并以这种方式促进社会稳定。①可见,公民社会绝不是具有单一的面孔,它作为一个历史的概念,在不同的历史时期具有不同的含义。在资产阶级统治得以确立的过程中,公民社会更多的是作为国家的合作者、作为国家控制体系的外围要素这一面目出现的。将公民社会简单界定为国家权力的制约者,显然有悖于历史事实。其实,公民社会更多的是作为人为的概念,在不同历史时期被赋予了不同的内涵。以至于许多西方学者不得不承认"公民社会"的内涵极其模糊、在诸多重大问题上都显得模棱两可、飘忽不定。在"唯一—真"使命的驱动下,输出西式民主——"政治市场化"的代名词、推动非西方国家的"民主转型"是西方资本主义国家的固有秉性。

这一秉性在今天非但没有消失反而日渐强化。在推动苏联东欧、中东北非的"民主转型"中,公民社会就成为西方国家得以利用的最好的政治符号。反观历史,我们发现,只有当西方国家输出西式民主的时候,他们才会特别强调公民社会的独立性、监督性和制约性。而在其国内,公民社会往往被赋予更多的道德属性、合作责任和法律内涵。对外强调公民社会的政治性,对

---

① 参见吴志成:《中国公民社会:现在与未来——与德国著名中国问题研究专家托马斯·海贝勒教授学术对谈》,《马克思主义与现实》,2006 年第 3 期。

内强调公民社会的建设性，是西方国家巧妙处理"公民社会"这一概念的政治技巧。

经过改革开放四十多年，中国的社会建设非但没有掉入公民社会的陷阱，反而塑造出了一种有别于西方公民社会的另外一种形态，我们称之为"业民社会"。房权社会孕育出来的"业主"这一新型角色，就是与"业民社会"有着紧密关联的。

那么应如何理解中国的"业民社会"呢？我们应该在中国的生活政治和家国政治的视野中来理解。[①]首先，中国人对生命赋予了独特的内涵。即生命的真谛不是关注外在的抽象命题，如自由、人格、权利、界限等排他性、区隔性的命题，[②]而是关注人的生命价值在人生历程中的展开，在社会空间、政治空间以及其他交往空间中的延伸，即如何通过自身的努力构建个体行动与家庭、社会、国家的关联。换言之，抽象政治学将人替换为概念或意识形态的奴隶，生活政治学将人视为有血有肉、在社会关联中确定自身定位的活生生的人，这是我们理解业民社会的基础。其次，中国人崇尚的家国情怀，就是业民社会赖以确立的价值根基。以往的政治学研究过于看重从人身上抽离出的如权利、自由、言论、民主等概念，以及由此建构的所谓民主化理论或者公民社会理论。结果是忽视了人、家庭、社会、国家与世界的关系，尤其是忽视人从幼到老这一生命过程的不同人生目标与追求，从而将我们这个社会压缩为一个脱离情感、脱离家庭、脱离共同体的公民社会、权利社会、职业社会。这是马克思所说的资本主义政治解放的成就，也是它自身难以克服的桎梏和危机。

那么如何理解"业"？我们可以在梁漱溟先生所说的"士农工商、职业分

---

① 关于家国政治与生活政治的详细阐述分别参见本书第 5 章关联主义，第 28 章生活政治学。
② 尽管有很多人表达出对这些命题的迷恋，但其生活依然是按照中国文化的法则展开的。

途"中得到一定的启示。①这一表述不仅包括不同于西方"公民社会"的影子，还蕴含了不同于神权政治中的"上帝子民社会"的表象。中国人理解的"业"不是现代意义上的"职业"，也不是上帝赋予的"圣业"，而是事业。那么什么叫事业？《易经·系辞》曰："举而措之天下之民，谓之事业。"可以说，中国人理解的"业"不单纯是获取收益的实用之业，而是与家庭、国家相关联的生命之业，包含着个体、家庭、社会多重维度的生活行动和事业行动。儒家学说崇尚的"修身齐家治国平天下"就是"业"价值的扩展线路和扩展范围。受制于能力不同，一个人可以将其"业"推至不同的边界与范围。它可以是小业，也可以是大业。小业成于家，大业成于国。"业"又不是韦伯所吹嘘的"天职"（Calling）②，却颇有主观能动性的因人而起的产物。"业"可以在佛教中找到其根由。达摩祖师在《悟性论》曰："人能造业，业不能造人；人若造业，业与人俱生；人若不造业，业与人俱灭。是知业由人造，人由业生。人若不造业，即业无由生人也。"其意是说，无论是善业还是恶业，造业靠于人之所为。"业"的精髓不是让人服膺于外在的权利，也不是皈依于外在的上帝，而是内在于人的生活和责任之中。

中国人置家业、干事业、创产业、购房业、求学业，中国的"业民"在不同的轨道上塑造着区别于西方"公民"的生活方式。如果说"公民社会"在"天赋人权"的轨道上日益演化为一种政治竞技的话，那么"业民社会"则是在"天道酬勤"的轨道上不断释放着每一个人的生命能量和丰富社会资源总量的积极行动。中国著名政治学家徐勇教授认为中国是"祖赋人权"，与西方"天赋人权"相对应。③我们认为与西方"天赋人权"相对应的不是"祖赋人权"，而

---

① 参见梁漱溟：《中国文化要义》，上海人民出版社，2011年，第134~151页。

② 参见［德］马克斯·韦伯：《新教伦理与资本主义精神》，李修建、张云江译，九州出版社，2007年，第75~97页。

③ 参见徐勇：《祖赋人权：源于血缘理性的本体建构原则》，《中国社会科学》，2018年第1期。

是"天道酬勤"。"天道酬勤"的"勤"与"天赋人权"的"权"如何不同？韩愈在《进学解》中提出"业精于勤荒于嬉;行成于思毁于随",说明业系于勤。"勤"可以说是一个人为自己"业"竭尽所能的努力。天赋人权的"权"是与生俱来的自然权(natural right),与人的后天的选择和努力毫无关系,"天赋人权"的"天"也有别于"天道酬勤"的"天"。虽然两者皆是意指超越性的存在,但却具有不同的含义。"天赋人权"的"天"是"赋"于人的,主持世界的绝对力量,这样的天可称之为"神";"天道酬勤"的"天"是"酬"于人的,主宰世界的宏观伦理,这样的天可称为"道"。

"天赋人权"是西方社会赖以立足的先验信条。这一信条既是与基督教决裂的产物,也是与基督教嫁接的结果。通过外在的理念世界和抽象法则来理解人间世界,是西方文明永恒的传统,也是西方人借以来改造非西方世界的利器与资源。但是"未知生焉知死"却是中国文明赖以立足的生命基础。中国人不是借助外部世界来理解生命,而是在生活之中理解生命的。这直接导致了中国不是在"天赋人权"的轨道上而是在"天道酬勤"的轨道上演绎着生命的精彩,勾画生命的灿烂与价值。在中国文化中,"无业游民"(lumpen)不仅在家庭生活中没有位置,也为社会所不屑。由此,中国人历来不想做无业游民,更不想凭借权利获取公共资源的恩惠。中国社会和中国文化对无业游民有天然的排斥,依靠抽象的天赋权利获取公共资源的恩惠不符合中国人的生命哲学。西方人将"天赋人权"嫁接到个体生活中,甚至将中国文化所排斥的无业游民视为"有资格的穷人",[①]"资格"不过是对领取福利在修辞上的辩护和美化而已。

值得强调的是,当代中国塑造出来的"业民社会"摒弃了传统中国的"士农工商"的等级性。与传统日本的"役"比较而言,显而易见的是中国的"业"

---

① 参见[美]玛格丽特·鲍尔、李淑清、卞怡力:《特朗普、共和党和威斯特摩兰县》,《世界社会主义研究》,2019 年第 4 期。

本身带有的开放性。在古代日本,"村"(むら)是"家"(いえ)的集体。什么是"家",即具备特定知识及技术的专业人员形成的私人群体。在古代日本,社会上的高层才能拥有特定的家务而代代世袭,日本的根深蒂固的家业文化起源于此。例如,万世一继的天皇家历来担任的是与上天沟通、祭祀的"家"。天皇家拥有的三种神器——八咫镜、八尺琼勾玉、草薙剑(天从云剑)就是执行家务的工具。从德川时代开始,普通老百姓也构成各有各的"家"。以"家"为单位分成"职"(しき),基于"职"形成了在"士农工商"添加贱民的身份等级结构,每个"职"被国家赋予一定的"役"(やく)。可以说,"役"是以家为单位形成的各个"职"应该负责的社会义务。 在这样的背景下,难以谈起社会的流动性及开放性,各个社会阶层自然带有保守性及封闭性。各自尽忠职守、各负其责即是最大的美德,失职而给他人添麻烦便是最大的耻辱。①在1868 年随着明治维新推行,日本政府决定废掉封建身份制度。令人意外的是,对此抵抗最强烈的竟然是平民阶层,因为他们怕没了自己的"役"就失去自己的名誉而被等同于更下层的贱民。

在日本,目前为止仍然流行世袭政治,而且极低的投票率证明,相当多的民众根本没将政治当自己的事情。实际上,不仅对政治如此,日本人从来最忌讳"好管闲事",习惯"各得其所、各安其分"。可以说,这种习惯来自于以"役"为代表的日本人的内面规则。当代日本的个人主义、隐蔽青年问题可能多多少少受到这种习惯的影响。在"役"观念的拘束下,难以提高与他人、社会、政治的关联度。与此相反,中国的"业"包含着人生价值的实现、生命意义的彰显、社会关联的巩固和情感纽带的缔结,并且当代中国在社会主义的轨道上赋予了业民的平等性, 这在中国 20 世纪 50 年代的社会主义改造中已经初现端倪。妇女的解放、追求平等的工资制度等,都在塑造一种释放着平

---

① 关于日本的羞耻文化,参见[美]鲁思·本尼迪克特:《菊与刀》,来鲁宁、赵伯英译,陕西人民出版社,2009 年,第 58~67 页。

等精神的业民社会。在四十多年的改革开放历程中,业民社会沿着丰富多彩的演进路径,演绎着波澜壮阔的生命能量。每个人可以成为家业的奋斗者、事业的改革者、产业的创造者、房业的购买者、学业的追求者,这是中国业民社会最大魅力之所在,因为它使每一个人找到了发扬生命价值的渠道和空间。

13. 无缝政治

　　在单位时代,生活空间要么是单位体制的附属品,要么是作为剩余政治空间附着在基层治理体制之中。作为服务单元、治理单元的社区并没有凸显出来。社区作为剩余政治空间的结束是伴随着单位制的松解、流动社会的形成以及房权社会的出现得以展开的。当把传统体制无法覆盖的社区空间纳入治理体系的重构轨道上来的时候,一种新型的基层政治形态也就随之出现了,这就是无缝政治(Seamless Politics)。

　　后单位时代的基层社会治理,遵循的是无缝政治的原理,所谓无缝政治就是不允许有例外的政治空间存在。政府文件中讲的"全覆盖"就是指不能有政治上的裂缝和缝隙存在。与资本主义国家划分为政治与非政治、国家与社会、公共与私人这样的互不相容的领域不同,中国把政治贯通到它所能达到的极限疆界,我们把这种形态称为"无缝政治"。在了解无缝政治之前,我们先对政治这一概念的历史变迁作一简单的知识考古。

　　从结构的角度来看,人们是生活在政治、经济、文化、社会这四大子系统之中的。相对于经济、文化和社会来说,政治这个概念最为扑朔迷离、变幻莫测。如果古今中外的人能够对经济、文化和社会达成最大限度的一致性理解的话,政治的处境就完全不同了。不同地位、不同阶层、不同时代、不同族群甚至不同性别的人,对政治的理解都是不同的。这直接导致了政治学、国际关系学这样的学问实际上永远处于不确定性之中,甚至无法拥有一种专业化的优势地位,没有任何专业积累的人都可以轻松地进入这一领域,政治学和国际关系学这两门学科甚至可以任意被外力和其他学科染指、篡改甚至殖民。

按照一般意义的理解,政治就是国家事务,政治的底线是政治统治,政治的上线是国泰或国强,政治的下线是民安和民乐。韦伯(Max Weber)对政治作了一定的拓展,他指出,"政治"是一个涵盖极为广泛的概念,每一种自主的领导(leitende)活动,都算是政治。……我们今天所谓的政治,指的是对一个政治团体——这在今天是指国家(State)——的领导或对这种领导所施的影响。①在国家诞生之前,以国家为基石的政治的密度、浓度和广度都是比较低的。至于后现代主义所理解的"个人的就是政治的"(the personal is the political)已经完全将政治泛化了。

这样,我们就可以提炼出政治密度、政治浓度、政治广度、政治强度四个概念。

所谓密度,就是指物质每单位体积内的质量。我们经常说的人口密度就是指单位面积土地上居住的人口数,而政治密度就是指单位区域内政治要素(警察、政府、军队等)分布的程度。从这个角度来说,现代国家的政治密度超过以往任何一个时代。

所谓政治浓度,就是指政治在一定空间、一定平台、一定事务中所占有的政治比例的高低、政治意向的强弱和政治指向的远近等。大家知道,浓度指的是某物种在总量中所占的分量。酒瓶上标示的酒精浓度(只取数字)×酒

① 参见[德]马克斯·韦伯:《学术与政治》,钱永祥译,广西师范大学出版社,2010年,第197~198页。

的分量(以升计)=酒精单位(约数)。例如,一听 5%酒精浓度的 330 毫升啤酒,大约有 5×0.33=1.65 个酒精单位;一瓶 12%酒精浓度的 750 毫升红酒,大概有 12×0.75=9 个酒精单位。如此推算下去,我们就可以发现,政治浓度指的是政治在某一时期(如"文革"时期)或某一组织(如家庭、大学等)中所拥有的强烈程度,朝鲜的政治浓度可能是全球最高的。西方古典时代的政治浓度就非常高,城邦空间就是一个十足的政治空间,公民视城邦为自己价值实现的唯一的、自然的领域。"城邦"不仅是一个地理概念,而且也是一个精神实体。独立自由的公民为城邦工作也就是为自己工作。①亚里士多德曾有一句名言:城邦出于自然的演化,而人类自然是趋向于城邦生活的动物(人类在本性上,也正是一个政治动物)。凡人由于本性或者偶然而不归于任何城邦的,他如果不是一个鄙夫,那就是一位超人。这种"出族、法外、失去坛火(无家可归)的人",荷马曾鄙视其为自然的弃物。这种在本性上孤独的人物往往成为好战的人,他那离群的情况恰恰像棋局中的一个闲子。②城邦虽在发生程序上后于个人和家庭,在本性上则先于个人和家庭。就本性来说,全体必然先于部分。我们确认自然生成的城邦先于个人,就因为个人只是城邦的组成部分,每一个隔离的个人都不足以自给其生活,必须共同集合于城邦这个整体才能大家满足其需要。凡隔离而自外于城邦的人——或是为世俗所鄙弃而无法获得人类社会组合的便利或因高傲而鄙弃世俗的组合的人——他如果不是一只野兽,那就是一位神祇。③

到了近代社会之后,就逐渐出现了私人领域和公共领域的分离,政治浓度就被日益生长和扩展的私人领域给稀释了。我们今天视为弥足珍贵的个人选择自己宗教信仰的自由,在古代人看来简直是犯罪与亵渎。社会的权威

---

① 参见包利民:《生命与逻各斯》,东方出版社,1996 年,第 102 页。
② 参见[古希腊]亚里士多德:《政治学》,吴寿彭译,商务印书馆,1996 年,第 7~8 页。
③ 同上,第 8~9 页。

机构干预那些在我们看来最为有益的领域,阻碍个人的意志。……而且,公共权威还干预大多数家庭的内部关系。年轻的斯巴达人不能自由地看望他的新娘。在罗马,检察官密切监视着家庭生活。法律规制习俗,由于习俗涉及所有事物,因此几乎没有哪一个领域不受法律的规制。①近代以来,由于商业的发展、奴隶制的取消、疆域的扩大,现代人的生活比古代人更丰富、更复杂。在古代,政治是人们生活的中心,而在现代,政治在人们生活中的地位下降了。人们必须从事生产与交换,人们愈来愈从私人生活中获得个人价值的实现,人们在政治事务中的影响由于疆域的扩大而相对缩小。

政治广度很容易理解。广度指的是事务的范围,政治广度就是指政治在空间上的延伸程度,指的是政治力量所能波及的范围。相对于古代城邦和狭小的村落而言,现代国家所拥有的广度已经大大拓展了。

政治强度指的是政治力量所能驾驭、调动和配置的资源多寡、速度等。例如十七八世纪法国和德国建设铁路的原因就是他们可以通过铁路把军队迅速运往前线。中国人所说的"天高皇帝远"就是因为古代中国缺乏将国家力量向边陲地带延伸的能力。以封邦建国为基本特征的封建制就对最高统治者调动和配置资源的能力提出了很大的限制。《左传·桓公》中说:"天子建国,诸侯立家,卿置侧室,大夫有贰宗,士有隶子弟。"这就是封建制的形态。用今天的话来说,就是周天子把王畿以外的土地分封给诸侯王国,诸侯又把国郡以外的土地分封给大夫立家,大夫还可以把采邑以外的土地分封给士。这样逐层分封的结果就使周王朝形成"天下—国—家"三个基本的地域层次,也就是《大学》里面"齐家治国平天下"的地理背景,也就是集人而成家,集家而成国,集国而成天下。一旦采用郡县制,也就是我们大家熟知的"海内为郡县,法令由一统",最高统治者所拥有的政治强度迅速提升。公元前221

---

① [法]邦雅曼·贡斯当:《古代人的自由与现代人的自由》,阎克文、刘满贵等译,上海人民出版社,2017 年,第 27 页。

年,中国的秦始皇决定不立尺土之封,分天下为三十六郡,在全国范围内建立起严密完善的以郡统县的行政区划体系。秦朝陆续修建了以咸阳为中心的三条驰道:一条向东直通过去的燕、齐地区;一条向南直达吴、楚地区;还有一条是为了加强对匈奴的防御修筑的,从咸阳直达九原的直道,全长900多千米。驰道宽50步,车轨宽6尺。道旁每隔三丈栽树一株。中间为皇帝御道,用明显标志标出,一般人不得行走。此外,还在今云南、贵州地区修五尺道,在今湖南、江西、广东、广西之间修筑攀越五岭的新道,通过拆除壁垒、修建驰道,形成了以咸阳为中心的四通八达的交通网,把全国各地联系在一起,使我国今日长城以南、以西的地区,除青海、新疆之外,都包括在这庞大的交通网络内。在如此广袤的地理空间中,政治广度与政治强度都得到了史无前例的扩展与提升。在当今时代,从世界范围来看,随着科学技术的发展以及国家权力的扩张,国家这个曾经处于社会决定逻辑中的有限实体,越来越变成了无所不能的现代利维坦。福柯对现代国家控制的解剖证明我们每个人实际上是生活在处于国家监视下的全景监狱(panopticon)之中。权力对生活世界的政治殖民直接导致了政治的密度、浓度、广度和强度达到了前所未有的程度。

政治密度、政治浓度、政治广度和政治强度可以成为我们分析无缝政治的四个视角。在中国经历四十多年的市场化改革之后,原来依附于计划性社会主义体制的各个系统发生了一定程度的分化,政治、经济、文化和社会各自拥有了按照自身逻辑延展的轨道和空间。这样一种结构性分化与一统性的国家治理体系是不相容的。于是,把各个子系统重新纳入政治化的轨道上来,是中国国家治理的一个基本特征。同样,社会治理也要经历这样的政治化修饰和吸纳。我们熟知的两新组织党建、楼宇党建、商圈党建、网络党建、党建全覆盖等,就成为提高政治密度、加大政治浓度、扩展政治广度和巩固政治强度的治理策略。古代中国的无缝政治受制于国家能力难以完全实现,计划经济时代借助单位体制实现了个体生活与国家权力的全方位对接,那么在社区中国时代,就是依靠社区生活的再组织化重新编织涵盖所有空间和所有主体的政治网络。这就是无缝政治的真谛和奥妙。当无缝政治的理念主导着后单位时代社会治理体系重构的时候,社区作为剩余政治空间的时代也就结束了。社区所具有的政治内涵及其政治定位就成为我们审视后单位时代社会调控体系的轴线。

当然,尽管无缝政治是我们理解中国社区空间的重要范式,但是作为政治空间的社区,其政治密度、政治浓度、政治广度和政治强度与高层政治并不是同构的。这是社区政治空间的独特性所决定的,因为这是生活政治场域。正如我在本书中一直强调的,社区是由基层居民自主建立并管理的公共空间,尽管它在整体上从属于城市基层治理体系之中,但在社区内部,社区是一个高度扁平化的治理空间。它对等级性具有天然的排斥性,无论是在各类自治组织中,还是在社区居民参与基层治理的各种机制中,都更强调民主、协商与共识。同时,各类正式或非正式的治理主体彼此之间都没有行政性的隶属关系,因此社区治理更强调多元主体之间的平等互动和协同共治。社区空间的扁平属性是我们理解社区治理的逻辑起点。

因此,明确社区治理的一般规律就显得极为重要。社区治理有两条基本规律。规律一:越是到社会基层,政治的辨识度越低。在社区中,居民更多地关注物业费缴纳、住房维修基金使用、公共停车位等与个人生活密切相关的生活性议题。在生活性议题中,政党的、行政的、社会的等方面是很难分开的,更多地需要多种主体的共建共治共享。规律二:社区中的议题与个人利益关联度越高,对公开、透明、参与的要求就越高。在社会公共事务中,有的议题与普通民众的生活关联链条由于过长,很多人会对此类议题的感知处于无意识状态之中,如国防等,人们对这些议题上的公开透明和民主参与的诉求并不高;但社区中充斥着无数的与居民生活关联度非常高的议题,如物业费的缴纳、公共空间的改造、楼道这一相邻空间的管理、电梯的维护、水箱的清洗、公共水管的更换、小区垃圾处理、小区宠物管理、小区高空抛物（社会公共安全）、小区群租、住房"居改非"、小区民宿管理、小区煤气管理隐患，等等。在解决以上议题的过程中，居民对公开透明和民主参与的要求是非常高的。这也呼应了政治学的经典命题，即"把人民力所能及的事情交给人民自己，把人民力所不及的事情交给人民的代表"。无缝政治的本意是在政党、国家、政府与社区的关联中缔造一种良性互动、多方协同的格局，在底线政治的视野中，培育健康有序的治理单位和治理细胞，最大限度地释放中国生活政治的人文魅力，而不是将社区塑造成高政治、强政治、大政治空间，也不是将社区抛掷荒野，任其衰败，最终陷入不能自拔、不能自我救助的废墟化境地。

14. 齐民政治

政治是离不开人的。换言之，没有人群的形成，没有基于人群而形成的领导被领导的关系、统治被统治的关系，也就没有政治可言。鲁滨孙漂流到的那个岛屿，尽管他可以拥有岛上的所有资源，但那不是政治。一个人的国家或一个人的共和国是不成立的。只有当人成为折射权力傲慢的中介，而且还与支撑政治的经济连为一体的时候，人就变成了作为客体和资源的"人口"。这才是政治诞生的原始标志。正如福柯所揭示的，当经济成为各个国家权力运行过程的优先问题的时候，对人的治理从具体的个人转向了群体，在这种情况下，人（etre humain）才有可能变成"人口"（population）。①传统的治理艺术主要针对精神领域（智慧、公平、美德等），此后则转向一种特殊的知识和对象，君主权力所针对的目标是对人群的治理，这就构成了新理性的孵化器。而新的治理术不再把家庭作为国家的范式，范围和数量的扩大导致质的变化，"人口"与一群人是两种不同的东西，不能以家庭为模式来考虑国家治理问题：治国和齐家变成两码事。②当人变成人口、人口成为人群合集的时

① 参见［法］福柯：《安全、领土与人口》，钱翰、陈晓径译，上海人民出版社，2010年，第3页。
② 同上，第2页。

候,人口政治作为一种形态就确立下来了。在中国,人口政治就是以编户齐民为策略的国家行为。我们称之为"齐民政治"。齐民政治印证了福柯的看法:"治理即治理人口的观点。"福柯认为,相对于早期的司法国家、行政国家来说,治理国家不再以其他地域和领土来界定,而是以其人口多寡及其容量和密度来界定,其实也包括领土(人口就分布在领土上,不过领土只是几个组成要素之一)。治理国家实质上作用于人口,治理国家参照和利用经济只是这一工具,它所对应的是由安全配置加以控制的社会。①福柯所说的把人变为人口,在中国从封建制向郡县制的转型过程中就发生了,其突出的标志就是从"分土而治"向"分民而治"的转变。②分封制中基于分土而生的"国人"就被郡县制中的士农工商等"分民"所替代,此后中国历代国家治理都没有脱离这一制度起点。尽管从"分民"上升到"治民"的程度在不同时代有很大的不同。

把人变成人口进行治理的制度尝试就是"编户齐民"。所谓"编户",是指正式纳入国家户口登记序列的人口;所谓"齐民",是说凡登入国家户籍之中的人口,一律是皇帝的臣民,原则上都要纳税服役。编户类似于今天的户口制度,指的是国家对人口的统计之学;齐民类似于今天的网格制度,指的是国家对人口的治理之学。为什么我们会提出"齐民政治"这一概念呢?因为现在城市中的人口类型多样,有户籍人口、常住人口、流动人口、固定辖区中的工作人口等。户籍人口中还有人户统一和人户分离两种类型。单纯按照户籍制度,已经无法实现对人口的治理。就拿上海市南京东路街道办事处来说吧,其辖区面积为2.41平方千米,户籍人口为9.58万,常住人口为6.3万,辖区内工作人口估计有30万,还有部分临时租用、短期居住的流动人口是难以统计出来的。要想把如此类型多样、数量众多的人口都纳入到齐民体制

---

① 参见[法]福柯:《安全、领土与人口》,钱翰、陈晓径译,上海人民出版社,2010年,第90~93页。
② 参见周振鹤:《中国历代行政区的变迁》,中国国际广播出版社,2010年,第1页。

中，难度可想而知。其实古代中国也有类似的情况，但不是常态。例如大家都熟知"亡命之徒"这个成语。《史记·张耳陈余列传》说，张耳当年曾经当过"亡命"。后人解释说："命者，名也。谓脱名籍而逃亡。"有关汉代的其他一些史料中，也有"亡命"一词的类似用法，都是指那些脱离当地户籍的人。因为汉代的户籍，又称"名籍"。古汉语中，"亡"与"无"同，"命"与"名"同，既含有命名之意，又含有生命所系之意。"亡命"，也就是"没有户籍"，"亡命之徒"，自然就是没有户籍之人。当然，除灾荒战乱之外，脱籍或没有入籍者之中，的确不乏胆大妄为、犯法作恶之徒。故后来"亡命之徒"，实际上就与"不要命的家伙"成了同义语。[1]亡命之徒，原意就是与今天的流动人口、人户分离者等群体相对应的。只不过，现在的"亡命之徒"已经成为常态，所以依靠户籍制度已经无法实现与人口的无缝对接。然而人可以没有户口，但不能没有居住的地方，居住的地方就成为人口治理的空间。这就是依托社区成长起来的与复杂社会相对应的"齐民政治"。齐民政治就是居住的政治、社区人口政治、网格化政治的同义语。所以我们发现，中国的社区治理不仅表现为对"事"的治理，更表现为对"人"的治理。所谓"进百家门、知百家情、解百家难、暖百家心"这一"四百"工程，实际上就是"齐民政治"在工作方法上的表述。

人口治理有两个原则：一是不犯不理原则，二是父爱主义原则。前者在欧美等国家比较常见。一些偷渡人口和非法移民人口只要不犯法，就会处于国家监控体系之外。所以我们看到有非法移民因为意外原因去世而其家人却不敢认领的情况，就是因为他一旦与国家监控权力对接上，就会出现被遣送回国的后果。父爱主义原则表现为对所有人口的知晓、登记、沟通、服务、监视等，这不仅仅是信息的收集，还是行为的掌控与服务的对接，说到底是治理的延伸。齐民政治中的"齐"就不是古代意义上的纳税服役，而是现代的

---

① 参见宋昌斌：《编户齐民——户籍与服役》，长春出版社，2004年，第23~24页。

全景治理。齐民政治不仅要追求人口信息之齐,还要实现人口治理之齐。换言之,就是说所有人口都要纳入基层社会治理体系之内。无缝政治是针对空间而言的,齐民政治是针对人口而言的。以"空间全覆盖"为目标的无缝政治和以"人口全掌握"为目标的齐民政治,共同构成了中国城市基层社会治理体系的两大支柱。

齐民政治是针对人口的治理,它的优点是能够把人镶嵌在国家划定的网格之中。治理者依靠一笔明晰的人口账本实施较为精准的治理。缺点是容易导致控制和监视取向的泛滥,甚至直接促使基层治理成本的飙升。近年来,基层治理高昂的成本就是与齐民政治的要求连在一起的。

事实上,在基层治理中,存在着两种范式:一是以事为对象的治理,二是以人为对象的治理。这两种治理范式直接导致了两种后果的产生。以事为对象的治理,容易划定清晰的治理边界,也容易辨识明确的治理任务,但容易导致对特殊群体的忽视与遗忘;以人为对象的治理,可以针对不同群体实施精准的对接,为上层决策提供较为准确的人口基准,但容易导致基层治理负担的无限膨胀和治理成本的无限递增。这就是城市基层治理责任无限的根源所在。因为作为治理对象的人口,在类型上纷繁复杂,在行动上飘忽不定,在目标上相互冲突,在地位上高低不同,治人的难度远远高于治事。中国城市基层社会治理的发展趋势应该把齐民与治事结合起来,逐步实现从无限责任型治理向良性互动型治理的转型。在一个流动的、日趋复杂的社会中,百分之百的齐民实际上是很难实现的。齐民政治所要求的信息资源,不能只是实行控制的参考和凭据,而是要转化为现代化社会治理的资源。在齐民与治事的结合中,构建责任明确、边界清晰、权利–义务对等的基层治理体系和服务体系。否则我们就可能永远走不出"基层治理投入越大、治理质量反而越低"的怪圈和死结。当然,在智能化时代,借助大数据而达成的齐民政治,拥有了前所未有的技术支撑手段。社会治理数字化转型包含着我们无限可能性。最为显著的表现就是所有的人被还原为一组组数据。齐民政治被数字政治替代了,编户齐民的过程演变为数据的处理过程以及常人难以理解的编码过程。"人"隐退了,数字登场了。

15. 组织资本与组织能量

如果把国家比喻成一座工厂,那么政党就是这座工厂的发电机。政党提出的政策、培养的干部,作为政治能源源源不断地被注入到国家这座政治工厂之内,从而使国家这座政治工厂不停地运转起来。就像一位学者说的那样:如果把一国宪法设立的政府视为一座庞大的工厂,那么给予国家机器以"政治能源"的政党就是这座工厂中的发电机,只有当政党这台发电机开动马力之后,机器才能运转,工厂才能进入永不停息的运作轨道。所以人们习惯于把政党组织称为"机器",这是一台坚固且有效率的机器。如果这台机器运行得当,可以提供给那些以"政治"为职业的,并在选举时出力的人物以各种职位。政党的领导人立足于基层,但他们的手却牢牢操纵着政府的杠杆,其头脑始终与不断变化的大众思维与期望以及政治体系自身的变化保持着一致。从理想主义的观点来看,他们是一架庞大机器中装备精良的部分,他们使大众的需要与政府的反应彼此联结,同时又使政府的行动从大众的反应中得到反馈,这就使得政党牢牢维持住了对政府的控制。①

相对于西方国家的功能性政党而言，中国共产党显然不是被国家这座工厂所决定的功能性部件。也就是说，中国共产党与西方政党是难以比较的,甚至是不可比较的。所谓功能型政党,就是指因寻求占据国家内部决定性的权威地位而参与选举竞争的持久性组织。与仅仅寻求影响政府的利益集团不同,严肃的政党目标在于获取权力的杠杆(levers of power)。用韦伯的话来说,政党居住在"权力之家"(parties live in a house of power),政党是一端架在社会,另一端架在国家之上的桥梁。《共产党宣言》明确规定了无产阶级政党的任务:"工人革命的第一步就是使无产阶级上升为统治阶级,争得民主。无产阶级将利用自己的统治,一步一步地夺取资产阶级的全部资本,把一切生产工具集中在国家即组织成为统治阶级的无产阶级手中,并且尽可能快地增加生产力的总量。"②这就预示着共产党与资本主义社会的功能型政党是不同的。

在马克思主义看来,资产阶级革命打破"人的从属关系",使人类获得政治上的解放,即获得政治领域内的民主。马克思认为,政治革命打倒了旧的专制权力,消灭了市民社会的政治性质,并使政治国家从市民社会中抽象出现,而与市民社会相适应。于是,政治解放一方面把人变成市民社会的成员,变成利己的、独立的个人,另一方面把人变成公民,变成法人。这样,人的社会生产中的物质生活和人的政治生活也将分离。这种分离意味着,市民社会的等级差别完全变成了社会差别,即没有政治意义的私人生活的差别。尽管社会的不平等依然存在,但是人们终于能够在政治上平等地享有政治权利。

---

① 参见[美]詹姆斯·麦格雷戈·伯恩斯:《领袖论》,刘李胜等译,中国社会科学出版社,1996年,第403页;[英]詹姆斯·布赖斯:《现代民治政体》(上下册),张慰慈等译,吉林人民出版社,2001年。另参见刘建军等:《新中国根本政治制度研究》,上海人民出版社,2009年,第187页;刘建军:《一党执政与现代民主的契合》,《复旦政治学评论》,人民出版社,2005年,第18~30页。

② 《共产党宣言》,人民出版社,1997年,第48页。

历史的发展使政治等级变成社会等级,所以正如基督徒在天国一律平等,而在人世不平等一样,人民的单个成员在他们的政治世界的天国中是平等的,而在人世的存在中,在他们的社会生活中却不平等。政治解放无疑是人类解放的一大进步,但政治解放本身还不是人类解放。资产阶级政党把自己封存在这一政治解放之中,逐渐转换为一种与这种政治解放形式相适应的功能型政党而逐渐失去了革命的性质,日益趋向于保守。政治解放虽然以政治方式否定了私有财产,实现人们在政治领域内的民主,但在政治国家适应市民社会的过程中,政治民主依然是以私有财产为前提的。

是列宁把经典马克思主义政党理论转化为积极行动的,他在革命实践中总结成型的政党理论赋予了政党以崭新的能量:①党是用先进的理论武装起来的("没有革命的理论,就不会有革命的行动");②党是工人阶级的先进部队;③党要有严格的纪律;④党是有组织的而且是按照民主集中原则组织起来的部队;⑤政党必须坚持对国家政权的全部政治经济工作进行领导;⑥要高度重视党员质量;⑦政党要善于正确处理与人民群众的关系;⑧政党要能够有效地领导经济建设。①所以我们提出中国共产党是集领导型政党、代表型与整合型政党、使命型政党、发展型政党与变革型政党于一身的。②

经典的政党理论为我们解读中国共产党与中国社会的关系提供了重要的指导,也就是说,中国共产党不仅要关注在空间全覆盖中培育的组织资本,更应该关注依靠先进的价值观引领和重塑社会的积极能量。换言之,在基层社会治理体系中,党不是控制者,而是引领者。不是追求组织资本的扩充,而是追求组织能量的释放;不是致力于组织资本对社会资本和民间组织

---

① 参见王沪宁主编:《政治的逻辑:马克思主义政治学原理》,上海人民出版社,2004 年,第243~280 页。

② 参见刘建军等:《创新与修复:政治发展的中国逻辑 1921—2011》,中国大百科全书出版社,2011 年,第 138~139 页。

资本的侵蚀与瓦解,而是致力于组织能量对各种社区自组织的规范与引领。这就是中国社会转型过程中孕育出来的一种新型党建模式——横向党建。

伴随着市场化带动的社会转型,中国社会治理最为重要的经验就是依靠区域化党建重新串联起不断涌现的各种社会主体,重新覆盖和填补新生的社会空间。如果说在此之前的党建主要是通过纵向党建(组织体系的建设)和单位党建体现出来的话,那么区域化党建则体现出了横向党建和网络化党建的特点,即在横向扩展的社会空间中重新缔造引领社会治理的核心,重新塑造在横向上联结不同主体和组织的整合者和联结者。这是中国共产党的政治优势沿着横向轨道逐渐扩展的重要体现。如果说纵向党建将不同层级的组织整合在一起,那么横向党建则是将一定地域空间,甚至不同系统中的组织整合在一起。区域化党建甚至跨系统、跨地域的融合党建,有效抑制了市场等多种力量与社会治理的"脱嵌",防止了社会的撕裂和分化。

横向党建的成功得益于中国独有的政党与社会的关系模式,这就是中国社会治理的政治生命线——党建引领。我们知道,政党与社会的关系是现代政治学的一个基本议题:一方面,政党的生命力来自社会的认同与支持;另一方面,社会也处于政党的引领与重塑之中,两者是相互影响、相互促进的关系。政党来自社会,必然要回归社会;社会决定政党,政党重塑社会。以上体现政治辩证法的命题提醒我们,既不能顾此失彼,又不能舍弃一方。政党对社会的引领与重塑主要是通过以下四个方面体现出来的:

第一是价值引领。政党基于主张、思想、策略提炼出来的核心价值观,能够为全社会所接受,通过政党来为社会注入灵魂和理想并诉诸实践,并对社会发展的生产和再生产具有推动作用,就是政党的价值动力。政党往往将自身的价值理念写入党纲,用来表明政党的指导思想、政治主张和奋斗目标。社会并不是一个自然体,政党对社会的引领是现代化国家治理体系极为重要的组成部分之一。比如儒家价值观对传统中国的引领、资本主义价值观对市民社会的引领一样,中国共产党为中国社会注入的灵魂与关怀,塑造了中国社会特有的精神气质。党的十九大报告就指出:我国社会治理创新的根本目的是"不断满足人民日益增长的美好生活需要,不断促进社会公平正义,形成有效的社会治理、良好的社会秩序,使人民获得感、幸福感、安全感更加充实、更有保障、更可持续",坚定不移走中国特色社会主义社会治理之路,打造共建共治共享的社会治理格局,并努力为完善全球治理贡献中国智慧,这为社会治理注入了价值动力。

第二是制度引领。政党对社会的引领还必须依靠制度力量形成对社会的总体调控,政党不仅居于"权力之家",也是居于制度框架之中的。现代国家治理必须依靠制度的力量才能抵御各种风险;而缺乏制度建构能力的政党,是无法完成政治整合和社会整合的。政党作为整合者、联结者、枢纽者,为城市基层治理和社区治理提供了前进的方向。

第三是组织引领。政党是现代国家治理的发动机,它为国家这座机器注入原始能量。政党借助强有力的组织化机制达到驾驭社会、引领社会和塑造社会的目的。政党组织化程度是与现代国家治理体系的成熟程度成正比的,完全依靠个体和传统力量的政党是无法完成新型政治秩序构建的,高制度化、高组织化的政党是中国社会治理和社区治理必不可少的政治力量。组织中每一位成员都具备完成任务所必需的专门技能,并且将纪律渗透到工作程序之中做到有效协作,达到提高组织的效率和权力的目的。同时一方面培养成员对组织的忠诚,另一方面上级根据德能勤绩廉等要素来决定干部的升迁与培养,来推动组织的每个成员(下级组织)通过整体理性的追求去努力实现(上级)组织的目标、命令和任务。因此党的基层组织纪律、准则、规范、任务安排等要求,比如八项规定、党支部工作条例、廉洁自律准则等,以实现党员能力素质的提高,全面建成小康社会、实现伟大复兴的中国梦,以及年轻干部的基层挂职锻炼等,这都是基层社会治理中政党组织动力的集中体现。

第四是行动引领。政党对社会的引领,其终极形态是通过社会成员的积极行为体现出来的。推进社会治理,关键在党,重心在基层。如果政党认同的价值和追求的目标不能通过党员和社会成员的积极行为体现出来,那么政党对社会的引领就是悬浮在空中难以落地。正是在这个意义上,在党建引领基层治理的过程中,我们特别关注党员对群众的行动引领。很多城市推行的网格党建实际上就是为党员引领社会提供了扎实的行动空间。一方面要发挥基层党组织对基层社会治理的领导核心作用,加强对基层社会治理的组织领导,通过党建引领实现对党员的组织培养;另一方面中国共产党现在有九千多万党员,其中大部分在基层,要能够完善党员学习教育、党员议事会、民主生活会、党务公开、重大事项通报等制度,将社会治理的政策宣传到位,更好地回应广大党员希望直接参与社会治理的需求,让党员发挥好先锋模范作用带动人民群众,鼓励引导基层政治行动,形成人人参与社会治理的生动局面。理想的社会治理是人人都成为积极行动者。人人都是积极行动者的社会治理,其成本是最低的。在中国社会治理框架中,党员成为积极行动者是所有人成为积极行动者的政治前提。

在中国,社区治理是整个国家治理、城市治理极为重要的一个部件,这与西方特别是美国把社区理解为对抗国家暴力的空间有着根本不同。首先,中国社区有强有力的政党引领,这是中国的制度优势,也是历史和人民的选择。党的基层组织在社区治理中作为政治力量居于核心地位,并且带动社会力量参与其中,在社区治理实践中构筑坚实的群众基础,实现与民心的息息相通。因此,依靠党建引领规定基层治理和居民自治的政治方向是第一位的,党建引领就是中国城市基层治理的政治生命线。党建引领强,则社会治理质量和治理水平高;党建引领弱,则社会治理质量和治理水平低。这已经成为无数实践所证明的真理,更是新时代社会治理领域所达成的最大的政治共识。党建引领规定基层社会治理的方向,基层民主提供基层自治和居民自治的动力,政社互动和社会联动提供基层自治和居民自治的资源。其次,联动主义的治理范式是与中国既定的制度安排联结在一起的, 作为人民利益代表者的中国共产党,是城市基层治理的灵魂,是联动式治理的发动机。以人民民主制度为根基的治理体系,追求的是一种涵盖所有人的整体利益,超越私有制的土地制度、经济制度、集体财产制度等的制度安排,则为政社联动、家社联动、政企联动、三社联动提供了最为坚实的资源保障和经济保障。中国基层治理不会在市场化和权利化的轨道上迈向它的反面,市场逻辑和权利逻辑乃是内嵌于党建引领、政社互动、政企互动的逻辑之中的。总之,横向党建不仅培育党的组织资本, 更为重要的是为政党组织能量的扩充提供了崭新的空间和管道。

协调多方主体, 实现社会良性互动的关键是政党领导下的各方力量的联动。联动的基本要素有两个:一是关联或联系机制的塑造,二是行动者的涌现。只有关联或联系,而没有行动,共建共治共享的社会治理格局也是无从建立起来的,从这个意义上来说,迈向社会善治就是一个重塑积极行动者的过程。[1]社会治理的主体包括党组织、政府、居民、社会组织、楼组、志愿者、企业、基金会组织等。

我们曾经提出,关联主义是中国社会治理的基本范式。但是仅仅产生关联还不足以使社区实现善治,社区的良善治理需要积极行动者的涌现。社区的积极行动者在某种程度上决定着联动式治理的成败, 这是联动主义范式的一体两面。那么支撑中国社会治理和社区治理的积极行动者在哪里呢? 在基层治理体系中, 我们发现政党是维系中国社会治理和社区治理的最为重

---

① 参见刘建军、宋道雷、李威利等:《联动的力量——基层治理创新:以杭州市上城区为研究对象》,格致出版社,2018 年,第 1 页。

要的行动者。因为中国现代国家的崛起乃是沿着组织化的轨道对既定空间的各种资源进行了重新的梳理与整合,这一组织化的轨道包含着理性与情感、价值与制度、人格与规范等多重要素。① 从这个角度来说,当西方国家理论面对中国这个特殊的组织化的政治体系时,确实有一种茫然和无力的感觉。中国将相互矛盾的要素与逻辑融为一体塑造出来的组织化政治体系,贯穿中国社会机体内部,将上下、左右连为一体。

从横向党建的角度来说,中国社会治理的成败就取决于政党这一组织能量的发挥程度,所以联动式治理的灵魂在于政党。政党所具有的政治优势、价值优势、组织优势、制度优势和能力优势是联动式治理得以展开和推行的终极前提;中国城市基层治理推行的区域化党建、社区党建、基层党建、街区党建、网格党建、楼宇党建、楼组党建、网络党建等多种探索与实践,均依赖于党的优势地位;组织化权力、组织化资本、组织化能量、组织化网络等重要概念就成为解读中国城市治理的知识资源。② 有了党组织这道政治保障和政治推力,一系列的积极行动者也就应运而生了。政府、企业、社会组织、社区自组织、楼组、志愿者、居民个体等,正在经历一个从消极状态向积极状态、从观望到参与、从疏离到整合的转变。我们针对成都社区治理的模式,总结出了社区党组织的 16 种角色,可以很好地理解中国社区治理的政治逻辑。从以下 16 种角色中我们可以去体会党组织是如何将组织资本转化为组织能量的。

第一,社区党组织是社区发展的规划者。社区党组织作为基层社区治理的领导者,应该具有社区治理的规划能力,为社区发展制定有特色的发展规划。这就需要不仅从战略层面为社区发展明确目标和方向,也需要把政策落

---

① 参见刘建军、宋道雷、李威利等:《联动的力量——基层治理创新:以杭州市上城区为研究对象》,格致出版社,2018 年,第 5~6 页。

② 同上,第 6~7 页。

实到具有不同资源禀赋、产业结构、空间特征、文化认同、生活方式等多样化社区之中。这一角色的测量指标包括:党组织是否制定社区发展规划?党组织制定的社区规划是否符合所在社区的特点?制定的社区发展规划能否在一定程度上实施?

第二,社区党组织是社区资源的串联者与整合者。城市社区拥有丰富的治理资源,不仅有作为治理主体的居民、党员、志愿者,也有能够成为治理载体的多种阵地和空间,还有群团组织、社会组织和驻区单位。社区党组织的重要使命,就是在社区中充分发挥党建联建的优势,成为各类资源的串联者和整合者。这一角色的测量指标包括:党组织能够整合多少在职党员?能够整合多少志愿者?能够整合多少阵地和空间?能够整合多少群众团队和社会组织?能够整合多少驻区单位?

第三,社区党组织是社区能人的挖掘者。社区工作不是仅仅依靠行政的力量主导,而是要充分挖掘社区的内生性活力。在此方面,最重要的是发现和挖掘"社区达人",将各类社区能人和社会贤达发展成为社区治理的资源之一,包括社区规划师、社区理财师、社区律师、社区健康师、社区政工师等。这一角色的测量指标包括:党组织挖掘和联动了多少社区达人?社区治理中社区达人的类型分布如何?

第四,社区党组织是社区治理平台的搭建者。社区治理空间的平等性和多元性,使得平台性机制成为社区治理的主要机制。一方面,在社区生活中,业委会和物业公司的关系常常成为问题的焦点,这就需要具有公信力的社区党组织出面,一手拉业委会,一手拉物业公司,建设有效的沟通平台;另一方面,党组织要搭建各类组织多元参与的平台,让社区居民、驻区单位、社会组织都能成为社区治理和发展的重要力量。这一角色的测量指标包括:党组织是否为业委会和物业公司的合作搭建了平台?是否为居民和单位参与社区发展治理搭建了平台?

第五,社区党组织是新型物权社会的驾驭者。随着物权社会的到来,物业服务与物业管理所产生的纠纷,包括建筑物维修、住房维修基金使用、小区公共收入、小区绿化、公共停车位等,都日益成为当下社区治理中的多发性矛盾。面对新型的物权社会,党组织应该主动探索,为业委会的规范化运作和业主参与公共资金的监管创造新的机制。这一角色的测量指标包括:党组织能否超越各种物权纠纷之上凭借领导者、调停者、超越者的角色强化自身的领导权威? 党组织能否为业主参与公共资金的监管和业委会的规范化运作创造新的平台与机制? 党组织是否具备领导业主委员会的能力?

第六,社区党组织是群团组织和外围组织的培育者。组织动员是社区党组织的基本职能。如何有效地进行组织动员呢? 最直接有效的办法,是培育、发掘和引导好社区中的群团组织和外围组织。此外,同时也要发掘和培育好群众团队等兴趣性组织,这些组织是党实现社会动员的延伸性手臂。在此基础上,社区党组织要努力将这些组织从活动型组织向发展治理型组织转变。这一角色的测量指标包括:有多少群团组织在所在社区中发挥了作用? 党组织培育和发展了多少群众团队? 党组织促进了多少支群众团队从活动型组织向功能型组织、发展治理型组织的转变?

第七,社区党组织是社区发展动力的巩固者。社区党组织不仅要推动社区治理,同时也要承担起推动社区发展的功能。如何实现社区发展呢? 这就需要社区党组织承担一定的经济职能,通过社区基金、社区企业、社区公益等多种形式,为基层社会治理持续积累治理资源,并提供发展的动力。这一角色的测量指标包括:社区是否建立了社区基金? 是否建立了社区企业? 是否通过"市场+公益"的机制为社区提供可持续性发展动力?

第八,社区党组织是社区共享社区的推动者。在社区中,居民参与社区发展治理积极性不高的一个因素是,居民更多的是社区空间的使用者,而不是权属关系上真正的拥有者。因此,在社区中党组织要努力推动共享社区的理念和项目,让居民真正成为社区的所有者,参与社区管理。这一角色的测量指标包括:社区是否动员居民参与了股份社区的管理? 是否将资源串联和整合在一起为居民和单位所共享? 是否为居民监管集体资产提供了有效的通道和机制?

第九,社区党组织是社区认同的建构者。城市中的每个社区都有自己独特的文化,或活跃于社区的每个角落,或封存于记忆之中。社区党组织要努力挖掘社区的文化内涵,使社区文化成为社区治理的资源和动力之一。这一角色的测量指标包括:社区是否有文化标志? 党组织是否能通过社区软件和社区文化资源的开发建设提升社区认同?

第十,社区党组织是社区管理团队的领导者。除共建共治共享外,社区党组织的首要职能是社区两委班子的领导者。因此,社区党组织首先要承担好这一领导者的角色,全力加强社区两委班子建设,培育和培养社区专职工作者,形成一支有层次、有活力、理念正确、行动力强、有创新精神的社区管理团队。这一角色的测量指标包括:党组织是否培养出一支政治坚定、结构合理的管理团队? 社区能否实现能统能分的管理结构?

第十一,社区党组织是党的路线和上级政府社会治理战略的落实者。社区党组织并不仅仅领导社区自治,还通过社区居委会、公共服务站等组织承担一定的协助街镇办理行政事务的功能。在此基础上,社区党组织要进一步当好党的路线方针和上级政府社会治理战略的落实者。这就要求社区党组织既要"保底线",推动社区的精细化治理,也要"达高线",不断推进社区发展。这一角色的测量指标包括:党组织能否用较少资源完成上级政府委托的行政事项? 能否实现清单制管理? 能否依靠社区党组织的政治能量为"底线+高线"双线融合提供保障和支持?

第十二,社区党组织是社区空间规划、空间治理、空间美学的发动者。传统的社区空间旨在满足生活的基本需求,新发展理念下的社区空间要避免

"千城一面"的外在物质形态和"千篇一律"的内在生活结构,发展出体现社区个性、生活多样化的差异性社区空间。这就要求社区党组织为社区空间注入现代规划理念,注入艺术和美学元素,并借助社会化力量实现社区空间的有效治理。这一角色的测量指标包括:党组织是否为社区空间注入现代规划理念?是否为社区空间注入艺术和美学元素以推动城市空间美感的提升?是否能够借助社会化力量实现社区空间的有效治理,避免社区成为"小街道"或街道的派出机构?

第十三,社区党组织是社区服务、社区治理、社区发展的统筹者。社区党组织是社区各项工作总的领导者。在社区层面,既包括针对居民群众的精准的社区服务,也包括各种社区治理难题的治理,还包括推动社区治理效能提升,推动社区经济持续发展的工作任务。因此,社区党组织要承担好统筹者的角色,既提升社区服务的水平,提升社区治理能级,也能够不断推进社区发展。这一角色的测量指标包括:社区居民对社区党组织的工作满意度如何?社区党组织是否有能力实现寓服务于治理和发展之中?

第十四,社区党组织是社区党员资源的动员者与管理者。随着社会人口流动性的不断增强,基层党组织与党员的关系不再是固定在特定单位或职业联系。因此,一方面,党员是社区治理中的重要资源之一;另一方面,各类党员的有效动员也是社区治理中的重点难点问题之一。社区党组织要有能力发现党员、联系党员、服务党员、管理党员、教育党员、动员党员、团结党员,并将党员转化成社区发展治理的动力,以全面带动居民对社区发展治理的参与度。这一角色的测量指标包括:党组织是否能够发现"隐形"党员和"口袋"党员?是否动员党员参与社区发展治理?动员党员成为公益者的比例和增长速度又是如何?

第十五,社区党组织是社区重大公共议题的发现者与动议者。基层政治的低政治辨识度,使得社区治理的重点不是机构和组织的管理,而是公共议题的发现和解决。因此社区党组织的重要功能之一是发现公共议题,不仅要能主动提出公共议题,也要通过各种方式,将社区中显现出来的私人议题转化为公共议题,将冲突性议题转化为专业议题和法律议题。这一角色的测量指标包括:党组织提出了多少社区公共议题? 如何将私人议题转化为公共议题? 如何将冲突性议题转化为专业议题和法律议题以最大限度地达成共识,实现社区的最大公约数?

第十六,社区党组织是网上治理与网下治理、网上服务与网下综合治理的引导者。随着网络社会的兴起,社区治理越来越无法离开网络技术和平台的应用。一方面,网络首先是一个公共空间,社区治理不得不重视网络空间的治理;另一方面,网络还是社区治理可以利用的技术平台。因此,社区党组织既要同时关注网上治理和网下治理,同时也要运用好互联网技术实现网上服务和网下服务的综合治理。这一角色的测量指标包括:党组织是否有能力避免网络抗争? 是否构建建设性的、多样化的功能群? 是否通过技术优化机制? 是否通过技术治理为社区注入发展动力?

总之,中国城市创新社会治理的最大特色在于依靠政党领导下的社会联动机制塑造了一种整体性的社会治理体系。中国社会治理的最大优势在于突破了一种结构性分化,权利领域与权力领域、私人领域与公共领域、社会领域与国家领域、市场领域与政府领域,并不是存在于刚性的逻辑分化格局之中的。中国的社区是以联动式治理的思路展开的,党群联动、政社联动、政企联动、网络联动等机制,构成了贯穿社会治理和社区治理的纽带和通道,这与西方法权社会、市场社会所崇尚的治理逻辑是完全不同的:以横向党建为轴心构建起来的社会联动机制塑造了一种治理的合力,基于单一逻辑产生的社会后果可以被这种合力所吸纳和消化。

16. 群体三分①

　　就像罗伯特·达尔(Robert Alan Dahl)和赖特·米尔斯(Charles Wright Mills)等人不停地问,在美国到底是谁统治一样,我们也要问,在中国城市基层社会体系中,是谁在治理? 我们试图在历史比较的框架中回答这一问题。

　　明末清初大儒顾炎武曾有句名言:"天下之治,始于胥吏,终于天子。"用现在的话说,处于一线的基层治理队伍是整个国家治理的起点。人们经常用"官吏分途"这一范式来概括古代中国基层治理的基本特征。古代中国的官吏分途包括两层含义:一是以地缘和身份为划分标准的"流内"与"流外"之别,"官流吏留",例如,在南北朝后期出现了"流外"一类低级职位,其品阶在九品以下;二是以职位、职事和权责为划分标准的品阶之别,官有九品而吏无品。官吏分途是贯穿古代中国国家治理的基本传统。毫无疑问,这一传统在中国国家治理中是难以隔断的。周雪光教授从地缘的角度提出以"官吏相

---

　　① 本节核心内容已发表,参见刘建军、马彦银:《从"官吏分途"到"群体三分":中国地方治理的人事结构转换及其政治效应 对周雪光〈从"官吏分途"到"层级分流":帝国逻辑下的中国官僚人事制度〉一文的一个补充》,《社会》,2016 年第 1 期。

对谱系"为特点的"层级分流"模式,是古代中国官吏分途的延续与变异。[①]这是对他帝国逻辑这一理论思路的重要扩展。但是层级分流关注的仅仅是"对上为吏、对下为官"的那一小部分精英群体,换言之,层级分流仅仅关注到的是"流内"与"流外"的现象,它无法解释中国地方和基层治理中多重管理群体的复杂性、交互性与勾连性。而且层级分流与古代中国的官吏分途,并不是在同一逻辑层面上的两极。官吏分途更重要的一面是指管理群体的身份差异、职能差异,而层级分流指的是干部群体或少数干部群体的晋升线路与职业发展趋向,它并没有像官吏分途那样,把地方治理中的多重管理群体包含在内。基于此,本节提出了另外一种分析思路,即以参与地方治理的所有群体作为分析对象,提出了从官吏分途到群体三分,以揭示中国地方和基层治理的秘密。

如果说贯穿于西方近代以来历史延展的永恒话题是"资本的秘密",那么贯穿于中国历史延展的永恒话题就是"治理的秘密"。任何一种理论范式,一旦与中国国家治理相遇,总是觉得力不从心。就拿国家结构来说吧,按说中央集权是对中国国家结构的总体概括,但是我们总是能够在中国找到很多分权的痕迹。俗话说,天高皇帝远,这怎么是中央集权呢?于是就有人煞费苦心地提出行为联邦制[②]、财政联邦制[③]等富有创造性的概念。实际上,中国政治分析的有效性取决于使用概念体系的有效性。中国政治有其特定的概念系统,如内外、轻重、礼法、文武、上下、名实、体用、干枝、高低、贵贱、强弱等。单纯使用西方概念系统,往往会抓不住中国政治的真谛。例如,中国有官

---

① 参见周雪光:《从"官吏分途"到"层级分流":帝国逻辑下的中国官僚人事制度》,《社会》,2016 年第 1 期。

② 参见郑永年:《中国的"行为联邦制":中央–地方关系的变革与动力》,东方出版社,2013 年,第 28~62 页。

③ See Yingyi Qian & Barry R. Weingast, "Federalism as a Commitment to Preserving Market Incentives." *The Journal of Economic Perspectives*, Vol.11, No.4, 1997, pp.83–92.

高吏低、"流内"贵"流外"贱的传统,但也有吏强官弱的属性。官高吏低、"流内"贵"流外"贱与吏强官弱是非常有趣地组合在一起的。官高吏低说的是国家治理的大传统、大格局,"流内"贵"流外"贱说的是治理过程中参与群体的身份之别,而吏强官弱说的是治理过程和治理能力、治理技术。[①]两者的奇妙组合恰恰是中国国家治理的秘密所在。所以不使用高低、贵贱、强弱,而仅仅采用理性化、科层化、委托−代理等范式,是无从把握中国国家治理之奥秘的。随着中国现代化程度的日渐提高以及现代国家、现代社会特征的日渐强化,古代中国的官高吏低、"流内"贵"流外"贱的身份之别,官弱吏强的能力之别,在当代中国的政治体系中已经有所改变,呈现出"官吏"双强型特征。所以在当代中国政治分析的科学性和有效性取决于对传统学术资源和现代学术资源的有机整合和创造性使用。

所以我们可以用"官高吏低与吏强官弱"的奇妙组合来概括中国古代地方治理在人事制度、职能分工和能力结构上的基本特征。顾炎武说:"今夺百官之权而一切归之吏胥,是所谓百官者虚名,而柄国者吏胥而已。"[②]政府不是由一个人构成的,那些异地做官的人,怎么能够凭借一己之力来治理地方呢? 有官就有吏,所以我们就是要弄清楚,古代中国政府是由哪些角色构成的? 它又是如何运转的? 地方官员是如何治理一方的? 中国传统社会的官僚体制,特别是隋唐以降的科举制,决定了吏在处理各种事务上具有不可替代的作用,使其权力远远超出制度规定的范围。特别是在传统社会的末期,官僚体制日益衰颓,这种情况就日益严重;而且吏在人数上也远超职官,他们已经构成一个较庞大的社会政治集团,他们的所作所为对于社会及政治生活的方方面面的影响都是非同小可的。中国有句古话,叫作"强龙压不倒地头蛇"。在某种意义上,这句话可以用来形容官与吏的关系。因为在相当长时

---

① 参见张纯明:《中国政治二千年》,商务印书馆,1942 年,第 46~47 页。
② 顾炎武:《日知录集释》,卷八《吏胥》,岳麓书社,1994 年,第 292 页。

期内,出于避免地方割据的考虑,体制上是禁止官员在某地常任,总是要迁转的。这本身并不能说是个坏政策,但它却有两个坏结果:一是官员到任,对当地的情况不太熟悉,未几又要调走,影响他对本地事务的判断和处理;二是无法保证本地制度和政策相对稳定和长期性。这种问题如何弥补呢? 就要靠吏。吏往往是本地人,甚至父子相继,兄弟相传。"官无常任而吏有常任"的状况, 就决定了这批人将支配着某一部门或某一区域的行政管理事务。因此,由于以上原因,也由于他们大都出身社会下层,所以他们成为官与民之间"交接之枢纽",官与民之间要打交道,必须通过他们,这使他们成为一种不可或缺的角色。①从总体上来看,官吏分途是古代中国国家治理特别是地方治理在人事制度方面上的结构性特征, 但是两者的分途并不是一个简单的、绝对的二分,还是有很多交叉和中间形态的。其总体发展过程是遵循了以下的发展线路:秦汉时期的"官吏相通",魏晋南北朝的"贵官轻吏",隋唐时期的"官吏相分",宋朝的"吏役相分与吏强官弱",元朝的"一官二吏,九儒十丐",明朝的"官高吏低",清朝的吏与幕僚共天下。吏作为一个特殊的群体,在古代中国的国家治理尤其是地方治理中发挥了不可替代的作用,这已经成为共识。

那么官吏分途的治理传统在当代中国又是衍生出了怎样的替代形式呢? 斯坦福大学的周雪光教授创造性地提出了"层级分流"的理论。周雪光教授认为:与官吏分途的二分法相比,今天的"层级流动"模式有了重要的变异,特别表现出了官吏相对谱系特点。历史上官吏分途模式导致官员跨越不同行政区域在更大的物理空间流动,如跨郡、州、省的流动;与此对照,层级分流模式则表现出行政区域上下层次间的递增性和连续性, 即部分主要官员向上一级(或下一级)行政区域的流动,例如县级主要官员向市里流动或

---

① 参见赵世瑜:《吏与中国社会》,浙江人民出版社,1994年,作者序第2页。

向同一市区域内其他县区流动,而市级官员向县级主要领导岗位流动,从而加强了上级行政区与下属行政区之间的连续性。这一流动模式建立的网络纽带意味着,官僚层级不仅为上下级正式等级制度所联系,而且也表现出地域上的连续图谱,逐层向上扩展。从官吏分途角度来看这一流动模式意味深长:就某一特定行政层次着眼,其上层次的官员都是"流动的官",即他们在更大行政区域中任职和流动;而其下层的官员都是"固守的吏",即他们在同一区域中完成其职业生涯。换言之,如果我们着眼于某一层次官员,从下级官员的角度来看,他们都是"流动的官"——外来的、超越本区域的官员;而对于上一级官员来说,他们又是"固守的吏",即他们的职业生涯局限于下属的行政区域之内。因此,官与吏的角色随着官僚体制不同层次变化而转化,某一层级的"官"在更上一层级则有着"吏"的特征属性;反之亦然。周雪光教授将这一特征称之为"官吏相对谱系"。从这一角度,我们可以看到当代中国官僚体制中特别是政府机构中干部有着"官"与"吏"的双重身份。①

周雪光教授将古代中国的官吏分途创造性地运用于对当代中国的地方治理分析之中,提出了"面下为官、面上为吏"的"官吏相对谱系"理论。这一理论对于解释中国地方治理的困境与难题有着极为重要的价值。但是将官吏分途转化为对当代中国官吏双重身份群体的分析,似乎是把地方和基层治理问题简约化了。官吏分途更多地关注的是地方治理的人事结构和职能分工问题,官吏相对谱系和层级流动关注的是地方治理精英群体或干部群体的流动问题。换言之,官吏分途和层级流动的划分所依据的标准不是统一的,两者所关注的问题似乎不是在同一层面上的。官吏分途说的是贵贱之分和强弱之分,层级流动说的是干部流动及以及干部流动的限度与边界。因此,本书提出应该将官吏分途与当代中国地方治理人事制度中的结构性问

① 参见周雪光:《从"官吏分途"到"层级分流":帝国逻辑下的中国官僚人事制度》,《社会》,2016 年第 1 期。

题联结起来。正是沿着这样的思路,本书提出了从官吏分途到群体三分的分析框架。所谓群体三分,是指当代中国的地方治理中是由官僚群体(bureau-cratic group)、派生群体(derived group)、雇佣群体(employed group)三者的有机组合而得以维系的。官僚群体就是今天所说的公务员群体,是拥有公务员编制的群体;派生群体更多的是指拥有事业编制的群体。这一群体存在于政府与市场、政府与社会之间,但他们与国家权力关联程度远远高于与社会的关联程度。之所以称之为派生群体,就是因为他们从事的管理职能是从国家政权派生出来的,受制于"小政府、大社会"原则的约束,有一些职能从官僚群体中派生出来,转移到了基层政权的代理性机构之中。派生群体未来的出路就是进则为官、退则为民。他们在政治地位上类似于古代中国居于官吏之间的幕僚群体和师爷群体,只不过古代中国的幕僚群体和师爷群体是私人性的,不是国家性的,而当代中国的派生群体是国家性的、公共性的,而且他们要承担着与幕僚群体和师爷群体完全不同的职能,所以只能说在地位上有点相似。雇佣群体则是完全依靠市场化机制构建起来的辅助群体,他们居于国家与社会的交汇点上,承载着政府分配下来的任务。从这个角度来说,雇佣群体更接近于古代的吏。

实际上,我们笼统地说古代中国地方治理是在官吏分途的结构分化中展开的,但吏所对应的实际群体,在不同朝代则是有很大差别的。官吏分途在极其具体的展开和运作过程中是极为复杂的。科举制和官僚制支撑着国家治理的上层结构,由不同角色组合而成的吏制则支撑着国家治理的下层结构。尤其是吏制的技术取向和能力取向,是缺乏实践能力之官僚群体所赖以仰仗的重要力量。当代中国的地方和基层治理,与古代中国相比,显然是更加复杂。于是,官吏分途中的"一分为二"就逐渐演变为基层治理群体的"一分为三"。"一分为三"就是指地方治理者表现为官僚群体、派生群体和雇佣群体的分化与组合。正如古代中国官吏分途的界限并不是绝对刚性的一样，在当代中国，这三种群体之间的界限也不是绝对刚性的。派生群体成员向官僚群体成员的转化、雇佣群体成员向派生群体成员的转化通道是存在的，只不过转化通道有宽窄而已。

官吏分途的魅力不在于官，而在于吏。在规模上数倍于官的吏，是古代中国治理的奥秘所在。同样，在群体三分的治理结构中，作为政府代理者的派生群体和政府借助市场机制购买来的雇佣群体，更能引发研究者的兴趣。1995 年，中央根据全国和乡镇的经济发达程度、人口规模和面积大小等因素，对全国乡镇的行政编制配置标准做了明确规定：一类乡镇是 45 人，二类乡镇是 30 人，三类乡镇 15 人。[1]各地方可以根据本地的实际情况做适当的调整，但是需经中编办同意，而且调整的空间也是有限的，比如北京市对各街道办事处的分类标准与编制员额的规定（见表 1）。

表 1　北京市对各街道办事处的分类标准与编制员额的规定[2]

人口数	街道类型	编制数量（1995 年）	编制数量（2000 年）
人口数≤40000	三类	59 人左右	55 人左右
40000< 人口数≤79000	二类	110 人左右	80 人左右
79000< 人口数	一类	130 人左右	100 人左右

上海市的情况与北京市相似，比如上海市杨浦区 2013 年规定，各街道机关行政编制为 54~60 名，其中，定海路街道等 5 个街道行政编制数量是 54 名，大桥街道等 6 个街道的行政编制是 56 人。[3]虽然国家没有对事业编制的配备数量做出明确的规定，但是在 1995 年后事业编制的管理也日益规范

----

①　转引自赵子建：《基层政府人员编制隐性膨胀问题研究》，国家行政学院出版社，2013 年，第 83 页。

②　数据来源：北京市史志办公室：《北京志·人事志》，北京出版社，2004 年，对相关数据的整理而成。

③　数据来源：中共上海市杨浦区委机构编制委员会办公室网站 http://ypbb.shyp.gov.cn/bb/index.html#，对相关数据的整理而成，最后访问时间 2020 年 6 月 22 日。

化,每个地方对事业编制的调整难度越来越大。换言之,在"编制硬约束"制度下,在当前的中国基层政府中,官僚群体和派生群体的数量基本上是一个常量,而雇佣群体则是一个变量。我们的田野调查数据也证实了这一点。例如,在中国东部的 S 市中,街道作为区政府的派出机构,以公务员作为载体的官僚群体的数量都在 50 人左右,以事业编制人员为载体的派生群体大致有 30~35 人,但雇佣群体则会达到 500~800 人之间。在城市外围地区的乡镇,官僚群体、派生群体与雇佣群体在数量和规模上的反差更令人吃惊。在一百多名公务员群体的外围,在政府与社会交接点上,是规模达到近三千人的雇佣群体。与古代官吏之间规模和数量上的巨大反差一样,当下中国地方治理中的官僚群体、派生群体与雇佣群体之间在规模和数量上反差也是令人吃惊的。

理想中的"小政府、大社会"实际上并不存在,而且随着社会治理的技术导向日渐强化,雇佣群体的数量反而有增无减。李友梅非常敏锐地看到了这一发展趋势背后的动因:从近些年一线特大城市的社会治理实践来看,政府部门和管理者在寻求解决方法时,还是回到了传统的治理经验。依赖"技术治理"和"项目制"相结合的治理模式。由此带来了这样的结果:由于高度技术化的治理权力运作,不断强化了行政的纵向秩序整合系统;借助这一轮高度技术化的制度机制建设,行政的纵向秩序整合系统在财力支持、机构设置、政策保障乃至工作思维等方面形成了一套自我强化机制。①结构导向的社会治理(在国家–社会关系中展开的社会治理)、技术导向的社会治理、项目导向的社会治理和综合治理导向的社会治理,都在刺激着雇佣群体的膨胀与扩大,从而强化了官僚群体、派生群体和雇佣群体在规模和数量的非对称格局。这样,我们就会很容易回答这样一个熟视无睹的问题:为什么正式

---

① 参见李友梅等:《城市社会治理》,社会科学文献出版社,2014 年,第 3~4 页。

制度在各个地方都是一样的,而治理绩效却是千差万别的? 答案不在于正式制度,而在于正式制度背后的秘密。如果说影响中国农村基层社会治理绩效的重要因素是连带群体(solidary group)[1],那么影响中国城市基层治理绩效的重要因素就是数量庞大的雇佣群体。因此,我们试图提出"看不见的政府"(invisible government)这个概念。很多人把注意力集中于官僚群体和派生群体,但是看不到这些群体在"编制硬约束"条件下只是地方治理和基层治理当中的常量,也看不到地方治理和基层治理坚实的支撑者乃是政府借助市场机制购买来的雇佣群体,而恰恰是雇佣群体才是决定地方和基层治理绩效高低的重要因素。但是这一因素是不太容易被发现的,尤其是其规模、数量、职能、覆盖面以及国家与社会的相互嵌入性质,都是隐藏在正式制度背后的,局外者不太容易弄清楚。

中国基层社会的管理群体是三分的。三分群体在横向上体现为一种差序化,在纵向上体现为一种等序化。所谓差序化指的是三种群体围绕国家权力而形成的一个同心圆。国家权力宛如费孝通先生所说的石子,一投入到地方和基层社会所构成的"湖面"中,便立即形成一种层层外推的波纹结构。离权力中心最近的是官僚群体,居于官僚群体外围的是派生群体,离权力中心最为遥远的是雇佣群体,这样就形成了一种差序格局。这种差序格局划定了三种群体各自的治理范围和职能分工。

---

① See Lily L. Tsai, Solidary Groups, Informal Accountability, and Local Public goods Provision in Rural China, *American Political Science Review*, Vol.101, No.2, 2007, pp.355–372.

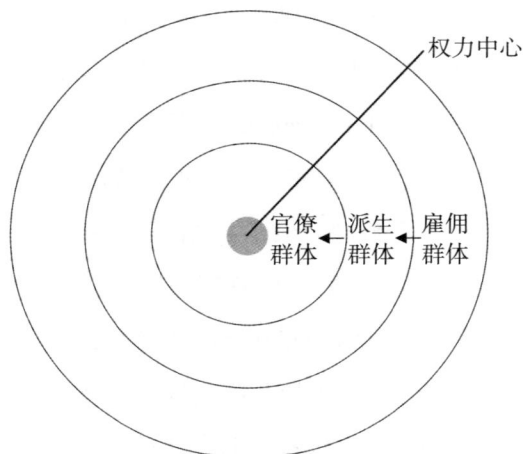

图1　治理群体差序化示意图①

　　基层治理群体在纵向上的等序化,则是通过待遇差异、工资差异、身份差异等多重方面体现出来。这一系列差异与古代的官吏分途有许多异曲同工之妙。正如古代中国的官吏分途并不是绝对刚性的一样,当下中国地方和基层治理中的三种群体,其分界线也不是绝对刚性的。他们之间有着向上流动的通道。但是正如官吏分途是常态一样,三分群体的等序化也是一种常态。官吏分途是本,官吏之间的流动是末。群体等序化也是本,三分群体之间的流动是末。如果说古代中国官吏之间的流动是不得已而为之,那么当下中国地方和基层社会中三分群体之间的流动则是一种巧妙的治理机制和激励机制。派生群体个别成员向官僚群体的流动、雇佣群体个别成员向派生群体的流动,具有非常强烈的示范效应和激励效应,因为这种流动是由杂途转为正途的象征。从大的方面来说,雇佣群体是基层政府借助市场机制购买来的,但是雇佣群体个别成员向派生群体和官僚群体的流动,则证明基层政府

---

　　①　治理群体差序化示意图中的波纹结构表示权力距离(powers distance),官僚群体距离权力中心最近,派生群体次之,雇佣群体距离权力中心最远。示意图中的箭头表示不同群体之间的流动方向,派生群体中的部分人员能成为官僚群体,雇佣群体中的部分人员既能成为派生群体也能成为官僚群体。

在面对雇佣群体时,除了使用市场化调控手段,还为其注入了政治化调控手段,只不过这一政治化调控手段仅仅是起一种示范效应而已。

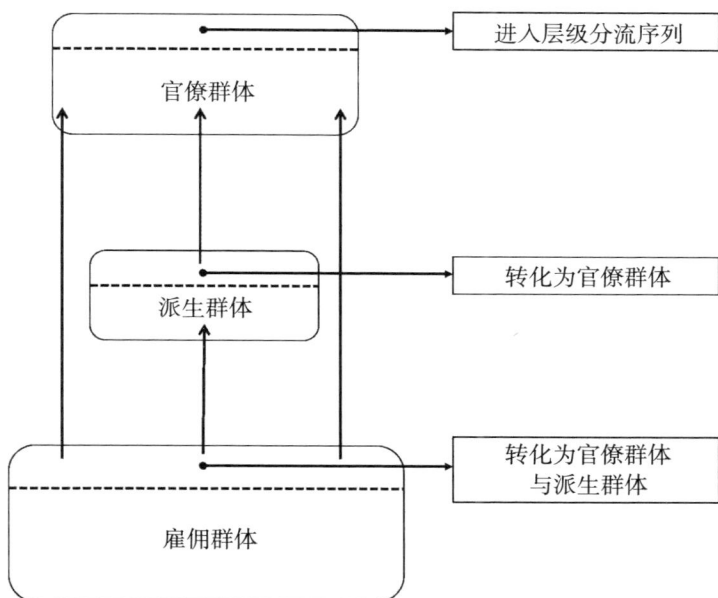

图2　治理群体等序化示意图①

上文分析了在当代中国地方和基层治理中的群体三分模式,揭示了官僚群体、派生群体是治理中的"常"量,而雇佣群体是治理中的"变"量,是影响治理绩效的关键性因素。

中国国家治理的秘密是一个异常复杂的问题。在此我们聚焦于地方和基层社会治理的秘密。毫无疑问,古代中国地方与基层治理在当代中国的延续、继承是一个不争的事实。其中,官吏分途作为古代中国国家治理的人事

① 治理群体等序化示意图中的图形面积大小表示不同群体在基层政府中的数量,其中雇佣群体的数量最多,官僚群体次之,派生群体的数量最少。在表示官僚群体的图中,虚线以上的部分表示在官僚群体中有小部分人能进入层级分流序列,他们就属于周雪光教授所指的地方精英群体;在表示派生群体的图中,虚线以上的部分表示在派生群体中有小部分人能成为官僚群体;在表示雇佣群体的图中,虚线以上的部分表示在雇佣群体中有小部分人能成为官僚群体和派生群体。

制度安排,依然具有其延续性和再生性。中国地方和基层治理中官僚群体、派生群体和雇佣群体的三分,与官吏分途有着异曲同工之妙。但是在中国当前的"编制硬约束"制度下,官僚群体和派生群体在中国地方和基层治理中基本上成为一个"常"量,而雇佣群体成为一个"变"量。我们认为,如果用 P 表示中国地方和基层的治理绩效(performance),用 C 表示官僚群体中进入层级分流序列的干部或精英人员(cadres),用 E 表示雇佣群体(employed group),那么衡量中国地方和基层治理绩效的公式就可以表示为:

$$P=C+E$$

上述公式乃是对"群体三分"的一个延伸。我们发现,决定地方和基层治理绩效的因素实际上可以浓缩为两个:一是官僚群体中进入层级分流序列的那部分干部或精英,二是真正将公共政策落实到每一个家庭的雇佣群体。一方面, 进入层级分流的极少数干部群体是地方发展和基层治理的引领者和决策者;另一方面,雇佣群体的规模和数量则是社会稳定、政策落实、强化国家与社会交接和贯通的决定性因素。同样,如果进入层级分流的那一部分少数精英群体在素质和远见上出了差错,雇佣群体缺乏有效的激励,且在规模和数量上难以满足经济和社会发展的需要, 那么地方和基层治理的问题也就层出不穷了。群体三分是更接近传统的官吏分途的延续者与变异者。层级分流与群体三分,共同构成了地方和基层治理的两大主干。我们对地方治理群体复杂性和交互性的关注,乃是摒弃了把地方和基层政府视为"均质理性人"这一传统看法的结果。官吏之间在数量和规模上的不对称与目前官僚群体、派生群体和雇佣群体在数量和规模上的不对称是相通的。雇佣群体是影响地方和基层治理绩效的重要因素。进入层级分流的精英群体或干部群体,尽管大部分难以突破地域和系统的边界,但他们亦官亦吏的特点,并不是一个纯粹的理性计算的集团, 除了具有经济学和社会学意义上的理性之外,还拥有政党所赋予的使命。

17. 阶级地域化与身份还原①

    人类社会的发展,是一个双向运动的过程:一是从原点开始的制造差别过程,二是回归原点的身份还原过程。从生物学意义上来说,任何人在降临到这个世界的那一刻,都是一张没有经过任何修饰和污染的白板,但此后的人生线路就是一个不断制造差别的过程了。基于家庭出身、经济收入、教育水平、阶级地位甚至族群类别等一系列因素,人们便踏上了差别制造的征程,这是一条没有终点的不归路。只有当人的生命走向终结之后,所有人才实现了一种平等的"生物性还原"。从这个角度来说,生而平等有点虚幻,死而平等更接近事实。于是我们不禁要问,社会中是否存在着一条与这条差别制造相反的生命线路? 如果人类社会不存在这样的一条生命线路,那么就是无休止的争吵、排斥甚至相互敌视。我们甚至进一步推论下去,如果一个社会丧失了展示这样一条线路的能力和禀赋,那它也就只能在制造差别的道

---

　　① 本节采纳了复旦大学马克思主义学院副教授宋道雷和笔者的文章,在此,对宋道雷博士表示诚挚的感谢。参见宋道雷:《阶级地域化:基层社会的重构及其对国家治理的挑战》,《南京社会科学》,2017 年第 2 期;刘建军:《国家治理的一个挑战就是阶级地域化对基层社会的同构》,《检察风云——社会治理理论专刊》,2015 年第 5 期。

路上完成自我的毁灭。梅因在其传世著作《古代法》中,提出了一个重要的判断:"所有进步社会的运动,到此处为止,是一个'从身份到契约'的运动。"①这里所谓的"身份"是指一种个人对家族的先赋的、固定不变的隶属关系。按照这一逻辑,任何人都不能凭自己的意志和努力摆脱这种来自家庭和群体的束缚而为自己创设权利和义务,而"契约"则是指个人可以通过自由订立协定而为自己创设权利、义务和社会地位。在"从身份到契约"的论断之中,更重要的是指出了个人人格状态的一种根本性变化,即个人从依附于"家族"转变为独立、自由和自决的个人。"从身份到契约"的过程实际上就是人不断走向自由和独立的过程。其实,在这个貌似磨平身份差异的过程换来的不是独立的人,契约结构非但没有缔造一个平等的结构,反而把人镶嵌进了一个无法抗拒的资本暴力体系、财产暴力体系和权利暴力体系之中。就像哈耶克所说的,乞丐的自由即使比国王多,但这种自由并没有什么实际价值,给一个乞丐以自由无疑就是对他的嘲弄。②这已经把财产提升到了异常残酷的绝对境地。既然从"身份到契约"是把一种不平等向另外一种不平等的转移过程,那么我们是否可以反其道而行之,去构建一个"从契约突破到身份还原"的运动过程中呢? 如果说"从身份到契约"代表了一种突破与创新,那么"从契约突破到身份还原"就是代表了一种优雅和回归。这里说的"身份还原"不是将人还原为传统结构中基于先赋因素(如血缘、种族等)形成的伦理链条上的一个环节,而是在扁平生活空间中的平等人格与本原生命。孔子说的"人之将死,其言也善"其实就是人摆脱不平等的契约(社会性约束)回归质朴和纯美的生命还原状态。

我把与制造差别相反的生命线路称为"身份还原",也就是把在制造差

---

① [英]梅因:《古代法》,沈景一译,商务印书馆,1996年,第97页。

② 参见[英]弗里德里希·奥古斯特·冯·哈耶克:《自由秩序原理》,邓正来译,生活·读书·新知三联书店,1997年。

别过程中形成的各种后赋身份标签(如职业、收入、社会影响力、政治影响力等)还原为一个个朴实无华的生命。法庭上原告与被告的平等、学校招生制度面前的平等,就是超越差别实现身份还原的象征。那么对于一个个在政治舞台、市场舞台和各种名利场中呼风唤雨的人物,一旦回到他所居住的空间,是继续保持这样的身份优势呢,还是要超越这些外在标签实现身份的还原呢?这是我们在研究基层社会治理时面临的一个非常有趣的话题。

政治和商业都是一个巨大的名利场。名利场就是要依靠制造人与人的距离、差别与鸿沟去体现高贵与卑贱的反差。然而人一旦从名利场回归到朴实无华的生活场域,是否还要彰显这种身份上的等级差异呢?我们发现,有两种趋势值得我们关注:一是阶级地域化,二是身份还原。阶级地域化代表了世界上大多数国家城市社会重组在地理空间上的投影,身份还原代表了超越地位差异的社会善治之路。换言之,阶级地域化是将空间等级化、差别化的规划策略,身份还原是将所有差别彻底抹杀从而回归到社区人、社群人这个介于"自然人"与权力等级、财富地位体系中的"政治人""经济人"之间的质朴状态。这同样印证了我们上文提出的"一分为三"的原理。

阶级是一个让人着迷的话题。马基雅维利在《君主论》中曾经非常有趣地比较了法国和土耳其的差别。土耳其皇帝的君主国是由一位君主统治的,其余的人都是他的臣仆。土耳其皇帝把他的王国划分为若干州,派遣各种行政官员到那里执政,他可以随意地调动或者撤换他们。但是法兰西国王却处在一大群世袭的贵族当中,这些贵族既被他们的臣民所公认和爱戴,又都拥有各自的特权。除非国王自己冒险采取措施,否则是无法剥夺他们的特权的。因此,一个人如果对这两个国家进行考察,就会发现要占领土耳其皇帝统治的国家是很困难的,但是如果这个国家一旦被征服,统治这个国家就很容易了。反之,从某些方面来说,而且事实也证明,占领法兰西这个国家相对来说比较容易,而要统治它却非常困难。①这是什么原因呢?因为土耳其是君主支配的臣民社会,而法国是国王深陷贵族重围的阶级社会。统治法国的难度来自令人恐惧的阶级抗争。法国人托克维尔说,只有阶级才能占据历史,②这是托克维尔对法国极为精准的诊断。不仅法国如此,整个欧洲社会甚至美国社会,都是被阶级的灵魂统治着的。懂得了这一点,就会明白为什么西方国家成为孕育阶级理论的温床,就会明白马克思和恩格斯为什么会做出这样的判断:到目前为止,人类社会的历史就是一部阶级斗争的历史。③不管后来的马克斯·韦伯等人如何煞费苦心地将革命主义的"阶级"概念改造为市场能力主义的"阶层"概念,其立体性的分层社会这一结构至今未变,而且还有愈演愈烈之势。

中国存在不存在阶级?毛泽东与梁漱溟的争论,就说明这个问题有点扑朔迷离。中国革命的成功的确依赖于中国共产党人对中国社会性质的科学判断以及对阶级的重新定义、重新发现与重新动员。从历史的角度来说,科举制推行之前的中国的确存在阶级,但那个时候的阶级与马克思所说的阶级是不是一回事,还是有待于商榷的。因为阶级这个概念不同于传统社会中的等级,它在资本主义社会,特别是在马克思等卓越思想家的笔下,被注入了无穷的革命能量。资本主义社会就是阶级社会这个命题,恐怕是没有人反对的,但在中国,情况可能不是这样。科举制推行之后的中国是皇帝与士人共天下的家产制官僚帝国形态,当代中国在很长一段时期,是由一个个单位组合而成的平面社会,单位作为一个扩大了的家庭,直接切断了阶级的滋生与扩展。单位身份对阶级身份的替代,既是现代化的结果,又是传统的衍生。传统意义上的国家与家庭的关系与当代国家与单位的关系,几乎是可以

---

① 参见[意]尼科洛·马基雅维利:《君主论》,徐继业译,光明日报出版社,2006年,第26~28页。
② 参见[法]托克维尔:《旧制度与大革命》,冯棠译,商务印书馆,1992年,第158页。
③ 参见《马克思恩格斯选集》(第一卷),人民出版社,1995年,第272页。

等量齐观的。所以当我们在表达国家与社会的关系这一经典政治学命题的时候,千万不要忘记:在西方,国家与社会的关系就是国家与市民社会、阶级社会的关系;在中国,国家与社会的关系就是国家与由一个个家庭和扩大了的家庭组合而成的平面社会的关系。

但是单位制解体之后的社会结构是怎样的呢?用笼统的"从单位到社会""从单位到社区",能将中国社会具有震荡效应的转型完全呈现吗?带着这样的疑问,我们走进了真实的社会之中,走进了将资本、权利、身份凝结在一起的地理空间之中。于是,一个非常有趣的现象呈现在我们的眼前,这就是阶级地域化。阶级地域化不仅是城市空间再造的结果,更是依靠特殊纽带将阶级这一行动者镶嵌在地理空间的象征。正是在阶级地域化的过程中,新的社会关系应运而生,新的行动者呼之欲出,新的人地关系异军突起。不仅计划经济时代贫富混居的格局在城市化进程中逐渐式微,而且地域化与阶级的相联催生了城市中的抗争能量。

阶级地域化涉及社会分层在地理空间上的再现这一问题。对于中国城市社会分层的研究已经不胜枚举。有的研究者认为,中国被"基于个人的群体身份的差异化所分割,中国总体的不平等和各个群体内部局部的平等是并存的"。造成这种分层的关键因素是四种"类型":"所有制(ownership)、行业(industry)、地域(locale)和工作组织(work organization)"[1]。这里的地域指向的是次国家区域,例如省、城市,而所有制、行业与工作组织都指向与职业相关的分层。职业是造成群体内部身份认同,以及群体外部分界的最为重要的要素。

在城市社会学与城市政治学的研究中,将职业分层与城市空间相结合,便产生"社会空间"(social place),其动态过程与静态结果便是所谓的"空间

---

[1]　王丰:《分割与分层:改革时期中国城市的不平等》,浙江人民出版社,2013年,第6、22页。

化"。社会空间的重组产生自工业革命造成的职业分层,或者说是阶级①,"工业革命除了带来社会的经济重组以外,也引发了一场社会的空间重组"②。职业分层是社会群体在纵向维度上的立体化结构,城市空间是物理空间在横向维度上的范围扩展,纵向的社会群体分层与横向的城市物理空间重合的结果便形成社会空间,空间由此具备了社会性,"空间变成社会关系的现实化和物化"③。但是职业分层与城市空间相结合而产生的社会空间是静态的,指向的是与阶级附着于一体而形成的城市社会空间,例如上海人习以为常的上海的"上只角、下只角",这种社会空间划分的标准基本上是阶级属性与城市空间属性的结合④,而且在通常情况下,社会空间的单位是以建制化的行政级别——区为单位的。⑤社会空间具体化到微观的社区范围,例如在北京市海淀区的富人居住的以高级公寓和别墅区为代表的"富人社区",⑥丰台区南苑乡大红门一带,包括邓村、马村、后村、高庄和海户屯等地低阶层的人居住的城中村——"浙江村"。⑦从城市社区到近郊农村、从高阶层到低阶层、

---

① 从本质上讲,本节所使用的阶级与阶层两个词语没有差别,它们都表达了一种立体化的社会结构。

② [英]约翰·伦尼·肖特:《城市秩序:城市、文化与权力导论》,郑娟、梁捷译,上海人民出版社,2015年,第227页。

③ 李志刚、顾朝林:《中国城市社会空间结构转型》,东南大学出版社,2011年,第3页。

④ "我的父亲从广东到上海来的,当时住在虹口一带,那里有广东同乡会,有广东人办的小学和中学、广东人开的各种各样的企业,甚至连死后也葬在广东人的坟场。他们永远说广东话,他们不需要说上海话,可以不和上海人交流。这种情况,在上海是很多的。地域文化在上海生根发芽,慢慢地甚至垄断了一个行业,比如上海过去从事纺织行业的基本都是无锡人,裁缝大多是宁波来的'红帮裁缝',服务型行业多半是苏北人。各种地区来的人垄断了各种行当,使得各种文化在上海均衡地发展、容纳、生成,没有强势文化和弱势文化之分。"参见:陈思和先生在解放文化论坛上的演讲:《多元,才能丰富》,《解放日报》,2014年5月30日(第13版)。

⑤ 参见付磊:《转型中的大都市空间结构及其演化——上海城市空间结构演变的研究》,中国建筑工业出版社,2012年,第339~344页。

⑥ 参见李志刚、顾朝林:《中国城市社会空间结构转型》,东南大学出版社,2011年,第203页。

⑦ 参见周晓虹:《传统与变迁:江浙农民的社会心理及其近代以来的嬗变》,生活·读书·新知三联书店,1998年,第255~264页。

从区到社区,阶级与空间的结合而产生的社会空间,虽然具有社会性的属性,但是这种社会性是静态的,只不过是对一定空间区域内的集聚性阶级的描述,这里的集聚性阶级转化为"行动体"的概率比较低,在社会空间中集聚而成的阶级,在很大程度上来说是自在的,而不是自为的,它仅仅是在社会统计和社会测量向度上为人们释放出更大的想象余地。

与社会空间相对应,阶级地域化是具有行动能力或者行动中的社会空间,其显著特征便是行动性。地域性(territoriality)与地域化(territorialized)并非指向人类的本能(instinct),而是指向一种通过控制地域从而控制人与物的目的性权力,并常常是不可或缺的地理性策略(geographical strategy)。[1]虽然,一般意义上"它被定义为通过一番争斗从而占有并控制一片空间,但是其不仅涉及国家权力的扩展与巩固,同时也涉及作为整体的社会的自我保护与自治;当国家性地域化(state territoriality)是一个通过国家行为体策略性地巩固权力与实施主权的过程,那么公民性地域化(civic territoriality)是一个通过社会行为体组织起来保护自身免受国家榨取、市场欺凌,以及通过与国家市场的谈判以维护地域性自治(territorial autonomy)的过程。由此来看,它是比较具有争议性的,并且会导致不同的结果"[2]。阶级地域化相比于国家性与公民性地域化更具行动性特征,因为国家与公民性地域化都指向比较抽象的宏观层次,而阶级地域化指向中观层次的具有相对单一阶级实质与阶级认同的群体行为者,他们将公民性落实到实实在在的有生命意志的主体(阶级)与能够产生社会性联系的客体(空间或者地域)中,由此,在固定的地域范围内(社区,甚至是跨社区联盟)主体能够表达自我保护、自治,尤其是表

---

[1]　See Sack Robert David. *Human Territoriality:Its Theory and History.*(Cambridge Studies in Historical Geography,number 7.)New York:Cambridge University Press. 1986. p.xi,19,216,256.

[2]　Hsing,Y, *The great urban transformation:politics of land and property in China.* Oxford:Oxford University Press,2010,p.185.

现为与其本阶级相关的利益诉求与议题实现，从而将这种阶级性利益与议题付诸行动。S市X街道跨社区联盟行动的发生，便是阶级地域化的典型表现；虽然我们通常将其视为"集体事件"，但是"集体事件"这一名词虽然可以描述这种阶级地域化的规模性、抗争性特征，却无法解释它的阶级性（而非职业性）、地域性、社会性与行动性本质。

与国家性和公民性地域化相比较，阶级地域化可以被纳入到更为精确的测量体系中。阶级地域化与前两者相比更加聚焦：在我们调研的案例中，第一，阶层地域化的主体更多的以相对微观的中等偏上收入群体为主，他们表达自身诉求的需求、集体行动的意愿与能力较强烈；第二，阶级地域化的涉及范围主要指向一个或数个毗邻社区，地域范围比较集中；第三，阶级地域化所涉及利益与议题不是个人性的，也不是群体性的，而是更加倾向行动性的阶级利益与阶级议题；第四，随着互联网的发达，尤其是微信的广泛应用，阶级地域化具有了显示行动的网络组织化逻辑，阶级地域化的行动性特征更加易于实现。

阶级地域化代表了职业分层与地域分层的重叠与合一。阶级地域化与职业分层、社会空间既相联系又相区别，它们都是立体化社会的表征，但是前者比后两者更加凸显出自身的行动性特征。这种行动性特征是结合了主体的强表达性与行动性，并将其落实在集中化的地域范围内，以虚拟网络空间的组织化逻辑，实施出来的过度维权性集体行动。它比国家性与公民性地域化更具行动力与破坏力，对基层社会的重构与国家治理的挑战更具冲击性。由此，研究阶级地域化的表现特征与行动机制，是未来中国国家治理能力与治理体系现代化的重要课题。

随着计划经济到市场经济的转型，中国的单位体制逐渐走向解体，根据张静的研究，1995年国有和集体企业就业人数占城镇就业人数的59.1%，2008年国有和集体企业就业人数只占城镇就业人数的23.5%，2012年在机关行政事业单位就业的人数占城镇就业人数的 4.5%。现在单位体制容纳的就业人口不到 25%,依靠单位完成国家对社会的全面调控,显然是与事实不相符了。所以就有学者提出了"从单位到社区""从单位到社会"的命题,以此来展现中国社会的转型。但是当我们走进真实的社会之中时,就发现作为蜂窝状结构的单位,实际上是将立体化的社会分层封存在一个封闭的单位之内,从这个角度看不到单位内部有多少等级差异,从外部看,每一个单位宛如一个扩大了的"大家庭",实际上构成了一个无限大的平面社会,国家与单位的关系相当于国家与"大家庭"的关系。单位体制的解体,其重要性不在于从单位到社区和从单位到社会的转变,而在于这个扩大了的以单位为基本单元的平面社会的瓦解,不仅具有统计学意义上的社会分层已经形成,而且具有强烈的行动者意义的地域化阶级也已经形成。单位时代的贫富混居状态在新型城区不再重现,在地域的等级化和阶级化方面,中国的许多大城市与西方国家的大城市可以说并无二致,隐藏在等级化地域结构背后的可能是阶级性的隔绝和紧张。

有人说单位体制的瓦解导致了扁平化社会的诞生,其主要变迁线路是单位制的逐步解体,导致由原子化个人组合而成的社区的诞生,再由社区构成的社会逐渐成长。[①]这一变迁促使了无缝隙政府的变革。[②]在四十多年改革开放的历程中,中国政府忙于填补国家与政府之间的物理缝隙和制度缝隙;但是国家与社会之间的信息阻隔因为互联网时代的来临,被无限放大了。国家与社会在信息空间中的边界甚至泾渭分明、彼此隔绝。只要"边界存在,必然会产生信息的洼地与高地;而后者会导致边界差,边界差的存在赋予信息以权力,这种权力不仅使纯粹化的扁平化治理成为虚谈,同时,直接挑战着

---

① 参见王颖:《扁平化社会治理:社区自治组织与社会协同服务》,《河北学刊》,2014 年第 5 期。

② 参见[美]拉塞尔·M.林登:《无缝隙政府:公共部门再造指南》,汪大海等译,中国人民大学出版社,2002 年,第 18 页。

治理的效度"①。

四十多年改革开放孕育出来的社会后果，就是国家俯视的平面社会结构的解体，代之以立体化的分层结构。按照本书的逻辑，从统计学意义上的阶级到行动者意义的阶级，更值得关注。我们知道，由职业分层而形成的立体结构，是立体社会的最为基础的雏形。当职业分层与城市物理空间相结合的时候，社会的职业分层赋予平行的物理空间以纵向的立体结构。由此形成的社会空间便不再仅仅是城市规划师的作品，而成为社会的产品；②呈现立体化的社会空间是集决策、权力、财富和信息的中心，③但是这种立体社会空间即使是集多种功能于一体，它一般与大都市地域相结合，以"空间形态"的面貌展现，④本质上是静态的立体分层结构。中心城区与郊区、穷人区与富人区是对这种静态空间形态最为常见的描述，当下中国基层社会治理与国家治理所面临的空间性挑战，主要集中于同质化职业分层社会结构所带来的二元极化挑战。

从静态的空间形态到动态的立体社会空间，这就是具有行动性特征的阶级地域化。当下中国城市规划与资本驱动，使具有"四高特征"（即规划的高层次性、价位的高攀升性、财产的高门槛性，居住群体的高学历性）的同质化群体相对集中在毗邻的地域范围内，对于涉及个体利益以及同一阶级利益的公共议题的"敏感性关注"；加之，公共议题微信群建立了跨社区集体行动的动议与组织机制，从而引发"过激性"集体行动，从而表现出过度维权的行动表征。这种阶级地域化的强烈行动意愿与强大行动能力，使基层社会发

---

① 周蜀秦、宋道雷：《现实空间与网络空间的政治生活与国家治理》，《南京师大学报》（社会科学版），2015 年第 6 期。

② 参见［法］亨利·列斐伏尔：《空间与政治》，李春译，上海人民出版社，2015 年，第 23 页。

③ 同上，第 48 页。

④ 参见袁雁：《全球化视野下上海郊区空间研究》，同济大学博士学位论文，2006 年，第 84~85 页。

生立体性与行动性重构，使当下中国的国家治理不仅面临着原有的空间形态治理困境，还面临着具有强大行动能力的单一阶级在集中化地域内以互联网空间组织起来的过度维权治理困境。这种基层社会的重构及其带来的国家治理困境，本质上是由阶级从一个职业分层概念、社会概念、权力概念、统计学概念，向空间概念、地域概念、行动概念转化所引起的。阶级的这种全新的转化，实质上是对基层社会的再造，亦即将职业分层与社会空间带来的治理挑战行动化，我们将其称为"阶级地域化"挑战。①

从根本上来说，阶级地域化将把一个社会推向万劫不复的地步，因为其中潜伏着撕裂整个社会的对抗性、差异性和抗争性要素。如何走出因为职业分层与地域分层的合一对城市生活的撕裂和毁灭呢？我们提出了"身份还原"这一判断。身份还原代表了一种优雅，因为它抛弃了所有的符号与标签，把所有人置于一个平等的起点上，这也是与后文要说的社区治理的包容性原理相一致的。大家知道，在生活空间中凸显地位的差异，那就不是生活而是政治了，就像《红楼梦》中的家族生活一样，那是家族政治，不是真正的人的生活。同样，以身份还原为特征的社区治理，乃是超越差异性政治的重要体现。大家知道，中国社区中的居民委员会就是身份还原型组织，而业主委员会就是身份差异性组织。当所有人都还原为居民的时候，社区治理的平等起点就形成了。相反，以财产权为基准的业主委员会，则将诸多居民排除在外了。我们在杭州调研时碰到这样一个非常有趣的故事：一对夫妻购买住房之后，由于房产证上没有丈夫的姓名，故丈夫丧失了竞选业主委员会成员的资格。这个有趣故事的背后，就说明凡是将身份差异从名利场移植到生活场域的做法，最终必然导致社区治理的失败。从这个角度来说，任何权力光环

---

① 参见宋道雷：《阶级地域化：基层社会的重构及其对国家治理的挑战》，《南京社会科学》，2017 年第 2 期。

和财富荣耀，一旦回归社区，只能立刻失去昔日的尊贵，还原为处于平等起点、能够进行平等协商的居民。身份还原是一个社会平等精神的集中体现，它印证了一种现代社会中的美感与优雅。

18. 生活社区、政治社区与心灵社区

　　一讲到社区,我们的第一反应就是这是生活的空间。不错,社区首先是一个生活共同体。其实,社区更大的魅力来自其政治上的张力。怀特写的《街角社会》之所以久负盛名,不在于对意大利移民社区的生活维度的分析,而在于对其内部社会结构、权力结构、组合方式以及政治关联的深度剖析。这本书的书名与其说是"街角社会",还不如说是"街角政治"。"街角政治"与政治学上讲的"街头政治"是不一样的。街角政治关注的是特定生活区域内的政治和社会结构,而街头政治则是民众进行的间歇性的街头抗争。

　　我之所以提出生活社区、政治社区和心灵社区这三个概念,一是受《街角社会》一书的启发,二是得益于我在考察新加坡时的感悟和思考。《街角社会》这本书称之为"街角文化""街角政治"也是合适的,因为它是对街角社会之生活维度、政治维度和文化维度的整体性观察和研究。怀特笔下的科纳维尔首先是基于社群联系而自我求存的生活社区。他在书中这样写道:"第一代移民社会首先是围绕着家族组织起来的,其次是按照同乡的系统组成的。教父教母-教子教女关系则加强了家族之间的联系。依靠血缘和礼仪结成的亲属以及家族的朋友们,在一个彼此负有义务的错综复杂的网中被联系在

一起。一人有难，众亲友都会来帮助；而当他重新得志时，也会与曾经帮助过他的人分享幸福。"①由于群体的成分稳定，其成员又缺少社会保障，所以形成了群体内部非常高的社会相互作用群。群体结构就是这些相互作用的一种产物。从这种相互作用中，产生了一种相互义务，这也是群体内聚力的基础。

社区从其原始意义上来说，就是基于互帮互助而形成的生活共同体。这里暗含着一个前提，即从逻辑上来说，共同体先于个人；从现实中来说，个体难以脱离共同体而生活。古典意义上的生活共同体的解体就是因为个体在共同体之外获取资源能力的强化而发生的。换言之，市场的发达必然会导致古典意义上的生活共同体的形同虚设，或者说市场会催生另外一种类型的生活社区。

如果我们把社区仅仅视为肉体生存的空间，那就大错特错了。社区从根本上来说，是超越物质生活和肉体生存之上的社会关系的编织和政治关联的建构。这就是怀特笔下作为政治社区的"科纳维尔"。怀特用大量篇幅描述了作为政治社区的科纳维尔是如何运作的。他在书中这样写道："科纳维尔与南区和韦尔波特一起，组成了东城的第四选区。直至不久前，这个选区还被克利夫兰俱乐部控制着，该俱乐部是位于南区的一个爱尔兰民主党政党组织。在意大利人刚到科纳维尔安家落户并开始取代爱尔兰人的时候，这两个种族之间曾有过激烈的冲突。随着爱尔兰人搬出这一地区，这种敌对情绪转入政治领域，意大利人中的政治家把科纳维尔组织起来，推翻爱尔兰人对这个地区的控制。"②由此可见，现在的社区已经不是马克思在《共产党宣言》中所描述的那种封建的、宗法的和田园诗般的关系了，而是被政治家和国家权力借用的政治资本了。

---

① ［美］威廉·富特·怀特：《街角社会》，黄育馥译，商务印书馆，2007年，第8~9页。
② 同上，第10页。

社区也正是在与权力和政治的勾连中求取生命的突破和提升。怀特在《街角社会》一书中非常形象地刻画出了社区与政党的关联。"要想成功,科纳维尔人必须或进入商业和共和党政治的世界, 或进入民主党政治和非法活动团伙的世界。他不能脚踩两只船;这两个世界相距甚远,以致二者之间几乎毫无联系。如果他在第一个世界内获得发展,他就会被整个社会看作一个成功的人;但在科纳维尔,他只会被认为是这个地区的一个异己分子。如果他在第二个世界内获得发展,他就会在科纳维尔获得承认,但在其他地方有身份的人们眼中会变成一个被社会抛弃的人。"①政治社区是一个空间,社区政治是一种形态。两者实际上是一体两面的。

在现代国家成长起来以后,我们似乎有一个判断,一切政治都是围绕国家展开的。其实,在国家政治的背后,一切政治都是地方的,或者说一切政治都是"乡土"(基层或社区)的,也同样成立。②因为国家不是黑格尔式的绝对精神的客体,不是一个代表普遍性的抽象实体,而是由一个个活生生的细胞组合而成的,否则国家的生命就会被抽干。从这个角度来说,一切社区都是政治的。一切社区都要面临着国家和大人物的进入和渗透。但我的一个基本看法是,无论是生活社区还是政治社区,都不是终极意义上的生命空间。真正的社区应该是投放信仰、养育文化的心灵社区。就像怀特在《街角社会》中所说的:"我是从科纳维尔的组织方面来讲它的故事的, 因为在生活和行动于科纳维尔的人们眼中,它就是这个样子。他们认为,社会是一个紧密结合的等级制组织,在这一组织中,人们的地位和彼此间的义务被限定和承认。这种看法不仅包括了科纳维尔的世界,而且包括了超自然的世界。如果你观察人们如何用符号来表现他们自己的世界,这一情景就变得清晰起来。一年一度的主保圣人节不仅显示了宗教信仰和习俗的性质, 而且展现了生活组

---

① ［美］威廉·富特·怀特:《街角社会》,黄育馥译,商务印书馆,2007 年,第 358 页。

② 参见［美］马修斯:《硬球:政治是这样玩的》,林猛、吴群芳译,新华出版社,2003 年,第 29~33 页。

织的轮廓。主保圣人节是一个宗教和社会仪式,同时也是一种狂欢,它是一项精心安排的活动。"①

　　全世界漂流的犹太人之所以能够融为一体坚如磐石,不是依靠生活上的富足和政治上的权利,而是依靠犹太教这一绵延至今的精神纽带。因为这是安放他们心灵的寄托。所以真正意义上的社区,绝不仅仅是生活上的互帮互助,也不是作为一个整体对权力场域的参与或者依靠集体行动争取国家的青睐,而是一个让生命沉静下来的空间,是一个展示文化认同和文化聚合的空间,是一个投放信仰、安放心灵的空间,是一个与传统、圣哲对话以达成一种追忆和联结的空间。从这个角度来说,真正的政治秩序和社会秩序不是服务的秩序,也不是管制的秩序和治理的秩序,而是心灵的秩序。

　　另外,生活社区、政治社区和心灵社区这三个概念的提出得益于我在新加坡的考察。一讲到新加坡,几乎所有人的第一反应就是新加坡是当今全球范围内法治最为严格的国家。新加坡的社会秩序就是依靠严格的法治规范确立下来的。不错,从法治的严密性、细节性以及对社会机体的渗透性、约束性来说,新加坡可谓是独树一帜、无可替代。但是难道一个国家仅仅依靠严酷的法治就能缔造持久性、认同性的社会秩序吗?我在新加坡考察期间,发现新加坡高密度的教堂、清真寺、寺庙、会馆、少数族群文化纪念馆等,为新加坡各色人等安放自己的心灵提供了一块静谧之地。截至 2019 年底,在新加坡 700 多平方千米的国土上,登记注册的教堂(church)多达 396 座,②基本上每个社区都有教堂。每座教堂皆有两三倍于教堂面积的附属房屋供信徒开展各种培训活动。每个教堂都有数名硕士或博士层次的教职人员,管理教堂事务的多是大企业家、在政府任职的官员等。新加坡教会普遍热心于社会服务工作,开办社会服务中心、社区关怀中心、幼儿园等。

---

① 　[美]威廉·富特·怀特:《街角社会》,黄育馥译,商务印书馆,2007 年,第 352~354 页。

② 　实际数目远远超过该数目,因为这一数字不包括未注册的小型家庭教堂(home church)。

　　19 世纪,大量的中国移民漂洋过海来新加坡讨生活,促使各个籍贯的宗乡会馆应运而生,将华人移民凝聚起来,提供他们住所,解决就业的问题,给予他们温暖和力量。新加坡第一间会馆曹家馆于 1819 年成立,迄今在新加坡注册的会馆超过 300 间。会馆除了给予同乡们生活上的援助,还设立学校和医院,推动慈善福利。没有会馆,就不会有今天繁荣稳健的华族社群。新加坡独立之后,会馆成为文化传承和同乡、同族群体社会联结的载体。可以说,到目前为止,新加坡 700 多平方千米国土上拥有 396 座教堂(church)、78 座清真寺(mosque)、351 座与华人族群相关的寺庙(temples with Chinese origins)、37 座与印度族群相关的庙宇(temples with India origins)、超过 300 间的会馆等,①与刚性的法律管制体系,共同构成了支撑新加坡政治和社会秩序的两根支柱。心灵社区安放人心,刚性法律规范人行。身与心通过法律体系和心灵社区实现了一种内外平衡。

　　可见,在新加坡,社区不仅是生活社区,同时还是作为选区的政治社区,也是信仰投放的心灵社区。另外,新加坡的庙宇、清真寺、地域意义上的乡亲会馆、家族意义上的宗亲会馆,这些均成为心灵社区的组织载体和空间载体。所以任何成熟稳定有效且能得到认同的秩序,都不是用一支笔、沿着一条线、用一种颜色笔直地画出来的。它应是由多种要素和多种逻辑组合在一起,共同构成的一种富有伸缩力和包容力的社会秩序。所以我们在新加坡看不到街头祈祷者,看不到公共场合传教者,看不到慷慨陈词的街头牧师,更看不到抗争性的宗教活动。新加坡为不同种族、不同信仰的人安放自己的心灵提供了规范、合法和合适的空间。所以新加坡的社会秩序和政治秩序是确立在以组屋为载体的生活社区、以选区为载体的政治社区,以及以教堂、会馆、庙宇为载体的心灵社区组合而成的复合型基层共同体之上的。

---

　　①　以上数字均来自新加坡各网站,是根据新加坡各网站材料整理出来的。

社区中国

中国在从单位制向社区制的转型过程中,也出现了生活社区、政治社区和心灵社区三者共融的局面。目前,中国城市中的党建服务中心或党群服务中心、生活服务中心、文化活动中心、卫生服务中心、综治中心或网格中心,以及名目繁多的"睦邻中心""邻里汇"等,都包含着将生活社区、政治社区、心灵社区融为一体的意蕴。社区生活维度的强化,展示了中国城市社区的服务能力。人大代表五年一度的选举和基层居委会的换届选举,以及间歇性的社区党建活动、群团活动,为社区注入了更多的政治内涵。

但是在社会快速发展、经济迅速增长、全球化程度飞速提高的时代,我们安放心灵的空间在哪里?这是中国基层社会治理面临的严峻问题。从这个角度来说,中国城市社区中各种类型的公共平台与公共空间还不足以成为心灵社区的载体和象征。如何催生心灵社区的成长,如何借助心灵社区实行社区人文教育,为每一个人提供其在社会交往中的"认知工具",不仅要把人与他人、人与家庭、人与群体、人与社会、人与国家、人与世界的关系安放在一个清晰的规则框架之中,更要为每一个人提供安放心灵、让生命获得一种沉静之美的空间。这是"社区中国"时代要解决的重大问题。

19. 良性互动与社区公共产品供给①

　　政治学的魅力不仅在于对统治的关注，而且在于对依靠公共产品的供给创造美好生活的关注。一方面，绝对的自给自足、绝对的依靠个体求取生存是不存在的。另一方面，私人在公共产品供给中的劣势和不足是妇孺皆知的。基于此，公共产品供给成为政治学和公共管理学所关注的永恒话题。此话题贯穿人类社会始终。

　　当我们进入社区的时候，一个非常有趣的话题便立刻呈现在我们面前：作为关联物权空间的楼道卫生工作该由谁来承担？中国城市小区内部的公共绿地与公共花园维护工作该由谁来承担？中国城市居住小区沿街商铺前的环卫工作该由谁来承担？中国城市小区各公寓的电梯更换又由谁来出资？所有这些问题的核心是社区公共产品的供给。

　　我们知道，像教育、医疗、公路、路灯这些典型的公共产品只能由公共部门来供给。因为这是非排他性的公共产品，不可能由私人来供给。但是社区公共产品与传统的经典公共产品是不一样的。社区公共产品供给的逻辑和

---

① 本节核心内容已发表，参见刘建军、孙杨程：《使基层治理运转起来：联动网络与中国社区公共物品提供》，《江苏行政学院学报》，2017 年第 5 期。

渠道是什么呢？

在中国，可以说没有绝对的公共领域与私人领域的划分。例如，我们购买的商品房尽管有 70 年的私有产权期限，但是房子下面的土地却是国家的。很多老旧公房尽管已经私人化了，但它是单位制时代的遗产，与绝对的私有产权住房还是有区别的。任何治理方式都受制于土地制度、产权制度、规划制度的约束。与之相适应，中国城市基层社会治理方式不可能建立在私人–公共二元刚性区分的基础之上，同时，也不可能确立在政府无限责任的基础之上。这样，就迫使中国城市基层社会治理必然要走第三条道路，这就是良性互动和良性循环的模式。良性互动主要是针对政府与社会关系而言的。良性互动的实现取决于以下两条原则：一是要有多方的互动和协调，二是互动的过程应该是良性的、建设性的，互动机制和互动成果应具有累积性。所以我认为良性互动揭示了中国特色的治理原则。恶性对抗与良性切割都不适合中国的国情。凡是缺乏良性互动的基层社会治理，必然会产生如下两重结果：要么把政府拖入看不到尽头的公共产品的单向供给轨道之中，要么把社区推向持续衰败、自救能力日趋衰竭的漩涡之中。所谓良性循环就是指社区范围内的各要素组合在一起形成一个具有较强再生能力的生态系统和能量循环系统。

社区经济、社区商业、社区企业、股份社区、社区合伙人等重要角色就是支撑社区良性循环系统的重要力量。随着社区年龄的增长，社区建筑及设施不同程度的老化，一些曾经辉煌、拥有独立产权的小区依然不可避免地走向衰败，这其中一个重要原因就是这类社区无法通过有效的管理与运营为社区持续提供支持。因此，依靠社区内生价值的创造与转换，通过社区中社会组织和自组织的运转与运营不断为社区"造血"与"输血"，就显得尤为重要。依靠社区企业、社区基金、社区公益、社区监管等推动社区范围内的资源整合与资源再生，是构建循环社区的关键。

在这方面,成都为循环社区的构建提供了非常有益的探索。例如,成都天府新区安公社区的"开源节流模式"就是典型代表。一方面,运用"社区造血+社会众筹+商业运作"的"开源模式"筹集服务资金;另一方面,建立"财政少量补贴+组织有偿服务+市民互助服务"的"节流模式",孵化自生型社会组织、社区企业以及社会企业,通过有偿服务补给无偿服务,减少财政资金投入。循环社区的背后是社区经济维度的展现。依靠公益吸纳市场行为,依靠局部性、不完全的市场行为支撑社区公益,是循环社区的基本形态。天下没有免费的午餐,社区没有免费的公益。正是这一理念,催生了社区企业、股份社区、社区股东、社区内各组织之间公益性、互补性、互助性的资源交换等诸多新型社区现象。一种新型的社区公共产品的供给模式也随之诞生了。

由此可见,唯有依靠政府治理、居民自治、社会协同三者之间的良性互动与良性循环,中国基层社会的善治局面才能被开辟出来,基层社会秩序的生产与再生产机制才能被巩固下去,社区可持续发展的格局才能不断延续下去。

社区治理绩效的评价以社区公共物品提供为前提。从社区公共产品的角度看,治理景观的差异就是社区公共产品供给的差异。治理绩效较好的社区能够借助"社会劳动"和"社区经济"增加社区公共产品的供给,治理绩效较差的社区则仅仅能够获得城市的基础公共物品和自身购买的服务。为什么社区公共产品的供给会产生差异呢?由于处在同一个城市,经济发展水平相近,基层组织架构也相同,那到底是什么因素促使社区公共产品供给产生分化呢?

"关联物权"是"社区中国"的物质前提和空间基础。要寻找社区公共产品供给的差异,我们首先应了解社区同村庄和单位的区别。村庄和单位是生产相近、生活相连的统一体,社区是由商品房的购买者——业主所组成的。其组成的前提是对商品房的产权。居民之间彼此连接的直接纽带是相互关联的房屋产权,我们称之为"关联物权"。①随着生活的不断融入,居民之间相互熟识,一些居民为社区提供公共服务或产品。比如,一些阿婆给社区内的婴幼儿编织的鞋袜,这些劳动生产出来的产品或服务并不是商品,而是一种"互惠",因此被称作"社会劳动"。"社会劳动"是劳动生产过程的非商品化,"社区经济"则是将商品转化为社区公共产品。在北京、上海和成都,一些企业将自己的产品长期免费在社区推广,并提供其他服务。"社区银行"是目前相对比较成型的社区经济。社区义工通过志愿活动,可以换取"社区银行"里的物品。城市社区中,尽管不存在"亲缘网络","公民参与网络"也尚未成熟,却存在以"关联物权"为基础的"社会劳动"和"社区经济"。

(一)社会劳动:社区公共产品的社会化生产

社会劳动提升居民参与。在居民区中,有一部分居民自发组织起来,成立了"夕阳编织队""社区酵素坊""爱心工艺屋"。与商品化生产不同,这些居民生产的劳动产品并不是用于商品交换,它是一种"社区礼物"。礼物的流动,就是情感的流动,其背后是指向关系的恢复与情感资源的开发。一些社区老人为社区内外的儿童编织鞋帽,得到的是孩子们的微笑和赞许。以社会劳动为纽带,居民组成"草根组织",共同参与社区公共事务。上海市浦东新区潍坊街道潍坊新村,涌现出一批社会劳动参与者,他们形成不同的"微组织",在楼道内建立起"暖心角"。楼道内的每个人可以在"暖心角"歇息,更重要的是楼道内的每个家庭建立起一种互动,在居民区和家庭之间找到了一个中间参与平台。当然,很多城市也有这种以楼道为单位或者以兴趣为单位的社会劳动组织,它们在生产"社区礼物"的同时,也在自发地组成"草根组织",为居民自治搭建起桥梁。

---

① 参见刘建军:《居民自治指导手册》,格致出版社,2016年,第72~73页。

社会劳动提升社区治理。社会劳动的过程是居民需要相互结合的过程。"社区礼物"的接受者,对社区公共产品有需求;社会劳动的参与者,也就是"社区礼物"的生产者,有被他人认可和尊重的需求。这个过程中,生产者之间,生产者与接受者之间,都会形成温和的互动,形成"人际关系的再生产",为营造公共空间创造前提。

社会劳动产生"治理达人"。社会交往具有规模限制,人与人之间的互动并不是完全直接的,社区治理需要"治理达人"来协助完成。单靠社区党委书记或居委会主任两个"班长",无法真正实现社区治理。社会劳动越有规模,其组织者也就越有可能成为"治理达人",为社区治理创造中层传递。

(二)社区经济:商品转变为社区公共产品

社会劳动直接以"社区礼物"的形式形成社区公共产品,社区经济则要经过商品化生产的阶段。与社会劳动不同,社区经济提供公共产品的过程,需要先经过商品化生产,随后再以社区银行和社区商店的形式提供给居民。社区银行增加社区治理的现代元素。通过对欧美等发达国家的学习和借鉴,"食物银行""时间银行"等社区治理的现代元素不断融入到当代中国城市基层治理当中。北京、上海、成都的部分社区已经开始"食物银行"和"时间银行"的探索。商店内无法卖出又比较新鲜的食物,扔掉非常可惜,又找不到其他较好的渠道。社区购买食品储存设备,居民拿取食物则要用储存在"时间银行"内的"义工小时"来换取。社区商店则直接为居民提供公共产品。

(三)轨道多元:"合作轨道"与"公益轨道"的作用

供给差异是对治理景观差异的进一步解释,那么回到当初的两个问题,我们发现第一个问题还没有正式得到解答。在血缘网络淡化,公民参与网络尚未形成的中国城市,为什么居民能够获得社区公共产品呢?这可以从供给轨道中得到初步解释。前面已经从治理绩效、供给转变两个角度解释了治理景观差异的初步原因。供给轨道的普遍存在，使中国城市居民获得基本的社区公共物品。供给轨道的分化，造成供给差异，社会劳动和社区经济运转良好的城市基层，能够获得更多更好的社区公共产品，从而形成不同的治理绩效，最终表现为治理景观的差异。

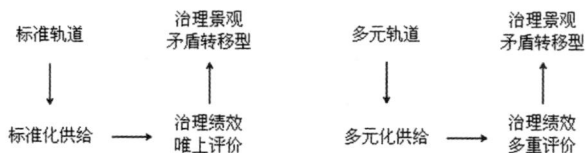

图3 治理景观差异机制

第一，政策轨道和市场轨道是社区公共产品提供的基础轨道。政策轨道为社区提供标准化的社区公共产品，从全国范围内来看，社区事务受理中心、城市网格化综合管理中心、社区党建中心是标准配置的社区公共产品的提供点。诸如，社区卫生服务中心、社区文化活动中心、社区综治中心、社区生活服务中心则由各街道或镇来自行设置，不同的街道侧重不同。从上海的实践来看，街道自行掌握和设置的四个中心，比较偏重文化活动中心和生活服务中心。这是因为在大都市，大部分社区都缺乏活动空间，必须要由街道出面修建或租用一定的场所，为居民提供公共活动空间。此外，人口老龄化和父母工作造成老年人生活不便和幼儿托管困难，社区生活服务中心多偏向老年人日间照料中心和幼儿托管中心。政策轨道是城市居民获得社区公共产品的标准轨道。中国农村存在着血缘亲属网络，传统的宗法关系依然发挥着功能，能够为村庄提供公共物品。欧美发达国家城市通过公民参与网络，迫使地方政府提供社区公共产品。城市社区则通过政策轨道，获得基本的公共物品。

第二，合作轨道和公益轨道拓宽了社区公共产品的供给轨道。政府购买公共服务是合作轨道常见的形式。由于政策轨道是标准化供给,难以适应社区的个性化需求,政府向专业社会组织购买公共服务则成为不错的选择。以上海市杨浦区延吉街道为例,街道出资建立起三个"睦邻中心",为居民提供活动空间和其他公共产品。由于缺乏专业的社会组织,延吉街道自身成立起两个枢纽型社会组织,一方面培育自身的社区组织,另一方面由它们负责联系专业的社会组织为居民提供公共产品和服务。通过社会组织,老人获得专业的照顾,居民根据自己的兴趣加入到"舞蹈班""书法班"等活动当中,居民参与感、幸福感提升。虹口区曲阳街道在成立社区生活服务中心的基础上,直接购买社会组织的服务,由社会组织为老人提供送餐和日间照料服务,同时成立儿童活动中心,负责儿童托管。不论是直接购买还是孵化培育自身社会组织,政府与社会组织的合作已经成为一种趋势。社区与社会组织之间的相互合作也正在蓬勃发展。上海知名的社会组织"绿主妇"被多个社区邀请,为居民传授环保知识和技巧。

公益轨道是社区公共产品供给的另一个重要轨道,目前主要有公益基金会、社区基金会、社区自治金等形式。公益基金会通过企业和社会捐赠筹集资金,然后以公益项目的形式为居民提供公共服务和产品。社区基金会则是在居民区成长起立的微型社会组织,它的资金来源于街道拨款、社会捐款、居民缴款以及社区的广告营收收入。长沙、西安等城市的一些社区基金会,启动"美丽阳台""温馨家园"等项目,用来美化社区环境。北京、上海等城市的一些社区基金会,举办"星之光社区报"、组建"老年乐队"等活动,提升社区人文气息。

(四)联动网络:社区公共物品的供给主体

政策轨道和市场轨道是解释中国城市社区居民获得公共产品的重要变量,多元轨道是解释中国城市社区治理绩效差异的重要变量。从社区公共产品的角度来看,社区治理的差异就是供给轨道的分化。为什么会产生供给轨道差异?帕特南的回答是"公民传统"。[①]在中国,显然并不是公民传统。社区内部,以关联物权为基础,居民不断熟悉,可以使社区成长为一个"生活共同体",邻里之间互相照看孩子,互相帮忙,形成"均衡互惠"。社区外部,借助同情心[②],居民可以从社会上获得其他资源,这些组织并不要求回报,形成"非均衡互惠"。"联动网络"是多元轨道的支撑。社区公共产品供给轨道多元的社区,其背后是"联动网络",主要有"党群联动""政社联动""三社联动"等形式。

(1)互惠规范:社区公共物品供给的情感载体

均衡互惠是社区公共物品供给的情感载体。城市社区以关联物权为基础,以相互交往为媒介,社区演变为生活相关的"地域共同体",具备"地缘网络"的特征,同样具有均衡互惠的功能。在成都市,一些社区开辟"社区菜园",设置"公益菜""爱心菜""暖心菜""联心菜"等关系媒介,主动增加居民之间的情感密度和交往密度。这是借助"蔬菜"这一关系媒介提升居民熟悉度的过程,从而使他们成为均衡互惠的社区成员。均衡互惠使社区在一定程度上成为"共享社区",社区公共物品大大增加。居民自发美化环境的行为,既减轻了政府的财政负担,又提升了社区的基础设施和人文环境;邻里之间互相照顾,使社区获得居民自行提供的公共服务,增加了居民的幸福感和获得感,社区治理已经运转起来。非均衡互惠是均衡互惠的扩展,是联动网络存在的情感依据。与均衡互惠相比,非均衡互惠超出了社区的范围,延伸到街道甚至是整个城市。

社区的改善和发展,本质上是社区公共物品的改善和发展。除了居民自治带来的公共物品的增加以外,社区外部的供给也异常重要。非均衡互惠为

---

① 参见[美]罗伯特·帕特南:《使民主运转起来:现代意大利的公民传统》,王列等译,中国人民大学出版社,2015年,第157~158页。

② 参见[英]亚当·斯密:《道德情操论》,蒋自强等译,商务印书馆,1997年,第6页。

社区和社会提供连接渠道。这里的社会,指的是社会上的个人与其他组织。出于对社区发展的关注和关怀,社会上的个人、学校、企业会为社区提供不同形式的公共产品和服务。这些产品和服务不会直接反馈给提供者任何回报,这种互惠是不均衡的,不是有来有往,其提供的前提大多是基于情感纽带和沟通技巧。

(2)联动网络:社区公共物品供给的组织载体

联动网络是社区治理差异的根源。社区治理差异,最直观的表现是治理景观的不同,其次是社区公共产品供给方式的不同,接下来是供给轨道的不同,在更深层次的挖掘后,我们发现社区治理差异的根源是联动网络。与欧美国家不同,他们存在着比较发达的公民组织,诸如各种协会、俱乐部等。在中国,由于革命的需要,有过一段"全能主义"时期,国家借助政党网络深入到社会的各个角落。市场化进程改革以后,"单位中国"的调控链条已经不断变化,个人的自由度大大增强,但是单位制下的基层政党组织和政府管理下的居民自治组织并未完全消解,中国城市基层治理的社会主义制度底色依然存在。

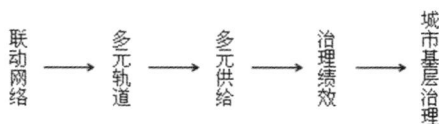

联动网络 → 多元轨道 → 多元供给 → 治理绩效 → 城市基层治理

图4　城市基层治理机制

社区党组织和居民委员会是城市社区的基础网络,这是社区居民都能获得公共产品的组织保证。在全国各个城市,都能找到党的基层组织和居民自治组织。除了市场轨道,社区公共产品最基本的供给轨道就是政策轨道,它借助基层党组织和居民自治组织完成。联动网络是社区治理差异的根源。基础网络的存在,保证了社区公共产品能够从政策渠道获得。限于政府财政资源的有限性,政策轨道供给也非常有限甚至无力顾及。治理绩效

社区中国

较好的社区，除基础网络之外，还存在联动网络，"党群联动""政社联动"
"三社联动"是其主要形式。借助联动网络，社区内部能够实现居民自治，增
加社区公共产品的自我供给；同时，能够借助党组织、政府、企业、社会组织
获得公共产品。

20. "社区安全阀"与底线政治

在我撰写此书的时候,中国正处于抗击新冠肺炎疫情的关键时期。新冠肺炎疫情注定要成为中国历史上一个挥之不去的痛点。家庭失去亲人的痛苦与打击,疫情扩散、蔓延带来的焦虑与恐慌,抗击疫情中的艰难与危险、疫情期间经济和社会运行停摆所带来的损失、疫情之后的恢复与治理,所有这些都是每个普通人和治理者所要面对的痛点。更为重要的是,这是对我国国家治理体系和治理能力的一次"大考"。围绕这次疫情,注定会有太多太多的反思。理性的、建设性的反思应该体现为:只有我们把这个"痛点"转化为"拐点",才能真正走出历史的漩涡。

实事求是地说,新冠肺炎疫情的暴发暴露了我国国家治理体系和治理能力的一些短板。甚至可以说透过这次疫情,我国一些地方政府的治理能力和基层治理能力并没有我们原来想象得那么高,功能性、专业化的治理体系也没有我们想象得那么健全,治理体系与治理能力的失衡状态依然存在。2020年2月3日召开的中共中央政治局常委会会议,在治理方面透露出了这样一些判断:这次疫情是对我国国家治理体系和治理能力的一次大考。我们一定要总结经验、吸取教训。要针对这次疫情应对中暴露出来的短板和不足,健全国家应急管理体系,提高处理急难险重任务能力。要针对公共卫生环境彻底排查整治,补齐公共卫生短板。要加强市场监管,坚决取缔和严厉打击非法野生动物市场和贸易。要加强法治建设,强化公共卫生法治保障。要系统梳理国家储备体系短板,提升储备效能,优化关键物资生产能力布局。这样的判断可谓刻骨铭心、振聋发聩。

体系缺陷和能力短板是关键词。客观而论,尽管我们的制度优势可以保证动员一切资源战胜重大灾害和疫情,但常规性的治理体系和治理能力存在的不足与短板会让国家现代化建设和人民的生活甚至生命蒙受不可挽回的损失,进而动摇国家治理现代化和民族复兴的根基。我们希望,新冠肺炎疫情能够成为中国城市治理的一个拐点。从基层社会治理的角度来看,这个拐点带给我们的思考有两个:

一是社区如何成为国家、社会乃至个人安全的第一道防线,成为捍卫公共安全的"阀门",毕竟公共安全是古今中外所有共同体建设的第一原则和第一要求。"社区安全阀"是面对公共危机的第一道防线。二是我们如何达成对"底线政治"的理解。任何国家都有其支撑整个国家治理体系的底线政治。例如,任何国家都有针对特殊群体的社会救助制度,这就是典型的底线政治。我们以前理解的底线政治都是指向政治安全、国家安全和政权安全的。新冠肺炎疫情带给我们的思考是,底线政治不仅指向政治安全,也指向所有人的生命安全。重大疫情防范和公共卫生应急管理所包含的所有议题,就是指向政治安全和个体安全的底线政治。通过新型的底线政治观缔造普惠性的"社区安全阀",是摆在中国所有城市面前的一项紧迫任务。

(一)公共危机面前人人"平等"

中国改革开放四十多年的最大成果之一就是社会的成长和变动。一方面,社会作为一种积极的力量介入到了基层治理和生活政治场景的重新塑造之中。另一方面,社会的剧烈变动使中国的国家治理承受了前所未有的压力和挑战。复杂社会、房权社会、风险社会、网络社会、流动社会乃至与全球社会重叠的社会空间(即中国社会已经内嵌于全球社会之中,成为全球社会的重要组成部分)的出现,是中国历史上从未出现的巨大变局。其中,风险社会、网络社会、流动社会乃至与全球社会重叠部分的出现,对于我们理解作为"通货"的公共危机尤为重要。

在风险社会中,公共危机面前人人"平等"。这是我们理解当今社会公共危机的第一原理。在人类社会的发展历程中,任何时候都会存在着风险。但是如果那时的风险没有突破空间的边界并对所有人的生存生活乃至生命构成威胁,那我们就不能将其称之为"公共危机"。14世纪席卷整个欧洲的"黑死病",17世纪在英国肆虐的鼠疫,就是典型的公共危机。因为在这样的危机面前,所有人都难逃厄运。但是真正的风险社会的降临,不是针对这些间歇性的重大灾害而言的,而是从古典的工业社会的轮廓中脱颖而出,正在形成一种崭新的形式——工业的"风险社会"。风险社会是我们理解当今所有公共危机的理论原点。

对风险社会作出开创性研究的是德国学者乌尔里希·贝克(Ulrich Beck)。贝克深刻地指出,风险社会是指这样一个时代,即社会进步的阴暗面越来越支配社会和政治,人类面临着威胁其生存的由社会所制造的风险,如工业的自我危害及工业对自然的毁灭性破坏。所谓风险社会是指由于某些局部或是突发事件可能导致或引发的社会灾难。现代社会就是日益复杂化的"风险社会"。

贝克提出的生态主义视角下的风险社会观,对我们理解这次新冠肺炎疫情特别重要。他提出:①风险造成的灾难不再局限在发生地,而是将产生无法弥补的全球性破坏,因此风险计算中的经济赔偿无法实现;②风险的严重程度超出了预警监测和事后处理的能力;③由于风险发生的时空界限发生了变化,甚至无法确定,所以风险计算无法操作;④灾难性事件产生的结果多样,使得风险计算使用的计算程序、常规标准等无法把握。尽管他对风险本身的分析释放出一种苍凉的气息,但他对于风险社会的出现并不悲观,而是认为这些新的风险具有政治反思性,能对制度变革产生推动。

显而易见,在风险社会面前,依靠封闭的治理单元去划定疆界和分割空间的时代已经结束了。当我们面对可能波及每一个人的公共安全议题、公共卫生议题、生态文明议题的时候,依靠地域分割、阶层和族群分割、居住空间分割的"保护性"治理,已经无法应对。很多公共议题具有了超地域、超阶层、超族群的特征,它与每个人的生活休戚相关。也就是说,很多公共议题已经成为穿透制度壁垒、财富壁垒、族群壁垒、地域壁垒和国家壁垒的"通货"。就像贝克在《风险社会》一书中所说的,在古典工业社会中,财富生产的"逻辑"统治着风险生产的"逻辑",而在风险社会中,这种关系就颠倒了过来。在对现代化进程的反思之中,生产力丧失了其清白无辜。从技术-经济"进步"的力量汇总增加的财富,日益为风险生产的阴影所笼罩。在早期阶段,这些还能被合法化为"潜在的副作用"。但当它们日益全球化,并成为公众批判和科学审查的主题时,它们就从默默无闻的小角落中走了出来,在社会和政治辩论中获得了核心的重要性。

风险生产和分配的"逻辑"比照着财富分配的"逻辑"(它至今决定着社会-理论的思考)而发展起来。占据中心舞台的是现代化的风险和后果,它们表现为对于植物、动物和人类生命的不可抗拒的威胁。不像19世纪和20世纪上半期与工厂相联系的或职业性的危险,它们不再局限于特定的区域或团体,而是呈现出一种全球化的趋势,这种全球化跨越了生产与再生产,跨越了国家界线。在这种意义上,危险成为超国界的存在,成为带有一种新型的社会和政治动力的非阶级化的全球性危险。①

在网络社会中，公共危机无藏身之地。伴随着风险社会降临的同时，依靠互联网支撑起来的网络社会也开始出现了。网络社会所具有的透明性、交互性决定了任何一种公共危机，是注定要成为一种公共事件的。每一个人在网络社会中拥有随心所欲甚至是无政府状态的评判权是我们必须要面对的一个客观事实。各种各样的信息甚至是虚假的信息充斥其中，也是我们不得不面对的一种冷酷情境。所以网络社会就对公共危机的信息发布机制提出了史无前例的挑战。没有权威、可信的信息发布机制，因公共危机而滋生的恐慌、不满与愤懑就会借助具有无限扩展性的网络空间恣意传播。与此同时，国家与政府借助网络空间迅速收集各种信息，为公民参与提供便捷甚至是"直通车"式的渠道，就显得极为重要。因为只有依靠网络空间，才能使公众参与穿透科层壁垒，在最高决策层和普通民众之间架起一座畅通无阻的桥梁。

在流动社会中，公共危机是一种毁灭性的扩散力量。我们现在面对的是一个高度流动的社会。这里的流动社会指的不是信息的流动和物品的流动，而是身体的流动。便捷的交通为人的流动提供了前所未有的便利。费孝通先生在《乡土中国》一书中所描述的封闭、静止，依靠习惯来主宰的乡土社会在中国已经消失了。在流动社会中，任何一个携带病毒的个体都是危机扩散的原体。所以这就为克服公共危机带来了史无前例的困难。

人们常说，人生而平等。其实，从终极意义上来说，则是死亡面前人人平等，衰老面前人人平等，"普害性"公共危机面前人人平等。人人死而平等（尽管死亡对每个人的威胁程度不同），人人老而平等（尽管衰老的速度不同）。风险社会缔造的"普害性"公共危机创造了一个残酷的平等起点，每一个人

---

① 参见［德］乌尔里希·贝克：《风险社会》，何博闻译，译林出版社，2004年，第6~7页。

都无法逃脱超阶级的普害性危机的威胁。"普害性"与"普惠性"正好是对立的两极。在"普害性"的风险和危机面前,文明社会所缔造的各种边界都有可能被摧毁,剩下的就是所有人对求生的渴望。

网络社会塑造了一个超越隐私、超越垄断的信息空间,一种近乎完全透明的社会随之出现。网络社会在一定程度上也就是透明社会。在这个透明社会中,隐私权似乎已经成为彻底过时的观念。而流动社会的存在又使任何一种公共危机可以在物理空间中拥有无限扩散的不确定性。潜藏着"普害性"公共危机的风险社会、近乎透明的网络社会,以及危机与原体无限扩散的流动社会三者相互交织在一起,成为当今中国国家治理所面对的特殊的情境特征。集风险性与流动性于一身的后工业社会,在为国家治理提供先进智能技术的同时,也为国家治理现代化提出了致命的挑战,注入了崭新的责任与使命。

(二)"小政治"向"大政治"的恶性转化

我们已经说过,基层领域尤其是社区领域就是体现小政治、弱政治、低政治的场域。在基层社会治理与社区治理过程中,我们发现了一种特殊的生活政治学。生活政治学是一门关注生活场域中公共产品配置逻辑和机制的学问。生活政治议题与每一个人的生活安全和生活健康是息息相关的。但是我们也不能忘记,一旦生活政治议题突破了生活场景的空间边界,也就是说小政治转换成了大政治,弱政治转化成了强政治,低政治转化成了高政治,那么很有可能出现一根稻草压垮一头骆驼、一只蚂蚁压垮一头大象的意外后果。

切断小政治议题转化为大政治议题恶性转化的通道、切断小风险转化为大风暴的通道是古今中外所有公共治理的通则。这既是习近平所说的"避免小病酿成大疫",也是他所说的"源头治理"。唯有如此才能形成将社会风险和政治风险降低到最低限度的前提。这次新冠肺炎疫情之所以会成为我们一个挥之不去的痛,就在于它使发生在特定区域、特定人群的医学问题、生命健康问题演化为一场波及全国乃至全球的公共卫生突发事件,演化成了打乱所有人生活节奏、经济发展节奏和国家治理节奏的特大公共事件。也就是说,小政治一旦演化成大政治,生活政治也就被国家政治、全球政治所替代了。

(三)治理能力的纵向设定

众所周知,中国不仅是一个大国,更是一个超大型国家。从世界范围内来看,尽管俄罗斯与美国地域广阔,但从人口来看,不能说是大国。世界范围内真正的超大型国家可能只有两个,一个是中国,另一个是印度(尽管印度国土面积只有中国的三分之一)。地域标准和人口标准是我们判断一个国家是不是超大型国家的冷酷变量和客观变量。人口规模影响着国情的形成和演化,进而影响到国家治理模式的选择。基于人口规模形成的国情去理解各国对其治理模式的选择,就可以发现超越价值判断和规范判断的理性进路。例如,美国现有 3.2 亿人口,如果前面加一个 1,就变成 13.2 亿人口,那么它的自由持枪制度可否持续? 它所标榜的小政府大社会能否维持? 它所捍卫的第一原则或首位原则,即自由原则还有这么大的声势吗? 中国有14 亿人口,更为重要的是,中国 40%的国土居住着近 94%的人口,这就是著名的黑河到腾冲的"胡焕庸线"。我们可以想象,如果中国有一半人口,从胡焕庸线以东移动到胡焕庸线以西,中国的国家治理模式是否发生改变?

拿城市来说,上海现有将近 3000 万人口,绝大部分集中居住在市区。巴黎市区不过 200 万人口,巴黎地区不过 1200 万人口;纽约市区人口不过 800万人口,包括郊区在内的大纽约市人口也不过 1800 万人。再如,最能与上海、北京有比较价值的东京,其市区人口也不过 1385.8725 万人(截至 2019

年2月1日）。简言之，将人口视为影响政治社会的主要因素——将它看作引起政治变化与社会现象的主要议题，这就是传统政治学一向忽视的分支学科——人口政治学。

除了福柯所说的人口治理之外，人口政治学的内容还包括对人口与粮食、居住、生态、环保、安全等议题的学问。特别是人口的生老病死，人口的社会保障，人口与土地的关系，人口规模与治理成本的关系，都是人口政治学应关注的核心问题。从人口政治学的角度来讲，世界上唯一一个与中国有比较价值的国家就是印度。印度依靠宗教制度、种姓制度、族群制度把13亿人锁定在一个相互隔绝的刚性结构之中。所以印度带给世界的印象就是"无管理的公共秩序"（public order without management）、历史上此起彼伏的"语言替代"（replacement of language），以及残酷的肤色分层、种姓分层等。跨族群、跨地域交往的通用语言都难以建立起来。中国在高度流动的社会中保持一种秩序，印度是在相对静止的社会中保持一种秩序。孰难孰易，一目了然。

正是因为地域规模和人口规模这双重变量，中国这一超大型国家的治理不仅要关注中央政府的治理能力，更应该关注地方、基层和城市的治理能力。在中国，一个省甚至一个地级市，在人口与地域方面都与欧洲和非洲的很多国家相当，更不用说人口超过千万以上的特大型城市了。这就对地方、城市和基层治理能力提出较严峻的要求。尤其是作为一个治理单位的城市，在面对庞大的人口规模、创历史新高的人口密度，是否具有高超的治理能力，决定着新时代国家治理的成败。由此可见，新时代从中央到地方的纵向能力设定极为关键。按照上海交通大学谢岳教授的看法，在一个庞大的国家单位里，政治的复杂性仅仅通过观察全国性的、正式的结构，是无法得到很好的理解的，许多政治谜团恰恰只有从中观甚至微观单位去观察，才能得到合理解释。

学术界对于国家能力的研究存在两个倾向，一是将国家仅仅理解为中央政府，二是对国家能力定义过于宽泛，很多现象都被遗漏了。换言之，国家能力强，就意味着中央政府能力强，反之亦然。但是在 2020 年新冠肺炎疫情这一公共卫生危机当中，我们发现了一种例外情况，国家能力强大（即中央政府强大）而地方政府能力弱小。过去有人将这种中央强-地方弱的关系局限在政府之间的财政关系上，但是这种关系状态和治理能力不仅仅表现在财权上，在人事任命权与公共事务管理权方面也是如此。我们又发现，当疫情扩散、中央政府接手处理危机事件的时候，中央政府表现出异乎寻常的动员能力。这种不均衡的治理能力在公共危机事件面前未必是一种好事，因为它至少会延误时机。由新冠肺炎疫情而展示出来的"头重脚轻"的国家治理结构与差异化的治理能力，为城市政治的研究提出了许多新鲜命题。例如，应对公共危机的能力是否应当包含在国家能力的范围内？地方政府的自主权如何削弱了作为整体的国家能力？地方城市应当依靠科层制政府还是政治力量来应对日常的社会危机？采取政治动员的方式应对公共危机事件会对政府的纵向集权产生什么样的影响？会对社会成长产生什么样的影响？[①]诸如此类的问题还有很多。这些问题都是值得我们去反思并要迫切解决的。

因此，治理能力现代化不仅体现在中央政府的能力设定中，也体现在地方和基层治理能力的设定中。这是战胜新冠肺炎疫情之后中国必须要解决的大问题。尤其是城市治理，在中国全面步入城市化时代这一背景下，城市治理是决定新时代国家治理现代化成败的重要变量。城市是连接宏观和微观的一个中观体系，是建设国家能力与改善社会治理的理想的试验场。城市的胜利就是国家的胜利，城市的命运就是国家的命运。这是新时代国家治理的重要特征，也是所有现代国家的一般经验。在中国城市化水平达到历史新高、城市人口比例超过农村人口比例的情境下，城市命运与国家命运的关联

---

① 参见《城市、国家与集体行动——对话上海交通大学谢岳教授》，政治学人公众号，2020 年 2 月 4 日。

度就更高。新冠肺炎疫情的暴发,说明一个城市的公共事件在一个高速流动的社会中,在日益紧密的全球化格局之中,都有可能迅速转化为一个国家事件、一个全球事件。这就引出了中国这个超大型国家治理面临的一个极为紧迫的课题:如何实现治理能力在纵向上的科学设定,尤其是如何实现城市治理能力的科学设定和有效开发。这是新时代中国国家治理要解决的一个重大问题。

(四)"专业化治理"与公共危机的预防

在当今时代,无论是在现实生活,还是在网络化生存状态中,人与人的交互程度已经超过历史上任何一个时期。我们面对的社区已经远远不是美国学者威廉·富特·怀特在《街角社会》一书中所描述的街角社区了。我们生活的社区已经显示出前所未有的开放性以及与整个城市、整个国家甚至全球社会的交互性。与此同时,随着人类社会改造自然力度的提高,一个更为致命的反作用力也随之而来,那就是在改造自然过程中所产生的各种风险,笼罩着整个人类社会。大自然的报复,会让每一个人防不胜防。大自然的反作用力,是我们审视风险的重要源头之一。生活系统的开放性与风险社会的弥散性交织在一起,为我们在社区层次上防范公共危机提出了严峻挑战。

在抗击新冠肺炎疫情的过程中,我想每一个人都真切感受到了社区在危机管理和应急管理中的重要性。社区不仅是捍卫社会公共安全的第一道屏障,更是捍卫个体安全的第一道屏障。社区的"屏障功能"与"底线功能"在抗击新冠肺炎疫情的过程中显现得淋漓尽致。一个人在单位工作、在社区居住已经成为一个人的双重生活面向。住在家中与住在社区中,是有等价内涵的。在一个流动的社会中,如果要实现对每一个人的"锁定",实现对每一个人的零距离对接与零距离服务,唯一可以依托的空间就是社区。所有的社会治理和基层治理都是围绕社区展开的,社区是国家最为重要的治理细胞。社会治理、基层治理和社区治理也就成为国家治理的重要组成部分。新时代创新社会治理也就是巩固国家治理基石的"细胞工程"。

一般认为，基层社会治理对协商治理有着天然的亲和性。这是由基层社会治理的一般规律决定的。基层社会治理的一般规律是：与个人利益关联度越高的议题，对公开、透明、民主、参与的要求就越高。这与民主理论的经典命题是相互暗合的，即把人民力所能及的事情交给人民自己，把人民力所不及的事情交给人民的代表。其中，包含着民主的两种基本形态：一是直接民主制，二是代议民主制。在社会公共事务中，有的议题因为与个人相关的链条过长，显示出与居民生活关联度低的特点；但社区中的几乎所有议题都与居民生活关联度非常高，如物业费的管理、生活空间的营造、楼道这一相邻空间的维护、电梯的维护、水箱的清洗、公共水管的更换、院落垃圾的处理、院落宠物的管理等。以上这些议题的动议、处理对公开、透明、民主、参与的要求是非常高的。这就是社区治理为什么要采取民主协商的根源所在。

随着包含着复杂要素的社区的出现，涌现出了带有更多专业化、技术化、艺术化的议题。这些议题如果采用单一的民主协商的方法，并不能从根本上得以化解。这就直接孕育出了基层社会中的专业化治理这一范式。如果说与居民生活关联度高的一般性议题对民主协商有着天然的需要和最大限度的参与需求的话，那么专业治理则更是需要知识、技术、方法的支撑。更为重要的是，如果社区治理能够把一般性议题转化为专业化议题，达成共识的概率也会随之提高。尤其是如果我们把协商治理与专业治理能够完美嫁接在一起的话，可能会缔造出更加稳固的公共秩序。例如，社区中的房权治理和物业管理的优化这一问题，既是一个对民主协商有天然需求的议题，又是对专业知识要求甚高的议题。

党的十九大报告指出，中国特色社会主义进入新时代，我国社会的主要矛盾已经转化为人民日益增长的美好生活需要和不平衡不充分的发展之间的矛盾。正如前文所言,在社区层面,新时代基层社会治理的主要矛盾体现为人民日益增长的美好生活需要和基层治理水平不足、发展潜力弱化之间的矛盾。具体表现为三个方面:一是业委会的规范化程度低,二是物业服务能力偏弱,三是专业化服务与治理水平不足。尤其是人民日益增长的美好生活需要与物业服务短缺和低弱之间的矛盾已经成为焦点问题。这一问题的解决,显然仅仅依靠民主协商是无法解决的。依靠信托制、酬金制、第三方记账制度、智能化支撑的居民直接监督制度等建立起来的物权治理体系和物业管理体系,包含着将一般公共议题向专业化议题转化的痕迹。所以我们发现在卫生安全、食品安全、交通安全、生态安全、水资源安全、消防安全等特定的专业化领域,要为专业化治理留出足够的空间,而不是将之放逐到原始的、毫无节制的"争吵"状态之中。

党的十九大报告提出,要推进社会治理的法治化、专业化、社会化和智能化。这"四化"是融为一体的。尤其是在诸多专业领域,对以上"四化"融合的要求就更高。从这个角度来说,基层社会治理共同体,首先是以专业化治理为基础的社会安全共同体。这次新冠肺炎疫情一定会成为城市基层公共安全治理的一个拐点。它会在整体上改变地方政府、基层政府、公民、专业化组织、专业化精英人士等多种主体的观念与行为。其中,实现公共管理与专业化治理的无缝对接,实现习近平所说的"源头治理",保持对公共安全危机百分之百的敏感与预防,将成为疫情之后中国城市治理的第一原则。

(五)宏观、中观和微观三层次治理优势的发挥

党的十九届四中全会通过的《中共中央关于坚持和完善中国特色社会主义制度　推进国家治理体系和治理能力现代化若干重大问题的决定》提炼了我国国家制度和国家治理体系所具有的 13 个方面的优势。实事求是地说,我国宏观层面的制度优势是强大的,也是微小国家和被私有制锁定的国

家所不具备的。在未来推进国家治理体系现代化的进程中，我们还要面临更为艰巨的任务，例如，如何在巩固既定优势的基础上，将宏观优势和中观优势、微观优势结合起来，将国家优势和地方优势、基层优势结合起来，将集中力量办大事的优势和认认真真办小事的优势结合起来，将决定着中国制度模式整体性的生命力。这就取决于科学的、理性的、有效的、可持续性的，以及将内生动力和外生动力融为一体的体系设计和能力配置。

我们在研究基层社会治理的时候，会遇到一些令人费解的问题。这些问题都是难以破解的困惑与迷思。例如，"为什么一个市长在任时能管好一个城市，退休后担任业委会主任却不能管好一个小区？""为什么'八项规定'能约束一个九千万的大党，但八十项规定也制约不了一个小区？""为什么我们制度的优越性能够体现为集中力量办大事，但对社区中的一些小事显得力不从心？"理想的治理体系和治理能力应该是既能集中力量办大事，又能认认真真办小事。但是我们发现，在社区中，一个人不交物业管理费我们没有办法，一个人把自己的车堵在小区门口我们没有办法，一个人乱倒垃圾我们没有办法，一个人违章搭建我们没有办法。西方一些国家恰好与我们相反，他们能集中力量办小事，但是不能办大事。例如，在英国伦敦，老房子很多，100多年的房子算是"年轻"的，如果有人发现你装修的房子用的不是老的砖头，那么监管部门和警察马上就会介入。在新加坡，花盆不能倒扣，因为多雨，容易生蚊子，进而会引发传染病。在中国，现在很多城市的社区基本上都沉淀下来了。沉淀下来的社区，如果没有好的治理，衰败的速度是10到15年，搞经济学的人告诉我们有钱人大都是10年换一套房子。这些困惑和迷思一直缠绕在我们心头。我们研究基层社会治理，就是要力求找到破解这些困惑和迷思的路径与方法。

上述问题之所以会让人百思不得其解，一个重要原因就是中国国家治理中宏观优势、中观优势与微观优势的失衡。雄厚的宏观优势并不必然导致充沛的中观优势和得力的微观优势。微观治理和基层治理的疲软，并不都是由基层政府的失当导致的，相反，诸多公民行为的消极性、被动性、破坏性，也是基层社会治理共同体成长的障碍。所以我们有一个基本的判断，那就是这次新冠肺炎疫情不仅仅是对治理体系和治理能力的检验，更是对公民公共人格的检验。

追求体系与能力的相互统一、相互促进与相互强化，是新时代推进国家治理现代化的重要特征。综观当今世界，很多国家治理体系与治理能力的失衡甚至脱节严重制约该国的经济发展和社会安定。尤其是那些片面追求体系现代化的发展中国家，因为治理能力的低弱，在面对很多的社会经济问题时一筹莫展。中国共产党把体系与能力理解为国家治理的一体两面。从目前来看，中国国家治理体系的改进空间、治理能力的提升空间依然存在。特别是在新冠肺炎疫情暴发时期，体系完善与能力强化的要求还是非常迫切的。在对新冠肺炎疫情的防范过程、预警过程、抗击过程中，有很多问题值得反思。抗击新冠肺炎疫情这一非常规时期的治理，是对平时常规治理体系和治理能力的全面检验。尽管中国独特的制度优势和超强的动员能力为战胜疫情奠定了坚实的基础，但这不能成为我们忽视体系的某些缺陷，以及地方、基层治理能力的某些短板的借口。从长远来看，治理体系的完善依然任重而道远。治理能力在纵向上的科学配置，特别是地方和基层治理能力的提升依然是当务之急。所以我们有一个基本判断：发挥宏观、中观和微观三个层次的优势是疫情之后国家治理现代化的关键。

更为重要的是，新冠肺炎疫情不仅是对中国国家治理的一次大考，是对治理体系科学性和治理能力有效性的一次考验，它更是对国民素质和社会公共素养的全面检验。任何国家治理都不是专注于政权本身的，健康有效的国家治理都是确立在健康的人格之上的，是以健康的社会和每一个人的积极行动作为基石的。正是从这个意义上来说，有效的国家治理是与人文社会的构建紧密联系在一起的。黑格尔说,人最伟大的事情就是成为人格。诚实笃信的健康人格,以爱为基础的利他人格,富有同情心的公益人格,遵纪守法的理性人格等,都是国家治理赖以立足的深层次的东西。从这个角度来说,国家要想最大限度地降低治理成本,其前提就是人人都成为积极的行动者。人人成为积极的行动者恰恰是要通过人文治理和人文教育才能塑造出来。所以如何处理政治教育和人文教育的关系,如何将国家治理大厦建造在人文治理的基石之上,对于未来中国至关重要。

第三部分

社区治理形态

21. 反经济学逻辑的社区治理原理

　　过度自信的经济学孕育出了经济学"帝国主义"。逻辑的清晰和计算的精确是经济学最傲慢的资本。但是社区治理恰恰是反经济学的。社区治理的所有原理都是与经济学定律背道而驰的。换言之,经济学推崇的所有定理在社区治理领域几乎都是不适用的。如果我们把亚当·斯密宣称的"理性人"假设运用到社区之中,那么会把社区治理推向万劫不复的境地。亚当·斯密把追求私利视为实现社会公益的理性源头。但是在社区中,我们发现,恰好相反,人们是在展现公益人、社群人的过程中,达到身心愉悦的目的。如果说亚当·斯密的理论展现了"从私到公"的过程,那么社区治理恰好是"从公到私"的过程。只不过亚当·斯密所说的私是真正的"私",公益人、社群人实现的"私"是利他之私、善意之私,是"私益"而不是"私利"。

　　这就是我们上文所说的"斯密人格"和"孔子人格"在运行机制和实现目标上的差异。我们借用这两位伟大思想家的姓名来展示支撑社会运行和社区治理的人格分野和气质差异。正是基于对这一人格分野和气质差异的把握,我提出了社区治理的六大原理。这六大原理的共有特征就是"反经济学逻辑"。它对效率的厌恶、对结果至上论的反叛、对简单化的超越等,均证明了社区治理与高政治运作原理、企业治理原理以及专业化、功能化组织治理原理等，都是有着天壤之别的。凡是忽视以下六大原理的治理行动，注定都将以失败而告终。

第一，关系构建原理。这是社区治理的第一原理，是从人的社群性延展出来的。社区是恢复人之社会关系的原始场所。我们走进社区的时候，为什么针对孩子、老人和居家太太的治理项目能够激发出更大的参与景观？一个重要原因就是这三个群体的社会关系资源是处于贫困状态之中的，他们渴望与他人的交流。任何人都难以逃脱如下定律：年龄越大，社会关系日趋稀薄；社会地位越低，社会关系资源就越贫困。这是任何人都难以超越的生活定律。但是如果让这样冷酷无情的定律支配社会，我们的社会就无法释放出温暖的气息。我们必须依靠社区打破这样的定律，或者说依靠社区最大限度地降低这一定律对社会的分割和侵蚀。唯有如此，才能将人之心灵安放在温暖的港湾之中。

要想破除这样的魔咒，我们必须把关系构建原理作为社区治理的第一原理。所谓关系构建原理就是指社区中的任何一个部件、任何一个项目都必须作为社会关系的媒介。如果是单一性的资源投入、单一性的项目实施，而不能转化为关系构建的媒介，那么社区治理的魅力就丧失殆尽了。如果社区中的很多自然事物、自然景观以及人为的项目和物品，能够超越它自身所拥有的功能限度，借助关系增量的开发与叠加，成为联结你我他的媒介，成为联结不同身份、不同年龄、不同群体的关系媒介，社区也就从机械相加的人群集合变成了相互关联的社群。如果我们把社区中的所有物件都锁定在它原始的功能之中，就难以把人们随着年龄增长而丢失的社会关系恢复起来，也就难以把老死不相往来的社区居民聚合在一起。没有了关系资源，社区的生命力也就枯竭了。关系构建原理的神奇魅力就在于它可以把人的社群性不断延续和巩固下去。这一原理是我们推动社区善治的原始起点。社区的任何部件、社区中的任何项目，只有转化为恢复社会关系的媒介，转化为重建社会关系的链条，社区治理才能真正拥有良性的起点。

第二，简单事项复杂化原理。社区治理是有特殊的原理的。我们所说的特殊就是指社区治理和居民自治的原理不同于企业治理的原理、专业化组织治理的原理。我们甚至说，经济学上讲的所有原理在社区中都是不适用的。例如，经济学上讲的绝对的私有物权原理，就难以转化为社区治理的积极能量。试问，楼道是绝对的私有物权空间吗？社区花园又是归谁所有呢？这显然不是用简单的私有物权与公共物权的二元区分就能解释清楚的。企业治理追求目标导向、效率导向，追求复杂事项简单化。但是社区治理和居民自治却是相反的，它恰恰奉行简单事项复杂化原理。简单事项复杂化实际上就是将社区治理和居民自治充分展开的一个过程。这与后面的过程优先原理是一脉相承的。只有对简单事项进行复杂化的处理，才能真正实现过程优先。一般来说，简单事项复杂化程度越高，社会资本积累的就越厚实。简单事项复杂化程度越高，关系资源就越丰富。恰恰是社会资本的积累和关系资源的日渐丰富，为社区迈向善治奠定了坚实的基础。

第三，过程优先原理。在社区治理和居民自治中，过程比结果更重要。过程取向优先，效率取向次之。这是社区治理和居民自治区别于其他组织治理的重要标志。过程优先原理是社区治理的重要运行原理，这是社区治理区别于企业治理和专业化组织治理的重要标志。社区治理过程不仅仅是取得共识的过程，也是培育自治资本的过程，更是提升居民社区认同的过程，有了这一过程，居民自治也就拥有了丰富的内涵。

第四，多元协同原理。在后"单位制"时代，中国城市基层治理主体经历了一个逐步扩展的过程。从总体上来说，主要经历了从政府一元主导到政府与居民二元互动再到多元协同三个发展阶段。

在政府一元主导形态中，主要侧重于控制体系的建立，社区尽管在法律意义上是基层治理单元，但事实上乃是作为上级政府的下级部门和政府在社区中的"一只脚"而存在的。如果落实到社区这一层级，我们就会发现，一元主导形态往往是与控制联系在一起的。在这一控制格局中，社区作为上级政府在基层社会的代表，是以完成上级政府分配的任务作为目的的。社区管理员往往是承担着无数职能的劳动者和代理者。俗话说，"上面千条线，下面一根针"，说的就是这个道理。社区就是整个城市治理结构中的一个漏斗，所有问题都要通过这个漏斗沉淀到社区之中，这就是社区所具有的漏斗效应（funneling effect）。条条体制几乎把所有事情都下沉到居委会，社区成为正式管理体制最底层的唯一支点。例如，红十字会的捐款都会摊派到居委会，再如侨情调查线路如下：中国侨办→省（市）侨办→区侨办→街道侨联→社区（居委会）。在政府与居民的二元互动形态中，社区居民参与社区治理的积极性不断提高，居民通过建言献策、投诉监督、参与选举、自主活动、自我管理等形式参与社区治理，社区和居委会则主要扮演信息中转站、政策解释者、活动策划者、平台搭建者、任务转化者等角色。

在当前的城市基层治理中，尽管政府依然发挥主导性作用，但社区治理的主体不再仅仅有政府、社区党组织、居委会等组织，还有其他治理主体，例如企业、非政府组织、私人机构等，它们通过相互的协商与合作，依靠人民内心的接纳和认同联合起来，采取共同行动，实现对社区的良好治理。未来基层治理的基本形态是在党组织领导下的多方协同格局，实现行政资源、社会资源和市场资源的有机整合，达成一种多方协同的治理模式。这就是治理逻辑在社区中的体现。

第五，参与治理原理。1960 年，阿诺德·考夫曼（Walter Arnold Kaufmann）首次提出"参与式民主"概念，并广泛运用于微观治理单位，例如学校、社区、工厂以及政策制定等领域。1970 年，美国的卡罗尔·佩特曼（Carole Pateman）教授发表专著《参与和民主理论》，将参与从微观领域扩展至政治领域。对于微观民主,佩特曼予以高度关注,她认为,公民参与政治最恰当的领域是与其生活息息相关的领域,例如社区或工厂,只有当个人有机会直接参与和自己生活相关的决策时,他才能真正控制自己日常生活的进程。①

参与式民主应用于基层社会治理是谓参与式治理,是指由地方政府培育的旨在通过向普通公民开放公共政策过程以解决实际公共管理问题的制度与过程的总和。当基层的范围限于社区层面,即为社区参与式治理。"社区参与式治理"是以社区为载体,社区相关利益方按照程序规则,在自愿互利、合作互动的基础上,对共同关心的社区事务,通过平等协商形成共识、达成一致行动的治理模式。

所以从理论和现实两个方面来看,参与的确是居民自治的基本属性之一。对此,我们有如下三个判断:①参与治理原理不太适用于紧迫性议题和高度专业化议题。但是定期举行居民参与的听证会、评议会,可以推动社区共同体的建立,预防社区冲突的发生。②参与治理原理也可运用于社区自治小组的构建、自治团队的运作中。③参与治理原理乃是对过程优先原理的深度表达。参与治理的基本特征在于深化、拓宽了普通公民有效参与和影响那些与他们直接相关的政策的途径,因此参与治理也是赋权于民,让长期被排斥在公共政策过程之外的普通民众有能力认识自己的真实处境,而且还要使他们能采取行动来改善自己的处境。协商民主就是每个公民都能够平等地参与公共政策的制定过程,自由地表达意见,愿意倾听并考虑不同的观点,在理性讨论和协商中作出具有集体约束力决策的过程。协商民主和参与治理是并行不悖的,两者的逻辑关系就是通过协商体现参与,通过参与达成共识和行动。

为什么参与治理是社区治理乃至基层治理所赖以遵循的基本原理呢?

---

① 参见[美]卡罗尔·佩特曼:《参与和民主理论》,陈尧译,上海人民出版社,2006年,第54~56页。

首先，社区治理和基层治理所涉及的事项往往是与群众利益密切相关的。正如前文所言，治理的一个基本法则就是与群众利益相关度越高的领域，其治理过程对公平、正义和民主的要求也越高。更为重要的是，参与治理不仅可以消解社区治理和基层治理可能产生的各种冲突，还有助于培养积极公民、培育社会资本、增进治理的合法性，通过将利益相关者纳入公共服务供给过程而增进治理的有效性。这是参与治理的要义之所在。参与治理为公民有序和有效表达诉求提供了制度化渠道，能够适应伴随着经济社会持续高速发展而不断增长的公民参与诉求。

其次，参与治理通过有效吸纳公民日益增长的参与诉求，既有助于有效化解日渐增多的冲突性难题，又有助于促进基层政府公共政策过程的科学化和民主化。

再次，参与治理既有助于通过培养现代理性公民而实现以理性参与为核心的治理合法性，又有助于通过政府与公众良性互动进而实现协作共治的治理有效性。

最后，参与治理有助于推动基层政府行动逻辑和资源配置逻辑的根本转型，为现代化国家治理体系和治理能力奠定坚实而持久的基石。基于此，社区协商民主和社区参与治理将成为基层社会治理体系创新的趋向。

第六，包容性治理原理。尽管城市中的同质社区越来越多，但我们始终不能回避的就是社区中始终存在着不同类型的群体。在我们的调查中发现，中国很多城市中的社区，存在着商品房群体与本地回迁群体的并存，富豪群体与年轻白领群体的并存，动拆迁群体、经适房群体、廉租房群体的并存。就是在所谓的同质性社区中，基于兴趣、习惯、价值观和天赋角色的差异，也会产生不同的群体。

在多元群体并存的社区中，是实行分割式治理还是实行包容性治理呢？这是困扰社区治理者和基层政府的一大难题。我们的论断是，社区必须要实行包容性治理。这是由社区属性决定的。因为不论一个人的地位有多高,回归社区,他的身份只有一个,那就是居民,就是本书第十七章所强调的"身份还原"。在社区这一扁平化的生活空间中,不存在社会等级的差异,不存在科层制的等级体系。所有人在社区中都被压缩到一个扁平化、生活化的场景中。他们是作为平等参与的主体存在于社区共同体之中的。因此,包容性治理是符合社区本质属性的。那么如何填补不同群体之间的鸿沟呢?如何消除不同群体在市场和政治系统中所具有的等级差异和身份差异呢?

在这里,我给大家讲一个关于亭子的故事。在一个城市的社区中,存在着两大相互对立的群体:本地回迁群体与商品房群体。商品房群体有着难以名状的优越感。两大群体的对立直接导致了社区内又重新树立了一堵围墙,将这两大群体割裂开来。后来,社区管理者要对社区花园进行整体性的营造,两大群体的孩子们欢快地融入到这个开放性的公共空间之中。孩子们的融合最终促成了相互对立的家长们的融合。以凉亭为中心的社区花园成为联接两大群体的黏合剂。社区花园的规划与营造为包容性治理提供了一个赖以展开的公共空间,社区凉亭为不相往来的两大群体提供了交融的公共场所。试想一下,如果该社区不能实行包容性治理,其矛盾日积月累就会蔓延到社区之外。这样社区就丧失了作为源头治理的功能。

"亭者,停也。"(例如,路亭、村中亭、桥亭等。)"亭者,景也。"(例如,山水园林之亭、皇家园林之亭、江南私家园林之亭等。)"亭者,情也。"(例如,戏曲中的亭、邮票上的四大名亭等。)"亭者,蔽也。"(例如,碑亭、井亭等。)[1]我们在调研中发现了一个非常有趣的现象,那就是作为包容性公共空间的亭子,是测量社区治理水平最为直观的一个建筑标识:亭子的数量越多,关系资源就越丰富,包容性治理程度就越高。作为遮风避雨的亭子,已经被提升

---

① 参见楼庆西:《亭子》,清华大学出版社,2016年。

到了一种"亭文化"和"亭治理"的层次。在我们调研的上海市虹口区曲阳街道林云小区，居民撰写了《造亭记》，以把这种动人的社区记忆永久保存下来。我们在此引用如下：

造 亭 记

戊戌年，为勠力建设虹口高品质生活，曲阳路街道乃实行全岗通"周周转"工作。林云社区集"三驾马车"之合力，经方案设计、征询、完美之过程，由街道、业委、物业之三方筹资，并有政协委员单位上海虹源文化传播有限公司之资助，历数月，至岁尾，建亭于此。亭为六角，有古风，周围遍植草木苍松，绿树红花相映，风景甚美。至此，居民又多一休闲纳凉怡情之所，故取名曰"爱心亭"，尝有此亭因爱而建，亦有望众人皆多为他人为社区献爱心之意也。不仅有此"爱心亭"，另建有"舒心亭"和"养心亭"，更望我社区居民多有所乐，多有所喜，多有所得也。

林云小区居民立

亭文化与社区治理的关联至少包含如下三个层次[①]：一是"以亭为美"。亭是中国建筑美学的集中体现。大家知道，亭是一种中国传统建筑，源于周代，多建于路旁，是供行人休息、避雨、乘凉或观景用的建筑物，一般为开敞性结构，没有围墙，顶部可分为六角、八角、圆形等多种形状；建亭地点要从两方面考虑，一是由内向外好看，二是由外向内也好看；亭在园景中往往是个"亮点"，起到画龙点睛的作用；中国有四大名亭：位于安徽滁州琅琊山的醉翁亭，位于北京先家坛陶然亭公园的陶然亭，位于湖南长沙岳麓山的爱晚

---

① 依托"亭文化"展开的以亭为美、以亭交友、以亭促治来自复旦大学当代中国研究中心兼职研究员、上海市虹口区曲阳街道金安国先生的研究。在此，对金安国先生表示衷心感谢。

亭和位于浙江杭州西湖的湖心亭。当代著名园林艺术家陈从周教授在《说园》中道："在园林景观中,静寓动中,动由静出;若静坐亭中,行云流水,鸟飞花落,皆动也。"①亭子不仅是一种美的符号,更是一个开放、包容的空间。社区中的亭台,不仅传承了对中华文化的美好追求,而且提供了居民参与的开放空间。"亭文化"让社区老年人多了乡愁和对家园情怀的寄托,让少年人儿时记忆有了更多的色彩和温情,让每个社区都拥有了自己的标识和地标。

二是"以亭交友"。社区有了亭台,居民就会向亭台聚拢,既可以静坐观赏养心,又可以聊天交流,在亭子里相识与相知,由陌生人变成了熟人,促进了邻里感情。关系资源在这个开放性的空间中得以恢复,正是"亭台虽小情义无限"。

三是"以亭促治"。建亭议题的动议,亭台命名的过程,依靠亭台这一开放性空间催生自治议事会、自治公约的过程,都是"以亭促治"的过程。这正是包容性治理原理的体现。从这个角度来说,社区中的建筑美学、空间美学、场景美学是极为重要的。为社区注入美学元素,为社区注入艺术元素,目的不在于社区的美化,而在于催生社区的善治。这是"元治理"在社区空间中的体现。②

---

① 陈从周:《摄影珍藏版:说园》,山东画报出版社、同济大学出版社,2002 年,第 106 页。

② 参见林尚立:《城市治理五维度》,《联合时报》,2014 年 6 月 13 日。在这篇文章中,林尚立提出了城市治理五个重要的维度:元治理、硬治理、软治理、巧治理、熵治理。

22. 居民自治：映照社区的法律之光

在现代国家，自治是一种体现政治风度的制度安排。自治不是政治无奈和政治恩赐的产物，自治是让政治回归其本来面目、展示政治之美的体现。中国把基层群众自治制度作为三大基本政治制度之一，是有长远考虑的。基层群众自治制度也就成为当代中国政治文明最为重要的构成部件之一。针对农村而言，就是村民自治；针对城市而言，就是居民自治。我们不能因为村民自治和居民自治实践的某些缺陷而否定自治作为一种制度文明的价值，就像不能因为几起车祸而否定汽车文明一样。

居民自治是指以社区公共议题和居民需求为基础，居民通过民主协商的方式共同参与社区公共事务，以居民公约为基础，借助议事会等制度载体，以完善社区治理体系，实现社区公益的行动、过程与结构。《中共中央办公厅、国务院办公厅关于加强和改进城市社区居民委员会建设工作的意见》明确指出：①社区居民委员会是社区居民自治的组织者、推动者和实践者；②社区居民委员会是党和政府联系社区居民群众的桥梁和纽带；③社区居民委员会是社区居民利益的重要维护者。以上三重属性赋予了居委会极为重要的组织功能、联结功能与整合功能。社区居民委员会作为社区内部最为重要的一种组织形式，其以上三重功能的实现程度直接决定着中国城市基层治理的水平和质量。从以上三重属性引申出去，我们发现，居委会的自治性质是宪法和法律赋予的，是有法定地位的；居委会作为党和政府联系社区居民群众的桥梁和纽带，是居于国家与社会之关联地带的自治组织，这一点决定了它与其他类型的基层组织和社区中的其他社会组织是有根本区别的。居委会是拥有政治能量和政治合法性的政权组织。

居民自治不是一个简单的社区层面的自我管理，它是中国国家治理体系的重要组成部分。中国国家治理的基本逻辑讲求家国一体。国家如何与一个个家庭相联结，与一个个单位相联结，与一个个社区相联结，是中国国家治理的传统和优势之所在。从这个角度来说，居民自治搞得好不好，社区治理搞得好不好，直接决定着中国国家治理的质量。

古人讲"民为邦本"，说的就是中国国家治理中最为重要的一对政治关系即国与民的关系，或者说是国与家的关系。西方政治学中讲的国家与社会，实际上指的是国家与阶级社会、国家与市民社会（即资产阶级社会）的关系。西方关注国与社的关系，中国关注国与家的联结。所以我们才把与家没有任何直接关系的地域意义上的"County"、政府意义上的"State"、民族意义上的"Nation"都翻译成"国家"。

那么中国的"国"与"家"是靠什么机制联结在一起呢？换言之，中国要靠什么机制将国家政策贯彻到一个个家庭之中呢？这就是我们关注的社区。正是作为地域化生活单元的社区，构筑了国与家的联结通道。在这条通道的构建过程中，作为党和政府联系居民群众的桥梁和纽带的居委会起了非常重要的作用。我们的社区传统恰好与美国人崇尚的结社传统形成了鲜明的对照。中国的社区传统孕育了国家治理体系的细胞，结社传统则使美国的国家治理体系处于不同利益集团的分割之中。

所以在中国绝大多数人都是要回归社区的。社区就是由一个个家庭组合而成,但又超越家庭的生活共同体。社区治理的好坏,直接决定着国家治理体系的细胞是否是健康的。居民自治作为社区治理最为重要的内容,理所当然地成为了个人与公共事务的联结点。

城市是人造的文明,城市也是人造的空间。城市不是自然形成的,因此城市的每一个角落都渗透着人的意志和愿望。但是人类不能在城市空间中恣意妄为。城市治理有其不可逾越的底线,这道底线就是保证居住空间的善治。

一位美国社会学家在一本教科书中曾经这样写道:"在过去二百年里,美国社区生活经历了重大变迁,小城镇曾是美国传统社会中如此重要的部分,而今都已成为往事。这主要表现在:①交往活动和人际关系支离破碎。②社区组织和设置越来越大,也越来越科层化。③以前由家庭发挥的功能,或由志愿者在家庭之外发挥的功能,现在逐渐由商业组织或政府部门接替过去了。④大大小小的社区联系越来越紧密,城镇和城市正如家庭一样,不再可能完全自给自足。州政府和联邦政府接管了地方政府的许多职能。结果,地方社区受制于越来越强大的、来自联邦和州的控制力。⑤社区之间的文化联系也越来越紧密。纽约和好莱坞的看法,对小城镇和乡村社会的文化越来越起着一种主导作用,大众媒介是城市文化的载体。传媒由大城市生产出来,并把那些典型的属于城市生活方式的看法和价值观念作为一个整体反映传达给社会。"①肇始于20世纪60年代的邻里运动似乎并没有在美国社会演进中得以传递与巩固。通过社区拯救城市和国家的努力,在整个西方社会似乎已经终结。很多来自西方的学者告诉我们:传统意义上的社区在西方国家已经死亡。美国社区暴露出来的严重问题(如种族对立和阶级隔绝),潜藏着国家毁灭的种子。

---

① [美]戴维·波普诺:《社会学》(第十一版),李强等译,中国人民大学出版社,2007年,第631~632页。

2014 年,美国威斯康星大学社会学系一名年轻的助理教授——爱丽丝·戈夫曼(Alice Goffma),出版了她的新书《在逃:一个美国城市中的逃亡生活》。此书与怀特的《街角社会》有异曲同工之妙。这本书印证了邻里运动的终结及黑人社区令人窒息的幻灭感。爱丽丝调研了费城"第六街区"的 217 个黑人家庭。对于这些家庭来说,只有手铐,没有钥匙。从 20 世纪 70 年代开始,美国加大对贩毒、暴力犯罪的打击力度,在全国社区部署大量警力,实施"零容忍"政策。有研究显示,过去四十多年,美国监狱羁押人数增加近 7 倍,其中黑人占相当大比例;每 9 个黑人青年中就有 1 个待在监狱,而这一比例在白人中不到 2%。从 2007 年到 2010 年,"第六街区"年龄在 18 岁到 30 岁之间的 308 名黑人男性,有 144 人曾因未缴纳诉讼费或未按时出庭被拘捕,117 人因违反假释或保释条例被拘捕。这意味着,"第六街区"每一个黑人青年都可能会因犯个小错而失去自由。爱丽丝所说的"在逃"(On the Run),并不是一个严格意义上的法律词汇,而是一种动荡不安的生活状态,即使不被通缉的黑人青年,也会因恐慌入狱而选择"逃亡",拒绝与司法机构合作,致使他们长期处于"半合法"的边缘,游离于正常生活之外。[1]

在《在逃》一书中,爱丽丝·戈夫曼在伤感之情的驱使下无奈地写道:"与历史上高入狱率以及密集的警力和监视相伴而生的是把贫困的黑人街区转化成了疑犯和逃亡的社区。一种恐惧和猜疑的氛围弥漫在日常生活之中,而且有许多的居民生活在对警方会抓捕并带走他们的恐惧之中。在拘禁的威胁之下,一种新的生活构造得以涌现,一个人搅进了猜忌、不信任以及保守秘密、寻求逃脱和没有任何预期可言的偏执性的活动之中。"[2]在第六街区周

---

[1]　参见王建峰:《美社会学者 6 年调查记录:美国黑人青年的"在逃"生活》,《中国社会科学报》,2014 年 12 月 12 日。

[2]　[美]爱丽丝·戈夫曼:《在逃:一个美国城市中的逃亡生活》,赵旭东等译,中国人民大学出版社,2019 年,第 22 页。

围进行的毒品交易、社区对抗以及潜在的暴力行为已深深烙印在整个社区的生活之中。在这种情况下，法律执行的角色已经由原来的保护社区安全转变为因几个罪犯导致整个社区被怀疑和受到监视。以严惩来控制犯罪的政策导致了一个巨大的两难困境，那就是它将犯罪行为与日常生活紧密地联系了起来，以致人们想要躲避它，却反而造就了大量的犯罪。过密的警力与警力想要控制的犯罪之间互相强化。犯罪使得警力更为严厉，而警力本身又催生了一种暴力和非法的氛围，结果使问题根本不可能得到解决。贫困、失业以及随之产生的贩毒与暴力问题属于生活问题，是不能通过逮捕来解决的，但他们只有手铐和监禁，而不具备解决社会问题的手段。①在美国这个统一的国家背后，我们看到的是非常可怕的公民分裂、族群分裂、不同社区间的分裂。

美国哈佛大学罗伯特·帕特南教授就认为，20 世纪后期，由于时间和财富压力、城市无序扩张、电子娱乐、代际更替等原因，美国的社会资本不断流失，人们逐渐疏离了亲友和社区生活，社区走向衰败。大量事实证明，在资本主义国家，那种老死不相往来的陌生人社区、基于社会隔绝、空间隔绝、族群隔绝的分立社区已经完全取代了守望相助的熟人社区。因此，传统意义的社区在西方已经濒临死亡。

当西方国家的社区沿着所谓法治化轨道日益将社区温度降至冰点的时候，中国却将居民自治和社区治理纳入国家治理体系、社会治理体系之中重新审视。居民自治是提升社区治理质量、催生社区优质生活的润滑剂和黏合剂。同样，居民自治也是消除社会等级符号、促进社会联结和社会融合的催化剂。良好的社区治理和居民自治可以催生社区公共空间的生长。现有的城市规划往往重市政、轻社区，社区规划基本上交给开发商，开发商则为利益

---

① 参见［美］爱丽丝·戈夫曼：《在逃：一个美国城市中的逃亡生活》，赵旭东等译，中国人民大学出版社，2019 年，第 272~274 页。

主导而非社会治理主导,无视社会阶层和谐融合及建筑空间的教化功能。[①]
社区治理和居民自治的最终目的不是搞活动,而是在社区公共活动中打开
社区的公共空间,让居民自由、平等地进入这一公共空间。社区公共空间的
秉性是开放和宽容。社区公共空间与等级化空间的最大区别就是不以资本
多少、不以身份贵贱、不以级别高低而释放出冷酷的歧视气息和排他性格。
居民在进入这一公共空间的过程中,将社会怨恨抛至脑后,将社会隔绝予以
消除。

居民自治的最大魅力在于将居民拉回到一个平等、温情的公共空间中,
使其感受到别具一格的"社区人"的尊严。这样的居民自治不正是对城市生
命注入了稳定与发展的能量吗?这样的居民自治不正是充分稀释了城市孕
育的怨恨和隔绝吗?这样的居民自治不正是构建了弥补商业系统之冷酷的
温暖空间吗?社区温度高低是衡量城市生命力旺盛的重要标志。所以中国始
终没有放弃构建熟人社区、培育社区情感、丰富社会资本的努力。这一努力
的合理性根据就在中国的文化基因之中。

---

① 参见何志东:《补上社区公共空间治理短板》,《解放日报》,2016 年 2 月 25 日。

23. 民主协商与参与项目制

社区治理的质量是社会治理质量最为直观的测试。经过前文所述,大家已经了解,社区治理是有其独特的逻辑、原理和路径的。社区作为一种非科层化的生活空间,它对现代社会所缔造的大多数强制性的管理机制有天然的排斥感。社区治理的体系、结构、机制和过程必须服从于社区非科层化、扁平化这一基本属性。法国的罗伯斯庇尔(Maximilien Robespierre)说过一句非常深刻但不太引人注目的话:"民主国家乃是这样的国家:在那里,作为最高主宰的人民受自己制定的法律所规束,自己去做力所能及的一切事情,而通过自己的代表去做力所不及的一切事情。"①遗憾的是,罗伯斯庇尔最终作茧自缚,其所作所为也违背了自己的誓言。这位把人民抽象为真理和正义化身的理想主义者,最后走向了假借人民之名随意将对手推向断头台的政治狂人。

在大型的政治实体中,民主只能作为一种原则赋予政治一种弹性,从而成为权力在精英阶层(包括资本精英和权力精英)之间的流动一种合法化的

---

① [法]罗伯斯庇尔:《革命法制与审判》,赵涵舆译,商务印书馆,2011年,第171页。

修饰。所以任何一个国家要想实现民主的原则和理想,必然要通过烦琐的程序设计和复杂的技术加工,将民主理想与政治统治完美地结合在一起。浪漫地诉诸民主或一味地强化统治,这样简单诉诸两端的做法都为现代国家治理原理所不容。但是在现代国家中,有一个领域却与直接民主、理想民主、基于平等的民主,有天然的亲和性。这个领域就是基层治理和社区治理领域。从理想主义角度来看,这是将古典城邦在现代城市加以复活的崇高实践;从现实主义角度来看,这既是现代国家在生活领域满足参与欲望和创造迷人政治景观的治理术,也是将治理风险压缩到狭小空间的务实策略。

结合罗伯斯庇尔的那句名言,我们可以说,现代国家治理的秘诀可能就在于:把居民力所能及的事情交给居民共同体,把居民力所不及的事情交给他们的代表。这是现代国家基层民主与代议民主相互耦合的一种治理结构。显然,生活政治逻辑塑造的参与性、平等性协商共治就是社区治理的基本形态。塑造这样的治理形态有时候比营造巨大宏伟的政治场景更为艰难,因为它是对所有普通人的人性、公德、能力等各种民主禀赋的直接检验。只有走出社区政治冷漠过度、共识短缺、协商贫困的治理困境,才能从根本上为现代化国家治理体系营造成熟稳健的心理基石、人格基石和人文基石。社区的基本属性决定了基层社会治理必然是通过基层民主达到一种协商之治。民主协商在基层社会治理中的实践,追求的是一种体现人民民主之价值追求、可操作的全过程民主。习近平提出的全过程民主是揭示社区治理乃至中国国家治理的重要理论范式。因为这一范式重新定义了民主,重新确立了民主的测量标准,即民主不是对精英的选择,而是对民意的敬意及其实践;民主不是周期性的政治狂欢,而是人民对不同层次决策的全过程参与。

既然明白了民主协商在社区治理中的重要性和必要性,那么我们如何实现民主协商呢? 也就是说,如何在基层和社区操作全过程民主呢? 把民主理想、民主原则和民主追求转化为可操作的民主,是所有现代国家建设要解决的一个重要问题。基于我的理论分析和实践研判,提出了两种实现路径:一是民主协商平台的建立,二是民主协商内容的确立。前者涉及民主协商的形式,后者聚焦民主协商的内容。

　　中国社区已经成为培育新型民主协商形式的沃土。很多城市的实践已经超出了我们的理论视界。例如,上海的"三会制度"(听证会、协调会、评议会),就体现了中国基层宝贵的民主智慧和民主勇气。如果说发端于美国的"罗伯特议事规则"确立了基于私有制和个人主义之上的协商机制,那么发端于上海黄浦区五里桥街道的"三会制度"就确立了中国基层民主协商的"五里桥议事规则"。作为基层民主沃土的成都市,更是在巴蜀文化的母体中孕育出了独具一格的民主协商之路。以自组织为载体的民主协商,不仅丰富了中国基层社会的组织资本,而且还将活动型、娱乐型、生活型的自组织提升到功能型、议题型、治理型组织的层次。可以说,中国城市基层纷繁多样的民主协商形式,把政治的美感和风度充分展示出来了。通过社区实现真正的政治回归和新生,是基层民主协商的活力和魅力之所在。

　　仅仅有民主协商的形式,还不足以把民主的内核充分固定下来。这就涉及民主协商的内容。如果说搞政治涉及的内容是职位的分配、地位的巩固、权力的配置等与政治安全密切相关的钱袋子、笔杆子、刀把子、枪杆子这四类重大问题的话,那么基层民主协商涉及的就是社区公共产品的配置、社区公共议题的解决、社区公共安全的维护、社区邻里冲突的化解、社区共有物权产品的管理等生活性议题。有一位作家说过:时代的一粒尘埃压到一个普通人身上就是一座山。从生活政治的角度来看,的确是这样。世界上可能只有1%的人是不用为生活议题而苦恼的。这1%的群体可以凭借得天独厚的地位优势,要么依靠国家力量,要么依靠市场化专业力量,缔造一个个高枕无忧、悠然自得的生活状态。生活议题之苦与一些特殊群体注定是绝缘的。所以我们看到不为生活所累的人,可以创造优雅的艺术,可以拥有傲慢的权力,甚至可以通过优先掌握浓缩古今中外的信息、图表、数字和曲线等毫无生命的材料而无所不知、无所不晓,但他们惯有的一个缺点就是不懂人心。与人心的疏离,是基层治理和社区治理的最大敌人。所以只有从民主协商的形式走进民主协商的内容,才能真正体会到生活政治的展开尽管没有血雨腥风,但也不是畅通无阻的。

北京大学社会学家渠敬东先生通过"项目制"这一概念来揭示中国治理过程中的资源配置机制。这种自上而下的项目制,的确是触及了国家治理的核心问题。按照一般的理解,"项目"是一种动员或组织方式,是一次性任务。它依照事情本身的内在逻辑,在限定时间和限定资源的约束条件下,利用特定的组织形式完成具有明确预期的目标(某一独特产品或服务)。作为一种国家治理体制,项目制具有双重目标:一是靠事本主义原则完成一个具体的专项目标;二是出于意识形态的考虑,需要在各地立规范、树典型,以实现能够贯彻国家意志的政策目标。这就是说,项目制不单指某种项目的运行过程,也不单指项目管理的各类制度,而是一种能够将国家从中央到地方的各层级关系,以及社会各领域统合起来的治理模式。项目制不仅是一种体制,也是一种能够使体制积极运转起来的机制;同时,它更是一种思维模式,决定着国家、社会集团乃至具体的个人如何构建决策和行动的战略和策略。

项目现象是我国近十年来社会治理体制机制运行中的一个极为独特的现象。按照渠敬东先生的理解,国家财政若不以转移支付的形式来配置资源,就无法通过规模投资拉动经济增长,各种公共事业也无法得到有效投入和全面覆盖;地方政府若不抓项目、跑项目,便无法利用专项资金弥补财政缺口,无法运行公共事务;甚至本以市场经营和竞争为生的众多企业,也多通过申请国家各级政府的专项资金项目来提高自己的收益率;更不用说今天的出版、教学和科研等文化活动,似乎一刻也离不开课题或项目资助。之所以如此,是因为项目制取代了经济计划,成为新的国家资源再分配机制。

因为利益的驱动,项目制调动了地方政府的行政积极性、提高了国家财政资金的使用效率,推动了地方经济和社会事业的发展;因为资源自上而下的注入,使得国家推动力加剧放大,重塑了政府各层次间的权威关系。①

项目制成为贯通中央与地方事权关系的核心机制。于是,我们发现,很多大城市的发展不仅要依靠长期的技术累积和资源积累,有时还会依靠"国家巨型项目"。亚运会、世博会等,在中国都转化成促使城市升级发展的"关键节点"。在历史制度主义看来,节点之所以"关键",有两个主要原因:一是节点也是"选择点",因为在这个时期某种选择会被确定下来;二是"不可逆性"。在选择确定之后,某种制度安排也会被明确固定下来,这样制度发展就会进入特定的路径或轨道,很难被扭转或者改变。这就是制度经济学讲的路径依赖。以上谈的都是自上而下的项目制。当我们进入社区领域的时候,就会发现另外一种类型的项目制,即自下而上的项目制治理模式。我们称之为"参与项目制",以便与作为国家治理体系中自上而下的资源再分配机制的项目制区别开来。

自下而上的项目化治理被认为是新型城市基层社会管理体制的代表。它能够重塑基层治理的逻辑、构建基层治理的结构、培育基层治理的主体。所谓项目化治理是以项目制开展的治理方式,具有宏观和微观的意义。

作为一种社区治理体制,项目制以居民需求为导向,在居民参与过程中形成自下而上的治理模式。区别于国家治理体制,作为社区治理体制的项目制应该属于"参与项目制",它不是单一的需求满足,更不是简单的资源配置,而是依托参与项目,塑造一种有效的互动机制。参与项目制已经成为优化社区治理机制、提升资源配置效能、驱动社区自治能量和开发社区自治资源的重要途径。

---

① 参见渠敬东:《项目制:一种新的国家治理体制》,《中国社会科学》,2012 年第 5 期。

参与项目制成功的关键在于两条:一条是自下而上的项目提出机制,一条是自上而下的资源投放机制和内外联结的横向循化机制。自下而上的项目提出机制基于民主原则,自上而下的资源投放机制基于民生原则,内外联结的横向循化机制基于社区的共建共治共享。最重要的是,参与项目制能够解决一直存在于社区治理中的难题。作为新的资源再分配方式,参与项目制具有取代行政模式,改变政府主导的支配格局的特点。行政模式代行社区自治的模式一经改变,居民参与社区治理的积极性、主动性自然会相应提高。因为"参与项目制"有效撬动了社区资源,居民自治资源短缺的问题也会迎刃而解。

24. 街居制与层圈结构

费孝通先生在《乡土中国》中曾经提出一个经典的解读中国乡村社会结构的概念,那就是"差序格局"。这个让无数人为之着迷的概念,把中国乡土社会的关联机制和关联强度非常生动地揭示出来了。费孝通先生是这样描述差距格局的:

> 我们的格局不是一捆一捆扎清楚的柴,而是好像把一块石头丢在水面上所发生的一圈圈推出去的波纹。每个人都是他社会影响所推出去的圈子的中心。被圈子的波纹所推及的就发生联系。每个人在某一时间某一地点所动用的圈子是不一定相同的。
>
> 我们社会中最重要的亲属关系就是这种丢石头形成同心圆波纹的性质。亲属关系是根据生育和婚姻事实所发生的社会关系。从生育和婚姻所结成的网络,可以一直推出去包括无穷的人,过去的、现在的和未来的人物。我们俗语里有"一表三千里",就是这个意思,其实三千里也不过指其广袤的意思而已。这个网络像个蜘蛛的网,有一个中心,就是自己。我们每个人都有这么一个以亲属关系布出去的网,但是没有一个

网所罩住的人是相同的。在一个社会里的人可以用同一个体系来记认他们的亲属,所同的只是这体系罢了。体系是抽象的格局,或是范畴性的有关概念。当我们用这体系来认取具体的亲亲戚戚时,各人所认的就不同了。我们在亲属体系里都有父母,可是我的父母却不是你的父母。再进一步说,天下没有两个人所认取的亲属可以完全相同的。兄弟两人固然有相同的父母了,但是各人有各人的妻子儿女。因之,以亲属关系所联系成的社会关系的网络来说,是个别的,每一个网络有个"己"作为中心,各个网络的中心都不同。

以"己"为中心,像石子一般投入水中,和别人所联系成的社会关系,不像团体中的分子一般大家立在一个平面上的,而是像水的波纹一般,一圈圈推出去,愈推愈远,也愈推愈薄。在这里我们遇到了中国社会结构的基本特性了。我们儒家最考究的是人伦,伦是什么呢? 我的解释就是从自己推出去的和自己发生社会关系的那一群人里所发生的一轮轮波纹的差序。①

从中我们可以发现,差序格局实际上是与家族制联系在一起的。依靠血缘关系和家族制度构筑而成的边界,成为差序格局中判断内外、远近和亲属的分界线。费孝通先生笔下的差序格局,在新中国成立之后也在一些小型城市中得到部分移植。中国很多县城就是差序格局中的现代乡村。但是经过社会主义改造以及四十多年的改革开放之后, 差序格局不消说在城市已经被彻底消除,就是在农村也日渐淡化,尤其是在家族力量和家族观念日趋衰弱的地区,差序格局已经名存实亡。

在城市中,社区治理就不是以己为中心不断向外推出的"差序格局"了,

---

① 费孝通:《乡土中国 生育制度》,北京大学出版社,1998 年,第 26~27 页。

而是呈现出独特的合作格局和协同格局,我称之为"层圈结构"。层圈结构恰好成为与差序格局相对立的两极。层圈结构塑造出的不是亲疏有别的乡村社区,而是利益和情感高度关联的社区治理共同体。所谓社区治理共同体就是城市社区中的多元治理主体在拥有共同地域、共同记忆的基础之上,根据共同需求,通过建设团队和培育文化等形成的"家庭—单元—楼组—小区—街坊"层圈结构,挖掘共治力量,重整社区资源,发挥以人为本的社会性功能,以实现共建共治共享的社区治理平台、治理网络与治理空间。长期以来,城市社区治理依赖的是纵向的街居结构,即自上而下的街道体制与社区体制(居委会体制)。但是社区治理共同体仅仅依靠街居结构是难以形成的,它既需要实现从街居结构向层圈结构的转型,又需要街居结构与层圈结构的融合。社区治理共同体是在纵向和横向两重维度上得以展开的。

我们讲过,家–国是中华文明中的一组文化基因。从这组文化基因中,我们明白了一个道理,那就是家是中国文明的根基。中国社会最为基本的单元不是个人,而是家庭。家庭与个人的张力,是审视中西文明差异的重要视角。我们经常讲家国一体,这是理想的政治伦理,是宏观政治制度的伦理基础。在日常生活中,则是家社一体,是每一个家庭与社区共同体的休戚与共、命运相联。城市社区不是封闭化的现代庄园,也不是费孝通先生笔下封闭自足静止,沿着传统轨道慢慢运转的村落,而是一个包容多种要素的共同体。这些要素相互关联,共同构成一个整体。就像两位美国学者在《社区规划:综合规划导论》一书中讲到的,我们在作社区规划时,至少要包括人口、住宅、经济、土地使用、自然环境、资源的可承受性,道路社区设施和服务、学校、公园、休闲娱乐设施,以及像历史、考古或旅游设施等其他要素。[①]每一个家庭就是生活在以上要素组合在一起的社区之中的。中国人习惯从自己推演出

① 参见[美]埃里克·达米安·凯利、芭芭拉·贝克尔:《社区规划:综合规划导论》,叶齐茂等译,中国建筑工业出版社,2009年,第59~78页。

去来理解自己所处的生活空间，由于城市中缺乏乡村中的家族边界和血缘纽带，所以只能是遵从家庭到楼组、小区再到街区这一物理空间的推演线路了。而层圈结构恰恰就是从这一线路中生长出来的。

　　众所周知，社区作为滕尼斯最负盛名的理论遗产，自提出以来便被广泛研究，并成为了当下定义最为丰富复杂的概念之一，甚至充满了对立的理论观点。对社区的现实理解，必须要突破封闭性的社会关系边界，在更大范围内重新寻找个人的主体性和社会关系的节点。一谈到"社区治理"，首先考虑的是"谁治理"的问题。在传统社区治理中，受到以科层制为特征的行政力量和基层条块关系的影响，社区治理采取从上而下的层级式管理方式，即从上到下依次为市政府—区政府—街道—居委会，也有部分地区的最末端延伸到楼组，甚至是居民家庭。但这些基因决定了当前社区治理可能存在的条块不清、职责冲突等问题，基层政府在整合各条线力量，做好本地区综合管理方面往往缺乏抓手，进而引发社区治理困境的产生。随着社会经济发展和行政体制改革，合作型模式和自治型模式成为当下社区治理的主要模式。这也代表着传统社区治理逻辑中行动者缺失的现象得到改变，行动者逐渐回归到社区治理秩序中。社区活力在一种层圈结构中得以激发。

　　在层圈结构中，居民、驻区单位和社区让渡自己的私有空间。换言之，居民活动不再仅限于家中，也不再困于小区中，开放的社区活动等待居民、驻区单位等参与其中。此外，社区活动也不再是上级街道下发、中间居委会举办、下级居民和驻区单位参与的单一行政链条。街道、居委会、居民和驻区单位，在社区活动的设立和安排、参与中，每个主体都是统一而平等的。各种异质性要素在社区这个开放性、延展性的空间中获得了一种共生与共荣。社区党组织、居民委员会、群众团体、家庭、驻区单位以及街道等正式机构，作为社区活动的筹划者、举办者、参与者，共同融合在一起。中国社区的空间范围、活动范围、主体范围也就呈现出以家庭为核心、由内而外逐渐扩展的层圈结构。

正如日本把学校、银行和商场都可以开发为开放式社区中心一样，城市基层政府或街道办事处，以项目为支撑、以活动为载体的形式，使得在社区这一物理空间中，个人、家庭、驻区单位、居委会、街道等均有成为社区行动主体的可能，社区的范围也逐渐呈现出以社区公共空间为核心的"涟漪状态"。这种状态的产生，是对街居结构、条块结构这一传统纵向体制的补充。在当前的中国城市中，由于社区并未完全摆脱"陌生化""半熟人化"，故社会治理的主干还是以条块为面向的纵向结构。与此同时，各种社区中心的建设、各种公共空间的开辟，甚至市场空间、盈利空间向公共空间的转化，都为社区公共活动的开展提供了重要阵地。以各种公共空间为载体，以人为本，依靠项目牵引公共活动，社区依次形成了以邻里关系为表征的邻里层圈、以服务为导向的服务层圈、以党建为导向的党建层圈，以及以共建共治共享为目标的共治层圈。这些层圈的形成和运作，依次包含有更多主体，覆盖更广范围，提高了居民对于社区活动效果的感知，提高了驻区单位参与活动的积极性，从而为社区活力的激发提供了重要的空间支撑，进而提升了社区的共享品质，因此社区生命力的产生，需要"混血式"纵横交错；社区治理需要从对纵向街居结构的关注，转向以项目为支撑、以共治为纽带、以活动为载体的横向层圈结构。

正是基于层圈结构，形成了一种以"合"为基本特征的社区文化，它不同于差序格局的差别文化与边界意识。如果说差序格局的内聚力因为血缘关系的强弱而逐渐向外递减的话，那么中国城市中的层圈结构则因为基层政府的行政协调、社区党组织的政治整合、社区内部各主体之间的资源互补、市场主体与居民之间的互惠机制而呈现出一种扩展性的内聚力量。驱动这种内聚力量不断强化的机制是多样的、复杂的，不像差序格局那样依赖于单一的血缘机制和家族机制。这是社区中国与乡土中国最为重要的分野。在我们的调查中发现,在上海市松江区岳阳街道推行的"家+睦邻"行动中,商场在为社区提供公共空间的同时,其销售额和营业额也迅速上升。这是典型的现代互惠层圈。成都市武侯区黉门社区因为为华西医科大学教师提供暑期小孩日托,成功地构建了集康养与医疗于一身的服务层圈。

在2020年中国抗击新冠肺炎疫情期间,层圈结构所具有的互助效应、资源整合效应和治理效应发挥得可谓是淋漓尽致。疫情把很多游离于社区共建共治之外的主体所具有的公共责任快速激发出来,使其融入社区的层圈结构之中。在抗击疫情最初的慌乱阶段,是很多企业、居民的捐助行为和积极行动,极大缓解了基层政治和街道办事处在资源供给方面的不足。这一系列的积极行动,宛如层圈结构中的一道红线,把诸多社区主体串联和勾连在了一起。层圈结构作为一种扩展性和包容性的治理结构,为抗击疫情提供了坚实的支撑。

与差序格局相比,层圈结构因为议题的多样性、机制的复杂性、参与主体的差异性、辐射范围的伸缩性、平台涵盖范围的扩展性而拥有了多个"聚力点"和"联结点"。这些聚力点和联结点会不均匀地分布在社区的不同区间之内,形成一种弥散性的社区治理和社区活动的网状结构。(见图5)

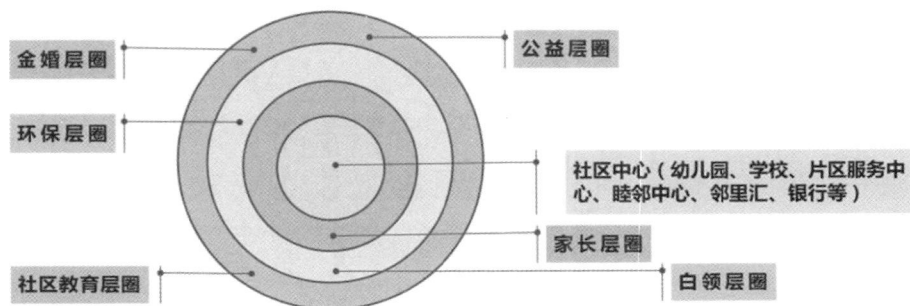

图5　以项目为支撑、以共治为纽带、以活动为载体的层圈结构

显然,聚力点和联结点不均匀分布的层圈结构与关联程度从中心向外

围逐渐递减的差序格局是完全不同的。尽管我们认为小区和家庭是中国社区治理最为重要的两大单元，但是如果中国的社区治理要想向前再推进一步，就需要借助区域化党建、社区规划、场景营造、小区拼接、空间共享、主体扩容等途径，推动社区空间内涵和地理维度的延展，在开放性、伸缩性和包容性的空间范围内构建复杂、立体、功能多样化的层圈结构。在很大程度上，层圈结构的形成是与社区治理的政治逻辑(区域化党建、横向党建中的政党领导力)、社区社会主义精神文明，以及社区内部各个要素之间的关联主义情结紧密联系在一起的。所以我们有一个基本的判断:中国城市基层治理乃是一个纵横交错的结构，其基本形态是纵向街居结构与横向层圈结构的有机融合。(见图6)首先，街居结构保证了中国城市治理的"政治速度"，即通过"兜底"和"属地"实现了底线保障与责任主体在空间上的快速追溯。一般来说，城市规模越大，对街居结构的依赖程度就越高。其次，层圈结构通过区域化党建等机制最大限度地实现了横向的资源链接与组织整合，保证了"社区社会主义"的落实与巩固。

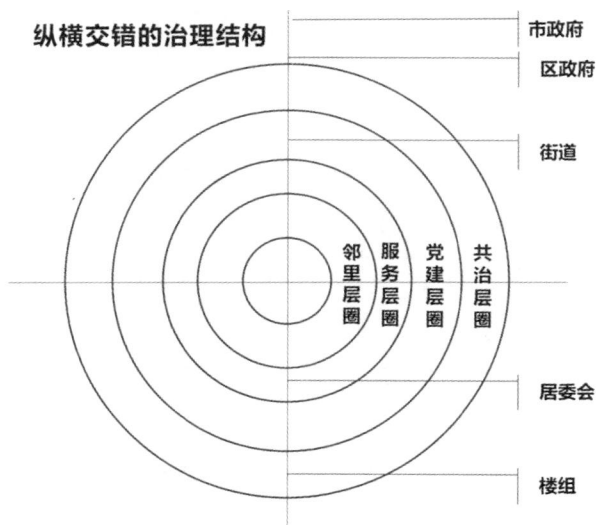

图6　纵横交错的治理结构

25. 小区制、新街坊制与场景美学①

　　2020 年,中国在抗击新冠肺炎疫情的过程中,我们看到了整个中国被压缩成了数以几十万计的最小的封闭单元。整个中国一夜之间被戏剧性地还原为一个个封闭的村落和小区。中国的居家隔离策略就是依靠村落和城市小区这样数以亿计的封闭单元得以完成的。这样抗击疫情的策略,可以肯定地说,在世界上是独一无二的。因为对传染病先期的应对措施,世界各国的做法就是先尽可能地减少传染,再抓紧治疗传染者。而减少传染者的最佳途径,就是减少人与人的交往与接触;减少人与人交往接触的最佳办法,就是居家隔离。居家隔离,说起来容易做起来难。城市化发展使人口居住在城市里,高楼大厦,每平方千米都居住了几万人,像高密度的香港市中心居住区,每平方千米都有十几万人口,人口高度集中,如何实现隔离,这样的管理工作是非常困难的。而我国现在的各个城市,尤其是疫情严重的城市地区,基本上都实现了居家隔离。

　　居家隔离的成功首先得益于中国的社区规划和城市规划。中国的城市

① 本节参考和吸收了上海以研究城市规划见长的王振亮博士的研究成果。在此,对王振亮博士表示真诚的感谢。

规划与社区规划和其他国家的城市迥然不同。这里最大的不同就体现在街区制与街坊制、厢坊制、小区制之间的差异之中。这一差异体现了城市"元治理"的差异。无论是社区治理还是社区生活，都离不开社区规划。从世界范围内来看，城市规划代表了一种"元治理"。也就是说，有什么样的规划，就必然会有什么样的治理；不同的城市规划，决定了不同的治理水平和治理成本。而且城市规划有一种神奇的力量，它一旦形成就难以改变。城市规划又潜在地决定了治理制度设计中的路径依赖。

小区制是中国城市生活空间的基本规划形态。小区的地理特征在于它的封闭性，小区的制度特征在于它是实实在在的治理单元，小区的经济特征在于它拥有一定的公益性收入及对其内部各项开支的自我承担，尽管政府会对一些老旧小区进行资源上的投入，但绝大部分小区有其相对独立的产权归属，小区的管理与运营更多地是要依赖它自身的"造血"与"输血"功能。更为重要的是，小区是中国人生活美学在空间上的重要体现。在中国房地产市场开发和房权社会的形成过程中，消费者的喜好就是开发商进行社区规划的导向，封闭小区相比开放性的街区更受中国消费者青睐，自然成为开发商的优先选择。中国人习惯且依赖"围墙"带来的安全感和归属感。封闭式小区可以实现内部的道路、景观、安保系统、停车设施、运动设施等公共设施环境不被外界干扰和共享，保障小区内业主对资源的充分享有权。因此，大部分消费者对封闭式小区的青睐与偏爱，就不仅仅体现为住房水平的提高，更是生活美学在规划和空间上的再现。

但一个不容否认的事实就是，小区里面有很多东西的物权归属是模糊的，例如内部道路，尽管法律规定属于全体业主所有，但如果治理体系和治理机制不健全，就会陷入"公地悲剧"。所以我们用"集体私有物权"来表达它在物权归属上的两难困境。小区制的优势是可以将城市治理压缩为一个个封闭的空间单元，劣势是小区作为一个公共性的物理空间，本身内部则又衍生出一系列的"公共治理困境"。所以生活于封闭小区和社区之中的每一个家庭,实际上是处于小区公共治理、社区公共治理和政府治理这三重机制的影响之下。从这个意义上来说,小区自治的水平、质量和能力就成为我们观察中国城市基层治理最为直观的指标。

当然,中国城市的基层治理并不仅停留在小区制这一层次上。小区之间的公共空间、小区之间的相互衔接也被纳入到基层社会治理体系之中。这就是独具中国特色的"新街坊制"。之所以是新街坊制,就是因为它与传统城市的街坊制、厢坊制已经不能完全等同,尽管传统街坊制、厢坊制的规划与管理惯性在新型的城市生活空间中依然有部分的延续,但从治理的价值取向、体制机制等方面,中国基层社会治理已经完全突破了传统的街坊制和厢坊制的各种约束了。

众所周知,街坊制和厢坊制是古代中国城市基层管理的两种基本形态。它们既是一种规划形态,又是一种治理模式,更是一种空间美学和生活美学的展现。在唐代,城市居民区有被规划得井然有序、纵横整齐的"坊"。例如,当时的长安城,居民区所在地被称为外郭城。那里排列整齐的 108 坊,由 11 条南北大街和 14 条东西大街切割而成,状若棋盘。坊的四周有墙,坊的出口有门。坊内街道在玄宗天保年间以前称"巷",天宝以后称"曲"。巷曲沟通各户住宅。隋唐前期,政府特别注意坊墙的完好,一再下令维护,严禁穿凿侵毁,违章造屋。与坊相衔接的是"市"。隋唐政府依照传统,在坊区特设以"市"为名的商业区。例如,长安有东市、西市和中市,洛阳有南市和北市。市区的面积一般都大于坊区。中唐以后,严格的坊市制度开始松弛。① 由于商品经济的发展和社会流动性的增强,那种城市中把居民区与商业区严格分离,而各

---

① 参见曹文柱、赵世瑜、李少兵:《飘逝的岁月:中国社会史》,华东师范大学出版社,2001 年,第125 页。

居民区之间又以定时启闭的坊墙相隔的坊市制度,到中唐以后开始被打破,部分坊市也开始出现店铺。到宋代,坊市制被彻底废除,代之以厢坊之制,厢是较高一级区划,北宋开封旧城和新城先是各分四厢,后来有所增加变易,南宋临安承制,先为七厢,后也为八厢,但都是厢之下再辖坊,坊是最基层的社区,但已没有了坊墙,这标志着城市内部自由流动性的增强。[1]

从唐代的街坊制和宋代的厢坊制中,我们可以大致看出中国古代城市生活空间的规划特征与治理特征。唐代把封闭性的坊作为最基本的生活单元和治理单元,宋代把坊作为基层社区,把厢作为管理社区的治理层级。这都体现了与西方开放性的街区制的重大差别。如果说管理和治理的逻辑主导了中国古代城市的规划,那么主导西方城市规划的逻辑则是资本逻辑和市场逻辑。

由此可见,中国城市中的新街坊制实际上是封闭小区制与沿街开放商场和商铺的组合形态。这一形态折射出传统的街坊制和厢坊制的影子。那么什么是新街坊制呢?顾名思义,就是特定社区内部互通,间接对外互通,即城市主要街道、道路形成体系、主要道路(街道)围合的区域形成封闭或者半封闭的坊间小区,居住生活区是围合封闭的,工厂企业绝大多数是围合封闭的,学校、医院、学术研究机构、政府与部门办公机构、社会团体等各类机构都是围合封闭的,只有少数的商业贸易设施临街开放。

中国的新街坊制与西方国家城市普遍采取的街区制形成了鲜明对照。西方有两句谚语,叫作"条条大路通罗马","罗马不是一日建成的"。尽管此语已经有多重指向,但如果回归到城市本身,以上两句话就是指,罗马就是四通八达的城市,有几千年的历史和文化,有繁华繁荣,也有战争毁灭,更有

---

① 参见曹文柱、赵世喻、李少兵:《飘逝的岁月:中国社会史》,华东师范大学出版社,2001 年,第 150 页。

罗马重建。总之,西方的城市是西方文化的结晶,西方文明的结晶。我们称之为街区制的城市建设格局,以及建成后的治理模式,这是西方人的选择,不是中国人的选择。街区制(Block System)是西方国家主流的城市基层管理体制和住区模式。顾名思义,街区制就是家家通路、户户有道,住户直接通达至居住区外的城市公共道路。所有建筑物都可直达,并直接与所有的道路连成有机整体,这是西方发达国家城市、城镇的普遍形态。在街区制的规划中,城市中的各类建筑物主要是居住建筑完全对城市开放,城市内的一切服务活动全部由政府负责,作为房屋业主的市民向政府每年缴纳不动产税,政府则通过购买公共服务的方式为市民提供服务。上海研究城市规划的学者王振亮博士将其称之为一元治理模式,即政府直接服务市民的模式。

那么街区制是如何形成的呢? 在街区制形成的历史逻辑中,我们可以发现西方城市基层治理和社区治理的秘密。西方工业化自开始,就与城市建设和城市化发展密不可分。以 18 世纪的蒸汽机发明为代表,开起了工业文明时代,人类的生产方式、生活方式和聚落方式也随之改变。工业化开始之时,经过文艺复兴运动后的西方城市土地早已私有化,崇尚自由主义的西方,其城市建设也是无序的,其管理也是无序的。现代城市规划原理,尽管来自西方,但其城市规划的理论和实践也仅有一百年多一点。城市规划得到地方政府的重视也是现代的事情。

英国是最早完成工业化的国家,也是最早建成福利社会的国家,其城市规划和建设一直得到全世界各国的重视。英国于 1909 年便制定了《住宅与城镇规划法》,是因为英国在土地私有制基础上,工业城市无序扩张引发的环境污染问题、住房问题、交通问题已经无法解决,只能从源头的土地建设寻找出路。早期的住宅建设,主要是低密度住宅,所以在 100 年到 200 年前后的伦敦及其他城市,95%以上是低密度住房,其建造过程是量身定做,各不相同,但都要求与城市紧密相连。城市规划立法以后,仍然延续过去的城市格局和结构,形成密集的路网。18世纪的一场大火灾,使伦敦城市建设获得新生。一战后的1930年,英国工党政府制定格林伍德住宅法,采用"建造独院住宅法"和"最低标准住房"相结合的办法,要求地方政府提出消除贫民窟的5年计划。在清除地段建造多层出租公寓,并在市区以外建一些独院住宅村。20世纪以后,汽车工业发展迅速,汽车已经进入家庭。低密度的独院住宅,前后都需要道路,所以无论美国、英国、法国还是德国,其战后重建,首先是住房重建,而重建最有效的办法就是延续历史的城市建设传统,从而形成了所谓的"街区制"模式。

街区制形成以后,与这一规划相适应的治理模式也随之产生。这就是政府直接服务市民的一元治理结构模式,支撑这一治理模式的服务支出是以开征不动产税作为前提的。街区制导致政府直接面对所有住户,城市中的道路建设、维护,住户所必需的上下水供给、处置和维护保养,现代化的电信和电力系统的供给、维护与保养,生活垃圾的处置运输,绿化环境的种植、养护与维护,以及社会治安等,全部由政府买单。英国是世界上第一个福利社会国家,建立起给国民"从摇篮到坟墓"的福利待遇体制。这种体制的前提是巨额的财政支出。政府本身不能创造财富,其所有开支只能通过税收来解决,所以高税收也成为西方国家的一大特色。西方发达国家的城市都非常漂亮,但这是要花费巨大代价的,即高昂的城市维护运行费用。

城市运行的维护费用从哪里来呢?从征收不动产税中来,而且必须年年征税才能勉强保证基本的城市运行维护费用。不动产税每年的税率有变化,税率是房屋估价的0.5%~7%,如果多年欠税,将会被没收拍卖冲抵国库。所以街区制是典型的城市一元治理模式:城市政府-住户个人、企业、单位个体。一如西方的选举文化,总统(首相)直选或者议会多数党领袖当选,其每个城市的市长几乎都是直选。所以市民选举市长,市长为每个市民的家庭和企业外部环境打工,从道理上说得过去。由此看来,城市一元治理模式的成本是非常高的,市长选举时承诺的目标就是要提供好的服务,但好的服务是建立在税收的基础之上的。街区制城市的治理模式可以简约为如下一句话:实现目标要花钱,花钱就要征税。在如此简洁的治理逻辑的背后,是高昂的成本和富人区、穷人区的二元对立。因为缺乏税收支撑的街区必然会走向废墟化、贫民窟化。

街区制与新街坊制不仅是规划形态上的差异,它还直接导致了两种截然不同的治理模式、治理机制和治理后果。先看中国的新街坊制。根据土地产权一致性原则,土地边界的四周围合并设置出入口与城市道路连接,内部的建筑物形成邻里单位和坊间组团,内部实行自组织的管理和自组织的服务,坊间单位有限制地对城市开放(通过门卫),建筑物间接受城市政府的管理、治理和服务(安全灾害等紧急服务除外)。城市政府只对城市管辖的道路市政公用设施提供管理服务,坊间单位内部的道路等公用设施实行自组织管理服务和安保服务。新街坊制的最大特色是城市由有组织的坊间和主要道路组成,坊间内的支路小路自成系统,通过主次出入口与城市道路体系连通。社区则以提供公共服务的方式自我服务,由业主委员会招聘物业公司,通过物业管理费支付服务费用。

在街区制主导的城市规划中,每一栋房屋都是城市的一个细胞单元,完全对城市开放,直接由城市政府管理和提供服务;西方城市的土地私有边界明确,实行私人不动产的许可准入;城市政府对城市的所有建筑物、构筑物,以及所有道路市政公用设施提供全方位的管理服务和安全服务。而街区制的最大特色是城市由建筑物和互联互通的道路网络组成。提供社区公共服务的方式是政府购买服务,业主缴纳不动产税,城市政府购买公共服务。

历史的传承只是决定了我们理解城市的文化视界和观念系统。它还要有政策和制度的配合,才能转化为现实的规划形态。中国的基本国情决定了城市治理只能采用新街坊制模式。很多人崇尚街区制的主要理由是:西方发达国家城市实行的都是街区制,只要是西方的就都是科学合理的;街区制中的市民更加自由,城市更具有活力等。我们的观点恰好相反。我们认为中国的现代化城市治理的体制机制、路径方法和手段措施,应该立足中国历史文化传统,立足中国特色社会治理的基本规律和治理体制,立足中国当下快速发展的城市化基本国情。中国城市治理有别于西方模式的基本国情是:

一是人多地少,城市人口密度大是必然选择。为保障14亿人口的吃饭问题不能受制于人,必须保证18亿亩耕地的刚性约束,所以国家土地部门严控城市建设用地规模,不走低密度搞城市建设的路子,鼓励提高建设用地使用效率,建设高楼大厦是中国城市化的应有之义。

二是土地公有制与西方土地私有制完全不同。我国宪法规定,中国城市土地属于全民公有制,农村土地属于农民集体所有制,城市化建设中的土地扩张占用农村土地,必须将其征收为国有土地后才能使用(集体建设用地入市仅仅是例外,但也是公有制)。土地公有制下,整个城市都必须服从政府的管控和治理,这是城市治理的根本前提。

三是城市发展中土地是按照"模块化建设"批租使用的。在我国市场经济的城市发展建设中,除了划拨使用的公共设施用地外,建设用地要依法按照土地使用性质和一定年限进行批租才能使用,形成中国城市土地的"模块化建设"——以同一批租地块上的建设物产权分割和同一物业管理方式为法定约束,形成土地属性相同、使用年限相同、公共配套设施公用的相对独立的社区(由物权法和各省市物业管理条例约定)。这是中国城市化建设有别于西方的另一大特色。

四是城市治理体系末端组织机构的公共属性与能力禀赋。无论中外,城市治理都是庞大的系统工程,精细化治理的核心是末端组织的精确程度、快速反应能力和组织能力。毫无疑问,在城市治理体系末端的组织机构,西方城市是相对缺乏的,即使是有组织的,也是民间自发的松散组织、宗教组织或者行业组织;而中国的末端组织,完全是公有制的特征,城市社区(居委会)是连接政府与居民的组织,其法律上的自治组织属性与功能上的中介属性是合二为一的。作为社区领导机构的街道办事处,则是在更大范围内承担着公共管理、公共服务、公共安全等重要职能,它在更大范围内保障基层治理的公共性质。作为市场逻辑催生出来的业主委员会,尽管其组织能力和执行能力千差万别,但确是"小区"这一共有空间实行精细化治理不可或缺的力量。以上四个方面的基本国情和特征,决定了开放性街坊制是适合中国城市的最佳治理模式。

那么新街坊制对中国城市基层治理意味着什么呢?首先是治理成本的降低。正如前文所言,街区制的最大弊端就是高昂的成本。这一单层化的治理模式决定了政府只能通过税收来提供社区服务和公共产品。而中国新街坊制中的"小区自治""联动共治"则构建了典型的"双层治理模式"。即基层政府在小区之外提供典型的公共管理、公共服务和公共安全职能,自治性的组织在小区内部实行自我管理、自我教育、自我服务、自我监督。再进一步,在小区资源匮乏的前提下,可以通过政府治理与社会调节、小区自治之间的良性互动,多方筹集和整合资源,以破解老旧小区资源匮乏的困境。中国很多城市开展的"美丽家园"行动,实际上就是在多方协同、多方合作的基础上对老旧小区进行的资源投放。

由沿街商铺和封闭小区组合而成的新街坊制不仅规定了业主和居民思考生活意义的空间坐标,也规定了党和政府思考治理问题的空间坐标,更规定了普通民众生活的边界意识和归属意识。作为微型社区的封闭小区和更大空间范围内的集公共服务、公共管理和公共安全于一体的街坊和社区,共同构成了中国城市基层治理的两道关口。中国乡土社会中各自为战的做法,以及街区中依靠市场逻辑规定政府行为和居民行为的做法,显然与小区治理和街坊社区的治理难以相容。从这个角度来说,新街坊制社区的"共治"和封闭或半封闭小区内的"自治"是我们观察城市基层治理的两个最为重要的"窗口"。

但是如果中国城市的基层社会治理停留在小区制和新街坊制而止步不前，显然还不能适应城市的持续发展与永续发展。因为还有很多要素是小区制与新街坊制难以涵盖的。这就需要构建超越小区制和新街坊制的治理体系和发展规划，通过寻找中介要素把分立的小区、沿街商铺与其他要素拼接、贯通在一起，形成更大范围的空间美学景观。基于此，"场景"（Scene space）理论为我们提供了有益的启示。场景理论的出发点就是赋予所有要素以美学内涵。工业时代的学者们更多地把城市看作具有生产意义的地点，而后工业时代的学者们可能更多地把城市看作具有美学意义的地点，涉及消费、体验、符号、价值观与生活方式等文化内涵。这就是重新定义城市，重新定义社区，重新定义生活。这就说明场景理论试图在突破传统的经济决定论和地理决定论的束缚。

场景是一个强有力的概念工具，可以辨别不同地方的内部和外部呈现有没有美学意义上的范围和结构，从而发现文化生活的聚集。场景的概念将我们的聚焦点很好地从一种与其他文化封闭和隔离开来的共同价值及生活方式，转向一种相互的、松散绑定的、具有灵活性排列的当地价值。相对于种族、阶层、国籍、性别等原生性的符号与标签，场景提供了一种超越性的开放空间，使其不再局限于种族和阶级这些等级性的标签。①场景不仅超越了传统的空间等级，而且场景内部的拼接与场景之间的关联，也充分释放了城市文明的整体活力。场景理论对中国城市基层治理的最大启示就是重新理解社区。场景理论促使我们对社区的理解必须完成对居委会、居民区、小区、街坊等物理要素的束缚，把社区置于更广阔的美学空间、更加多样性的形态、

---

① 参见［加拿大］丹尼尔·亚伦·西尔、［美］特里·尼科尔斯·克拉克：《场景：空间品质如何塑造社会生活》，祁述裕等译，社会科学文献出版社，2019年，第39~40页。

更加富有文化和人文内涵的层次来理解。也就是说在人们对美好生活向往的新时代，完成重新定义社区的任务。

物质上的美来源于生产创造，精神上的美来源于生活创造。随着工业社会向后工业社会的演进，城市发展也要从工业逻辑回归到人本逻辑，从生产导向回归到生活导向。城市恰恰就是在以上两个回归中完成了它从外在性向内在性的转型。与城市形态和城市属性的转型相适应，传统社区空间也在向集地域、生活、情感价值于一体的场景延伸，一个个社区场景拼接了生活的全貌和图景，承载着市民的人生梦想，场景营造已经成为赋予现代城市以文化内涵、人文内涵和美学内涵的重要途径。城市发展和生活变迁，空间设施与文化价值的融合叠加，会创造出各具特色的场景。这一趋势正在重新定义城市生活。

场景营造对社区规划、社区治理和社区发展的影响已经非同小可。因为场景既是文化认同，也是价值判断，场景营造有利于以地域文化为纽带，引发情感共鸣，引导公众行为，对个体价值观念、价值选择产生积极影响。场景既是消费空间，也是生产要素，场景营造有助于推动空间设施与美好生活精准匹配，激发"生活+体验+社群"新业态新模式新体验，激发社区空间动力，对先进生产要素产生强大的集聚力。它甚至可以进一步刺激消费行为，拉动经济增长。场景既是生活方式的选择，也是个人价值的选择，不同场景蕴含着特定的价值取向，塑造着不同的社会生活方式。我们选择一座城市、一个社区作为工作生活的地方，实际上也是一种场景意向和价值导向。①

沿着这样的思路，我们会发现，将来的城市社区就不是传统的小区，更不是街坊，也不是我们理解的居委会、业委会，而是呈现出多种形态的美学场景、人文场景、创业场景、消费场景、智慧场景等。从这个意义上说，纽约的

---

①　参见成都市委书记范锐平在成都市"凝聚社区发展治理新优势，激发办赛营城新动能"工作会议上的讲话。

苏荷区、加利福尼亚的硅谷、芝加哥的柳条公园、北京的 798 艺术社区与中关村创业大街、上海的田子坊创意社区等,都是富有魅力的"创意场景"。它们与周边的生活空间、社区主体相互勾连,形成了一种"拼接型"的社区形态。在这一方面,成都对小区、院落之外的场景营造代表了重新定义城市、重新定义社区的趋势与潮流。成都实践在社会主义的语境中,在共享文化场景的营造中,突破了王笛在《街头文化:成都公共空间、下层民众与地方政治(1870—1930)》一书中强调的国家与社会、精英与大众的结构性冲突,也超越了作者在书中津津乐道的"下层立场"和带有感伤意味的"街头情结"。①

---

① 参见王笛:《街头文化:成都公共空间、下层民众与地方政治(1870—1930)》,李德英等译,商务印书馆,2013 年,第 1~13 页。

26. 熟悉的陌生人①

　　20 世纪末，人类社会最伟大的创造之一就是基于互联网的网络空间的形成。这一网络空间的神奇魔力就是突破了所有物理边界和制度边界，在接近无限的空间中把所有的陌生人变成了"熟悉的陌生人"。网上熟人与网下陌生人同时共存于两个似乎永远不能交集的空间和世界之中，由此导致了延续两千多年的知识世界、知识生产与知识传递完全被兑换了。曾经引发无数人为之迷恋和陶醉的思想、概念、术语和命题在接近迷幻的互联网面前黯然失色。曾经引以为豪的社会调控机制在不断生产出叠加空间的互联网面前甚至一筹莫展。

　　时至今日，网络空间已经与个人生活、组织活动及国家权力变得密不可分。可以说，相对于传统的物理空间、组织空间和制度空间来说，网络空间更具扩张力和延展力。网络空间对语言的塑造、对交往手段的革新乃至对国家治理和地方治理的影响，都是显而易见的。甚至毫不夸张地说，人们对网络的依赖就像对氧气的依赖一样，一刻都难以脱离。这印证了罗纳德·威尔逊·

---

① 本节核心内容已发表，参见刘建军、沈逸：《网络政治形态：国际比较与中国意义》，《晋阳学刊》，2013 年第 4 期。

里根（Ronald Wilson Reagan）1989 年在伦敦发表演讲时说的一句话：信息是目前这个时代的氧气。网络空间的虚拟性（virtuality）、可扩展性（scalability）、去中心化（decentralization）、进入的低门槛化（low barriers to entry）、跨时空的交互性（interaction beyond time and space）等，直接导致了网络化生存与网络化社群生活成为解读社区中国绝不能忽视的视角。

如果以前我们说"人是天生的政治动物"，那么现在我们可以说"人是天生的网络动物"，甚至我们可以说"人是天生的数字动物"了。以撰写《人类简史》而闻名的尤瓦尔·赫拉利（Yuval Noah Harari）甚至悲观性地提出了"无用阶级"（useless class）这一概念，[①]智能化的发展使得人越来越成为一种多余。在强大的互联网巨头面前，人非但不是键盘上的主人，更不是他们的顾客，而是他们的产品（We aren't their customers–we are their product）。[②]大数据算法比我们自己更能调节和理解自身感觉。权威对人的控制也就相应转向对数据和计算的控制。从权力主体与物质客体的关联来看，人类政治形态也就相应地从土地政治、工厂政治彻底转向了数字政治。尤瓦尔·赫拉利提出的"数字专制"（digital dictatorship）揭露了互联网政治冷酷、无情的一面。[③]这对"网络动物"在键盘上的狂欢、恣意，以及互联网世界中主人般的幻觉来说，无疑是致命一击。

人的社群性是本书的逻辑起点。人之社群性的展开已经不局限于传统的物理空间。而且一个不容忽视的趋势就是，传统物理空间的重要性日趋下降，基于互联网而形成的网络空间已经占据了我们社群生活的中心地带。在这个空间中，一种不同于传统物理空间中的社会资本、关系资源源源不断地被再生产出来，但物理空间中的人际交往与之则是不对称的。换言之，网络

---

① See Yuval Noah Harari, *21 Lessons for the 21ᵗ Century*, Jonathan Cape, 2018, p.32.

② Ibid., p.78.

③ Ibid., p.61.

空间的熟悉度与物理空间中的陌生度是共存的。这就是互联网时代"熟悉的陌生人"。更为有趣的是,由熟悉的陌生人组合而成的社群还可以穿透传统物理边界的束缚,在跨地域、跨系统的轨道上,刺激着新型社群的诞生。当然,网络社群的开放性与封闭性是同时共存的。正是在互联网时代,中国人讲的物以类聚、人以群分才真正展现出来。熟悉的陌生人不仅在催生着不计其数的虚拟社区或虚拟社群的诞生,而且也在改变着社区治理的模式,进而改变着国家与社会的关系模式。可以断言,从互联网空间中释放出来的能量将会导致前所未有的治理革新。

互联网技术对社区性质和社区治理的影响,是从"互联网政治"这一新型政治形态的原理延展出来的。与传统的电话、电报、电视等通信技术相比,互联网从一开始就表现出了其天然的政治与社会属性。换言之,它不是因为对技术的政治性运用才显示出其政治性能的。所以把网络的技术属性和政治属性割裂开来是不可取的。网络首先是技术的产物,但网络空间从一开始就显现出对社会的介入性和重塑性。这是网络技术与以往技术手段的最大不同之处。从一定意义上来说,网络具有某种天然的政治属性和社会属性。网络的技术属性和政治属性、社会属性是交织在一起的。技术决定论就认为"网络技术具有天然的政治性能(inherently political properties)",网络技术与政治具有"天然的因果关联"。①在这里,网络政治的颠倒机制特别值得我们重视。网络政治的颠倒机制不仅将传统权力安排遗忘和忽视的要素充分激活了,而且它还借助独特的"网络民主化修辞"将其推至政治前台。这主要体现在以下六个方面:

---

① 刘建军、沈逸:《网络政治形态:国际比较与中国意义》,《晋阳学刊》,2013 年第 4 期。

（一）非实体政治

传统的政治形态，无论是以国家为主体，还是以公民、政党和阶级为主体，都具有明确的边界性。但网络空间的弹性决定了网络政治的非边界性。这一空间不仅具有极强的经济意蕴，孕生了新型的组织形态和商务通道，而且也在改变着传统的社会结构，改变着人们的沟通方式和社会组合的途径。特别是网络空间的崛起，日益显示出其强烈的政治内涵，即作为展示公众意见的网络空间，正在孕育着一种有别于传统实体性社会的虚拟社会。时间、空间、政治、沟通、场所、身份、地位、购买、销售等所有概念和活动，在这一空间中都被注入崭新的理解。

（二）国家过滤机制的部分失效

国家对传统政治空间具有较强的驾驭能力。传统政治空间在容量上的有限性、进入成本的高昂性和异类声音的风险性，使个体声音的扩展有着明确的物理边界和制度边界。网络空间对传统有形政治空间的有限替代，正在改变着这一惯性。一般来说，网下政治虚弱的国家，最容易激发网上政治的诞生。现实中社会等级制度越强，阶层壁垒越严格，人们之间的社会距离就越难以逾越，网上政治就越丰盛。

网络空间相对于传统的信息世界来说，不仅容量大，而且进入成本低，更新速度和传播速度快。在传统的信息世界中，说话者是被挑选出来的，说的内容是被过滤过的。听众只能去阅读和接受这些信息。传统信息空间的有限性和边界性使信息生产权和流通权掌握在国家之手。但是网络空间几乎重构了由电视、报纸和收音机确定的信息空间，在这一新型的信息空间中，每个人都是制作者、导演、编辑或者其他创造性力量。个人自制的信息载体导致了复制、折射、反映、描述社会和历史的权力确实已经弥散化、去中心化了,国家对依靠信息和文字复制社会的垄断格局已经部分失效。对于普通人来说,凭一己之力就可以将自我制造的各种信息,突破各种制度和空间壁垒将其传输到世界各地。①

(三)"小人物政治"

时过境迁,人类创造出来的网络空间满足了虚弱公民寻找新政治空间的渴望。传统信息世界是大人物的世界,网络空间则为小人物提供了舞台。网络世界不是一个等级性的身份世界,小人物只有借助集体行动来说话的时代已经终结。试想一下,在以往,宫廷宴会是没有小人物立足之地的,庙堂高地是没有小人物的身影的,优雅会所是不会给小人物派发入场券的。在网络空间诞生之前,没有任何一个时代、没有任何一个国家能够创造一个为各色人等一起说话的平台。但这个近乎缥缈的幻想,在21世纪初却成为了现实。如果说代议制是在各种力量的对决中、在现实世界中被发明出来,试图让国家治理者倾听人民声音的话,那么网络空间就是借助一种近乎神话般的技术,创造出来的一种播放各种声音的大平台。尽管等级世界在现实中依然存在,但一种完全扁平的世界却在网络空间中逐渐形成,而且这一扁平世界显示出了对现实等级世界的互补性与对等性。

(四)传统政治概念的集体失效

不容否认,网络空间的"自由"近乎一种混沌状态。一种隐藏的身份使其可以为所欲为,自由、民主、责任、权利、义务等传统的政治概念面临着一种集体失效和集体兑换。因为这是一个匿名的世界,一个依靠低成本就可以介入的世界,一个极容易隐藏身份的世界。这个世界中,每个人都可以凭借自

---

① 参见[英]安德鲁·查德威克:《互联网政治学:国家、公民与新传播技术》,任孟山译,华夏出版社,2010年,第7~9页。

身的理解去重新诠释约定俗成的各种概念，进而借助网络聚合形成一种新的概念的合集。

（五）压力型网络政治的负反馈

在网下政治不发达的状态下，这一混乱的虚拟自然状态，不失为观照现实世界的一面镜子。国家治理者在这面镜子中看到的是真实的社会身影，弱者在这面镜子中看到的是对国家的风闻压力。这很像美国政治学家卡尔·多伊奇（Karl Deutsch）所说的负反馈。负反馈的作用不仅能够指引系统寻找目标，而且还能促使系统进行内部对比并改变内部的运作方式。[①]在政治系统中，负反馈的效果直接关系到系统的决策能力和决策效率。从网络政治中释放出来的压力，如果能在国家力所能及的范围内得到有效化解，则强化了政治系统自身的调适能力。

（六）跨区域的社会动员

在传统的政治形态中，只要人们被封锁在相对封闭的地理空间之中，则难以形成广泛的社会动员和社会行动。信息的空间性隔绝、制度性隔绝使得跨区域的社会联合已经不可能。但是在网络时代，地方事件可以成为国家性的事件乃至全球性的事件，个人事件也可以成为公共事件，而且这一事件会借助网络空间进行跨区域性的流动与传播，由此带动了依靠网络空间而形成的交感式、互动式的社会联合行动。

互联网作为影响人类交往最为重要的力量，已经按照新型的网络政治的逻辑，正在释放出重构社区的神奇效应。一方面，国家把社区纳入到技术治理的体系之中，对社区的调控出现了从结果导向向流程导向的转变。社区

---

① See Karl W. Deutsch, *The Nerves of Government: Models of Political Communication and Control*, The Free Press, 1963.

治理主体的各种行为被纳入到透明化的程序调控体系之中。另一方面,互联网完全颠覆了传统的面对面熟人社区的概念,通过互联网形成了特殊的"群内交往"和"群际交往"。人与人之间网上空间的高熟悉度与网下空间的陌生度是同时共存的。这就是我们所说的熟悉的陌生人。基于互联网的"群缘"成为连接陌生人的新型途径,基于房权的"业主群"和基于其他媒介而形成的"功能群"(如"咖啡群""辣妈群""水果群""摄影群""楼组群"等)是社区熟悉的陌生人相互连接的两种重要形式。

实践证明,一统性的"业主群"往往会释放出强大的抗争效应和战斗能量,多元林立的"功能群"则可以为社区治理培育较为丰富的沟通渠道、关系资源与组织资本。如何驾驭新型的网络社区,是摆在中国基层社会治理面前一项非常艰巨的任务。

27. 情感政治学与女性化社区①

　　情感治理是从中国文化基因中衍生出来的。中国社区讲究情感的积累与人际的联结,所以在基层社会治理中存在着"情—理—法"逐级递进的治理策略。情感治理就成为维系社区共同体的重要策略。"情感治理是以情绪安抚和心灵慰藉为目标的制度化的或非制度化的情感回应"②,与存在于社会治理中制度化的治理方式不同的是,情感治理属于"软治理",更多"采取说服、教育、讲道理、沟通交流感情等较为温和的方式"对社会公共事务进行治理。治理的方式由制度化的手段转变为改变制度背后人的思想、情感、意志等,达到"不战而屈人之兵"的作用。俗话说,冬天送温暖,夏日送清凉。这就是典型的情感治理。西方社会很多宗教组织走的就是这条情感治理的路子。如果说社会治理精细化的制度建设、机制建设是"理"的层面的表达,那么情感性议题的思考则体现了社会治理对"情"的兼顾。③

---

　　① 本节核心内容已发表,参见刘建军、张兰:《社区社会资本的性别化积累》,《华东师范大学学报》(哲学社会科学版),2019 年第 5 期。

　　② 何雪松:《情感治理:新媒体时代的重要治理维度》,《探索与争鸣》,2016 年第 11 期。

　　③ 参见张冬冬、刘建军:《新时代中国社会治理的基本原理》,《复旦学报》(社会科学版),2020 年第 3 期。

　　情感治理在中国为何重要？这是中国的历史与现状共同要求的结果。历史上，中国的国家建设和社会发展与西方就不同，中国人更多是情本位的，费孝通先生所讲的"无讼"状态就是中国传统社会基于家族之间调解而非西方法律诉讼程序的不同之处。中国人与西方人看待国家的态度是不同的，中国的老百姓更多地将国家看作"情感与道德维系的对象，而非西方意义上立足于契约的国家想象"①。为民做主的"父母官"式的官民关系被西方国家理论视为是"父爱式"的中央集权的产物，但这恰恰被中国老百姓认为是统治阶层对普通老百姓的关怀，是儒家仁爱的重要表现形式。

　　这种超乎利益与制度的对公民生活的情感关怀也被"使命型"的中国共产党所继承。在中国共产党的发展史上，党就"充分利用了情感的模式"，因为它是感召普通群众参与革命行动的重要策略，由此意识形态、组织形式、符号体系都具有了强烈的情感特征。②党号召群众参与革命，关心群众利益，在乎群众看法的"群众路线"就是情感治理的重要体现，也是中国革命能够成功的关键法宝之一。时至今日，中国共产党也一直告诫党员在工作和生活中不能脱离群众，这是情感治理在党的建设中的继续运用。中国治理有多个面向，不仅仅有基于理性的法律与制度设计，还有比如"送温暖""对口支援"等，这些都是"民心工程"，这样的制度安排凸显了政府与民众、地区与地区之间的情感联结，体现的是儒家所言的仁爱。因此，老百姓对国家与政府的想象并不只是基于权力与利益，对于很多人来说，国家是道德化的、情感维系的对象。③

　　精准扶贫政策也是情感治理的重要体现。本质上是党对贫困人民给予的政策关怀、物质激励和精神鼓舞。其实，情感治理的思路早在1992年便已

---

①　项飚：《普通人的"国家"理论》，《开放时代》，2010年第10期。

②　参见[美]裴宜理：《重访中国革命：以情感的模式》，《中国学术》，2001年第4期。

③　参见何雪松：《情感治理：新媒体时代的重要治理维度》，《探索与争鸣》，2016年第11期。

开始，在我国经济体制转轨、经济结构调整和国有企业战略性改组的背景下，全国总工会开展了"进万家门、知万家情、解万家难、暖万家心"的送温暖活动。①送温暖活动实际上缔造了一种新的社会情感关联，缔结了社会秩序。送温暖中的情感秩序缔造可以分为两个方面：其一，从静态上看，送温暖建构了一个真实而具体的国家–民众关系；其二，从动态上看，送温暖通过国家向民众的动态施予，建构了一个国家与民众的良性互动链条。②

在中国社会治理的过程中，随着经济社会转型发展和科技的日新月异，尤其是自媒体的蓬勃发展，为民众意见和情绪的表达提供了无限可能性。这种情感的表达具有很强的感染性，容易引起共鸣，引发基于互联网的公共安全事件，这对城市社会治理提出了新的要求。尤其是需要在城市社区治理过程中引入更多的情感因素，充分考虑社区居民的心理与情感要求，通过情感的连接重构社区中居民之间的各种联系，构建守望相助、有温度的社区。在中国的城市社区治理中，我们一直致力追求的也是一个善治、温暖的社区。在追求社区建设和社区发展的过程中，要关注到人，关注到人的情感，强调软治理与硬治理的结合。费孝通老先生在思考其一生的学术历程时写道："回顾我一生的学术思想，迂回曲折，而进入了现在的认知，这种认识是我最近强调社区研究必须提高一步，不仅需要看到社会结构，而且还要看到人，也就是我指出的心态的研究。"③

情感治理除了能在自下而上的社区治理中有效提升治理效力，缓解社区治理张力，拓展社区治理空间，增强社区温度，增加居民守望相助之外，在宏观层面上，也能够有助于自上而下的治理合法性的提升。但强调情感治理，并不是忽略制度和法律的作用，而是在社会治理中，充分考虑法、理、情

①② 参见王雨磊：《缘情治理：扶贫送温暖中的情感秩序》，《中国行政管理》，2018 年第 5 期。

③ 费孝通：《个人·群体·社会——一生学术历程的自我思考》，《北京大学学报》（哲学社会科学版），1994 年第 1 期。

三者的有机结合和互相协调,促进治理能力和治理体系现代化。

具体而言,社区的情感治理包含以下三个要素:第一,强调社区场域中居民的主体性;第二,更侧重社区治理关系中的关系重构维度,如基层党组织、政府、社会组织、社工、志愿者等,可以将其归纳为社区服务人员与社区居民;第三,情感治理的焦点是社区情感的再生产过程,而不仅仅是人际情感的简单回应。①社区是小政治的领域,单靠行政的力量或只靠社会的力量都无法使社会实现良善的治理,社区是一个有温度的场域,因此在治理方式和治理思路上也应该采用情感的方式,以柔性的方式去治理,最终实现多方协同和社区的善治。

社区治理所包含的情感政治学,凭借社区中女性治理群体得到了最为集中的呈现。一些有趣而重要的问题呈现在我们面前:为什么居委会成员以女性居多,而业委会成员以男性居多? 为什么单位制松解之后,单位组织中的女性管理者可以顺利实现向社区管理者的转变,而男性在这一方面的转变鲜有发生? 带着这些有趣而重要的问题,我们展开探索之旅。

(一)社区女性化与女性化社区

组织理论中有一个经典概念,那就是"女性化组织"。追求平等和温情的女性化组织与追求等级和效率的男性化组织,在组织文化上是有很大不同的。如果女性化组织仅仅是在展示一种新型组织文化的话,那么社区则经历了一个实实在在的性别化加工过程。社区变成了一个女性化社区。所以我们不禁要问:社区为什么会成为女性化空间? 社区治理主体为什么以女性为主?

---

① 参见文军、高艺多:《社区情感治理:何以可能,何以可为? 》,《华东师范大学学报》(哲学社会科学版),2017 年第 6 期。

　　社会性别视角下的社区，是在过程导向、情感导向和参与导向中展开的。在社区这一生活场域中，贯穿其中的是社区空间性别化改造与社区社会资本性别化积累的过程。美国女性主义学者摩塞认为，女性在社会中有三重角色：一是再生产者，包括生养孩子、照顾别人等；二是生产者，如参加工作；三是社区责任者，如参与社区的活动与管理，而男性通常只被认为具有一种角色——生产者，他们较少过问社区事务。[①]因此，有学者从生命历程视角研究女性的社区参与：作为"女儿"的短暂社区参与期、作为"媳妇"的社区参与空白期、作为"母亲"的社区参与关键期和"晚年"的日渐退出社区生活舞台四个阶段，[②]还有学者认为女性自身特有的性格特点有助于她们以社区志愿服务者的角色参与社区治理，[③]应该更多地强调女性在社区公共事务中的参与，给女性更多的公共空间与研究领域。[④]

　　当然，社区在女性化轨道上的润色与加工，除了与政策要求、社区逻辑相适应之外，似乎还与女性在生活策略上的理性选择有关。自1990年以来，社区便成为中国劳动力就业市场的重要组成部分，从净增就业岗位的贡献率看，社区非正规就业的贡献率达到40%。在生活压力不断增加的情况下，女性失业人员比男性更倾向于选择准入障碍较小的社区，社区成为女性占主导的就业领域。[⑤]就女性而言，就业中存在性别隔离与性别排挤、女性就业中的社会保障和劳动权益保护不完善、女性被局限于烦琐的家庭劳务和照

　　①　参见王政、杜芳琴：《社会性别研究选择》，上海三联书店，1998年，第270~272页。

　　②　参见孔海娥：《生命历程视角下的女性社区参与》，《云南民族大学学报》（哲学社会科学版），2009年第6期。

　　③　参见沈蓓绯：《社区志愿服务：女性社会角色建构的有效路径》，《广西社会科学》，2011年第5期。

　　④　参见焦若水：《社会性别视角下的社区治理》，《探索》，2017年第1期。

　　⑤　参见张银、唐斌尧、宋月萍：《女性的增权问题研究：社会性别视角的分析》，《妇女研究论丛》，2006年第5期。

顾子女与老人的传统角色中等问题。[1]在社会性别与就业观念尚未完全平等的状况下,社区为女性提供了缓解就业压力的渠道,在社区中能更好地平衡家庭与工作的关系,并且能帮助女性增强自信心、扩展人际关系、重建自我价值。[2]因此,当女性受到传统家庭观念和性别歧视等因素影响而无法高效就业时,进入社区就业不失为一种理性主义决策。

在生活政治和情感政治的范式转移下,我们将目光定位到社区的性别化特征之中。在国际关系理论中,国家安全与军事战略被认为是"高阶政治"(high politics),社会保障、环保等被认为是"低阶政治"(low politics)。如果将该理论范式延伸到治理理论中,从不同的治理层级来看,民族国家和共同体在国家治理中的重大决策与变革,尤其是中央政府的国家治理被称为"高阶政治",而群体性组织、公民在社会治理中的参与和管理,尤其是基层社会治理便被称为"低阶政治"。因此从女性的社会就业、权力结构和年龄结构来看,女性在低阶政治中占主导,男性在高阶政治中占主导。男女两性在退休年龄上的结构差异使得女性在退休后更容易进入社区,而职业优势则使得女性在社区中更容易担任社区管理者且业绩相对较好。也就是说,社会属性和自然属性的双重作用使得女性在低阶领域中更容易形成优势和聚集,由此为社区社会资本的性别化积累奠定了根基。

从性别视角出发寻找社区治理空间女性化的路径,就成为一个非常有趣的话题。城市社区的女性化程度越高,社区治理者的女性比重就越高,社区社会资本性别化积累机制的生命力也就越强。因此,我们首先从社区治理

---

① 参见张银、唐斌尧、宋月萍:《女性的增权问题研究:社会性别视角的分析》,《妇女研究论丛》,2006年第5期。

② 参见刘伯红:《中国女性就业状况》,《社会学研究》,1995年第2期;李新建、赵瑞美:《性别歧视与女性就业》,《妇女研究论丛》,1999年第1期;刘德中、牛变秀:《中国的职业性别隔离与女性就业》,《妇女研究论丛》,2000年第4期;任远:《社区就业的性别特征与防止妇女地位边缘化的思考》,《妇女研究论丛》,2003年第6期。

逻辑、社区营造和社区公共服务三个方面论证社区是女性化的治理空间,贯穿其中的是社区治理的社会属性和自然属性。在这个基础上,本书从社区社会资本是如何进行性别化积累的角度分析,回答社区治理主体为何以女性为主导的问题。

(1)社区治理逻辑女性化

社区是女性化治理的空间。从社会属性视之,社区是扁平化、抗拒等级制和科层制的治理场域,关注治理过程、社会情感和社区参与,即社区治理的逻辑是女性化的;从自然属性视之,女性的性格优势与交往优势使得社区的治理主体以女性为主导。

男女两性不同的社会属性和自然属性特征自然影响到社区的气质与风格。从社会性别视角来看,男性被认为具有"独立性、主动性、理性、逻辑性、确定性、可预见性、控制性、精神的、掠夺性、生产性、公众性、文化形成与文明塑造"的气质,女性被认为具有"依赖性、被动性、感性、非逻辑性、模糊性、不可预见性、服从性、肉体的、被掠夺性、生殖性、私人性、强调自然与原始状态"的气质。[①]行政单位和企业等隶属男性化空间,其管理主体关注"级别、权力、身份和学历"等,并以此为标准在职场中获得晋升和较高绩效,本质上是男性的理性、独立性、逻辑性、掠夺性和生产性逻辑在运转。而社区则是女性化空间,因为社区具有过程导向、情感导向、参与导向的特征,如社区社会资本的激活主要依靠社区公共议题的联结,是过程导向型而非结果导向型。社区作为居民的生活空间,主要承载居住和居民公共空间服务的职能,因此社区治理遵循的是居民自治与协商民主的女性化特征,而非权力本位和竞争掠夺机制。

---

① 参见沈奕斐:《被建构的女性:当代社会性别理论》,上海人民出版社,2005年,第36页。

（2）社区营造女性化

一旦从社区治理逻辑女性化转移到社区营造和社区公共物品的供给，我们同样能够发现它的女性化特征。社区营造针对不同社区的历史传统、社区文化和发展特色，通过自下而上、多主体合作的形式营造社区的共同关怀，从而改善社区居民之间、居民与社区环境之间的关系，实现可持续发展。按照主导力量的不同，我国的社区营造目前可以划分为政府、学者、社会组织、企业推动型和社区自我内生型五种模式。[1]从社会学视角来看，社区营造侧重社会网络资本的构建与维系，强调以"造人"与社区组织能力；从人类学视角来看，强调以地方认同为基础的"共同体意识"构建，即强调历史文化类社区资源的复苏与活化；从政治经济学视角来看，侧重社区的维权、赋权和社区集体行动的影响；从规划学视角来看，侧重社区软硬体建设衔接和生活空间的设计拓展；从建筑社会学的视角来看，关注建筑空间与社会空间、生态空间等多元发展需求，追求建筑、社会、生态与人的和谐一致性。[2]

从社会性别视角来看，中国当前的社区营造呈现女性化趋势，即营造出高接触密度和频率的公共空间，其目标是实现对注重等级和效率的男性化空间的超越。社区营造的女性化可以从社会属性和自然属性两个层次解剖。以社会属性来看，社区营造通过构建公共空间形成社会联结，增强居民之间、居民与社区之间的接触频度和密度。男性化社区注重宏大场景（context）的营造，女性化社区注重交往密度和交往频率的提升，它试图在人与人的直面联系（contact）中锻造温暖的社会关系。从自然属性出发，女性的性格优势和交往优势促使社会营造理念关注自然、情感与和谐。女性的魅力在于与自然共处，而不是征服自然。所以贴近自然的社区花园、社区菜园就成为母亲

---

[1]　参见吴海红、郭圣莉：《从社区建设到社区营造：十八大以来社区治理创新的制度逻辑和话语变迁》，《深圳大学学报》（人文社会科学版），2018 年第 2 期。

[2]　参见李敢：《"社区总体营造"：理论脉络与实践》，《中国行政管理》，2018 年第 4 期。

与孩子回归自然的理想场所。

（3）社区公共服务女性化

社区公共服务的提供和社区营造是一脉相承的，社区公共服务提供的女性化是社区营造的直接结果。社区公共服务女性化有两重含义：一是针对以女性为代表的弱势群体提供的公共服务，二是温暖、温情的服务空间和服务设施的供给与开辟。

在城市社区中，城市公共服务与设施的提供并未充分考虑男女两性不同的需求。以城市中的公共卫生间为例，女性如厕时间平均是男性的 2.5 倍到 3 倍，但过去多数城市的卫生间数量是按照 1:1 的比例提供，这便导致无论是在商场、旅游景区、火车站、公园还是餐厅，女性排队的数量和等待时间均远远高于男性。不仅如此，很多城市的公共空间并未提供母婴室或哺乳室，公共场合哺乳不仅损坏个人形象，更是影响城市风貌。哺乳作为女性的基本义务之一却经常被忽视，可见城市社区公共服务设施的提供未充分考虑女性的利益需求。但与社区营造女性化一致的是，近些年城市社区公共服务设施的提供开始关注女性群体的利益，如部分商场提供母婴室，尤其是餐饮等服务行业提供婴儿座位。此外，有的城市社区还拥有社区幼儿园、社区餐厅、社区影院等，这些服务设施的提供一定程度上满足了女性群体的需求，这不仅是公共服务设施的女性化，更是城市和社区精细化管理的重要体现。

除了针对女性群体的公共服务，社区公共服务设施也呈现有温度、温情化的特点。例如，杭州市上城区紫阳街道金狮苑小区的樊建华阿姨在央视"社会与法"频道的社区公益节目《社区英雄》中通过比拼获得 25 万元公益基金，经过协商最终在社区楼道门口安装了 118 个扶手和 33 处无障碍设施以方便老年人出行。这些服务从人的基本需求出发，推动社区与居民生活的可持续发展，以女性化的逻辑培育了社区治理的温暖面向。

因此，从两性的社会属性和自然属性出发，社区治理逻辑是社区空间女性化的基础,在社区营造女性化的情况下,社区公共服务的提供也呈现女性化的特点。那么在女性化的社区空间中,究竟是什么导致了社区治理中女性占据主导呢?

(二)社区社会资本的性别化积累

社会资本的性别化积累使得女性在社区治理中占据主导。那么社区社会资本是如何在性别化的轨道上完成自身积累的呢? 自马克·格兰诺维特(Mark Granovetter)对经济学提出质疑,用弱关系理论来关注社会结构与社会关系时,社会资本便迎来了发展的黄金时代。在社会资本理论的发展过程中,可以将其划分为两个层次:个体层次和群体层次。在个体层次上,主要聚焦于个人如何在社会关系中投资、如何获得嵌入关系中的资源以产生回报;在群体层次上,主要集中在如何缓解集体行动的困境并维持社会资本,增加群体成员的信任、互惠和规范,最终获得集体收益。[①]从总体上来看,社会资本被广泛应用于民主、经济发展、政治制度、国家介入等方面的研究。如果将社会资本与社区治理的性别化特征嫁接在一起, 那么女性正是依靠正式渠道与非正式渠道,推动了社区社会资本的性别化积累进程。

社区是女性化的空间, 女性的性格优势和专业优势则使社会资本更容易积累。从广泛意义上来讲,女性具备细心、善于沟通、同情心强等特征,女性在专业社工和护理方面也具有专业优势。相较男性而言,她们面对繁杂的社区事务更易处理,且更容易建立非正式关系。由于家庭分工和职业差别,女性更容易以同理心的思维模式发现与提出公共议题,并以此为支点撬动与整合治理资源。因此,女性特有的性格优势和专业优势推动女性在社区中

---

① 社会资本的研究大体上可以分为两大类:第一类是以 Granovetter,Burt,Porte,Lin Nan 等人为代表,这些学者对个体层次的社会资本较为关注;第二类在社区层面,以 Bourdieu,Coleman,Putnam,Fukuyama,Skocpol,Lily L. Tsai 等学者为代表,主要关注社区集体行动。

的社会资本更容易通过体制化、公益化和社会化的途径进行积累。

（1）体制化积累

社区工作者的录用、晋升和流动等考核机制直接推动了社区社会资本的性别化积累。国务院在 2011 年通过的《中国妇女发展纲要（2011—2020 年）》中直接提出"居委会成员中女性比例保持在 50%左右"的目标，更是为女性从事社区工作提供了无形的保障。值得注意的是，目前学术界和基层社会关于社区工作者和社会工作者的概念使用较为混乱，本节的社区工作者主要是指在居民区和街镇等公共事务岗位上直接从事社区服务和管理，由街镇等政府部门承担全部经费保障和统一管理的全日制工作人员。由于社区工作者由各地区自行聘用，因此全国的录用标准不一。以上海市杨浦区为例，社区工作者主要由就业年龄段的居委会全日制工作人员、街道中心聘用人员、街镇聘用的社区专职工作人员，以及其他经区委、区政府批准纳入的人员构成。社区工作者的聘用主要有选任和招聘两种方式，前者主要指通过依法选举产生的居民区党组织班子成员，后者主要面向社会公开招聘。在人员配比上，按照每个居民区配备 4~9 名社区工作者的比例，按照基本工资和绩效工资结构发放薪酬。这种制度安排催生出来的结果却是社区女性管理者的体制性积累。

根据田野调研经验，我们发现城市社区治理主体以女性居多，统计数据也证实了这个结论。早在 2011 年换届时，广州市社区女性"两委"委员占总数比重便已高达 85.53%。[①] 2018 年，内蒙古满洲里市"两委"换届后，居委会成员中女性为 150 人，占总人数的 99%，男性委员仅有 1 人。[②] 本节以上海市为例进行研究，截至 2019 年 7 月，上海市部分市辖区的社区工作者男女性

[①] 该数据来源于张翠玲：《广州市村、社区换届女性进"两委"情况调研报告》，易佐永、杨秦、顾涧清主编：《2012 年中国广州社会形势分析与预测》，社会科学文献出版社，2012 年，第 142~150 页。

[②] 该数据由 2019 年 7 月内蒙古满洲里市提供。

别比例如图 7^①所示：

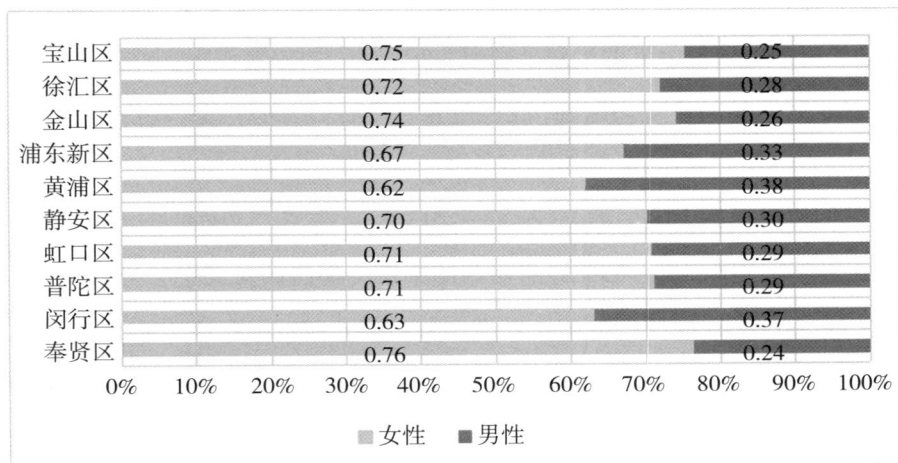

图7　2019年上海市社区工作者性别比例

由上述数据可知,上海市社区工作者的女性比例整体在 70% 上下浮动,即社区治理主体以女性为主导,这是社区女性化的自然属性之义。那么这种主导地位究竟是现代化的产物还是历史的遗痕? 社区领导者以女性为主,是政策管制的结果,还是社区自身属性的要求? 显然,体制性积累是至关重要的一个因素，也就是说社区管理者的录用机制和对社区管理者性别比例的规定,推动了女性社区管理规模的增长。

1954 年,当时的政务院内务部发布了《关于建设街道办事处和居民委员会组织的通知》,同年 12 月 31 日全国人大常委会通过《城市街道办事处组织条例》和《城市居民委员会组织条例》,将居委会的建设正式纳入国家组织法。出于安置家庭妇女工作的考虑,政府通过社会动员和行政手段鼓励女性参与居委会,打破了民国时期保甲制度中男性占主导的传统性别劳动分工

---

① 笔者自制,数据来源于 2019 年 7 月上海各区委。

模式,使得女性成为基层社会的主要管理者。[1]据数据显示,截至 1957 年,在全国各城市的居民委员会中,妇女干部占干部总数的 80% 左右,[2]女性在居民委员会中的参与率可谓达到了峰值。1995 年,国务院颁布《中国妇女发展纲要(1995—2000 年)》,指出:"应通过各种途径,提高对妇女政治权利的认识,使妇女平等参与国家事务、社会事务,参与重大问题的决策。"2001 年,国务院颁布《中国妇女发展纲要(2000—2011 年)》,提出"居民委员会成员中女性要占一定比例。扩大妇女民主参与的渠道,提高妇女民主参与的水平"。2011 年,国务院通过《中国妇女发展纲要(2011—2020 年)》,更是直接设立"居委会成员中女性比例保持在 50% 左右"的目标。女性参与城市社区治理的轨迹逐步制度化。显然,体制力量的保护与青睐是女性社区管理者蓬勃发展的重要因素之一。当然,女性对社区的钟爱以及社区和女性化气质的匹配,则是最为重要的原因。

(2)公益化积累

社区社会资本的性别化积累需要正式制度的保障,同样也离不开非正式制度的补给。女性与慈善有着天然的联系,她们被视为慈爱、慈祥和慈善的化身,甚至女性的社会身份和社会认可也通过慈善实现。[3]以女性为主题或由女性组织推出的慈善项目涉及扶贫、教育、卫生、医疗、环保、法律等社会服务的多个领域。根据上海市妇女研究会与上海婚姻家庭研究会于 2011 年开展的社区文化与女性发展调查显示,在老中青不同年龄段的家庭志愿

---

[1] 参见郭夏娟:《性别与城市社区安全:"低阶政治"视域中的女性参与》,《妇女研究论丛》,2011 年第 3 期。

[2] 参见章蕴:《勤俭建国、勤俭持家、为建设社会主义而奋斗:在中国妇女第三次全国代表大会上的工作报告(1957 年 9 月 9 日)》,中国网,http://www.china.com.cn/aboutchina/zhuanti/zgfn/2008-10/06/content_16572562.htm。

[3] 参见靳环宇:《慈善事业与近代女性角色意识的彰显》,《湖南农业大学学报》(社会科学版),2007 年第 2 期。

者和社区志愿者中,女性比例都高于男性。[1]因此,女性是中国慈善事业和志愿活动的主力军。

在城市社区中,女性作为公益行为的主体主要体现在两个方面:作为社区工作者形成的公益化辐射和以社区居民为主体的公益化凝聚。首先,女性社区工作者作为志愿力量的主体,其自身的公益行为将会辐射到其他志愿者和社区居民。我们调研的一位社区党委书记曾经对我们说:"有一户特别穷,家里只有两个老人,子女也不管。最近查出来重病,我们居委会就挨家挨户地凑钱,我作为书记,自己先捐了两百。他们家条件一直都不好,之前我也一直在关照他们,真是太可怜了。"[2]从中我们可以发现,社区干部的这些公益行为已经超越了体制规定的角色行为,她们借助公益活动推动着社区情感资源的积累。

其次,虽然社区中的联结资源日趋稀薄,但是很多女性群体借助自身的情感优势与专业优势推动着社区社会资本的再生产。下列案例中这位伟大的母亲就是培育与积累社区社会资本的代表人物。上海市普陀区有一位叫陈婕的妈妈,她的孩子两岁半的时候患上了自闭症,寻求多家医院治疗无果,被医生告知孩子不可能自理未来的生活,这无疑是给她的孩子判了"死刑"。这位妈妈凭借自己对孩子的爱,辞去上海市公安局的文职工作四处寻求治疗。由于当时上海的康复机构较少,于是她自主学习,对孩子进行开导和训练,最终帮助他们走出困境。2015年,她创办了上海奇翔儿童康复发展中心,这家民办非企业单位主要是为患有自闭症、学习障碍、多动症及各类发展性障碍儿童提供康复训练,为特殊儿童家庭提供公益亲子活动。截至2017年,康复中心让2000人次的儿童受益,影响公众上万人次。陈婕也出版了《蜗牛牵我去散步——自闭症专家妈妈的育儿经》,将自己的教育理念和

---

① 参见周秋光、贺蓓蓓:《中国当代女性慈善公益活动初探》,《湖南社会科学》,2016年第6期。

② 该对话来源于2018年7—8月在上海市Y区X街道对某社区党委书记的访谈记录。

方法推广到全国，使更多家庭受益。

这位妈妈的公益行为吸引了普陀区的关注，区委与社会组织等联合开展关爱自闭症群体的系列活动，关爱自闭症群体的社会组织也纷纷成立。陈婕通过自己的行为凝聚了公益力量，对社会的弱势群体产生了互惠效应，并以公共精神提高了社区中的信任资本，吸引了社会对该弱势群体的广泛关注。因此作为社区工作者的公益化辐射和作为社区居民的公益化凝聚，共同推动了社区社会资本的公益化性别积累。

社区女性管理者似乎具有依靠性别撬动社区治理、培育社会资本的天然优势。上海市徐汇区凌云街道梅陇三村党总支书记尚艳华与她领导的"绿主妇"就是借助环保和公益这一支点撬动社区治理的经典案例。众所周知，垃圾分类是社区中最为重要、与每一个人日常生活紧密相关的公共议题。有人把治理酒驾和垃圾分类这两大议题相提并论。其实，我们每个人不一定是醉酒驾车者，但一定是垃圾生产者。垃圾治理的普遍性、日常性、生活性，直接决定了它是测量生活质量、环境质量、治理水平的重要变量。

2019年7月1日起，依据《上海市生活垃圾管理条例》，上海市正式实行垃圾分类，截至2020年底全国46个重点城市相继建成垃圾分类处理系统，引发全民分类处理垃圾的热潮。其实早在2011年，上海市徐汇区凌云街道梅陇三村便开始推行垃圾分类，并成立"绿主妇、我当家"的环保自治小组。几年内，该地便吸引了全国各地甚至联合国教科文组织和环境规划署的参与。然而梅陇三村实际上是20世纪90年代建成的老旧小区，小区整体规模大，且设施陈旧，居民多是动迁安置户。当时，居民与物业矛盾不断，居民也拒缴物业费，小区垃圾遍地，居民怨声载道，因此小区也就成为了"垃圾村"。梅陇三村党总支书记尚艳华建立了"绿主妇"环保小组，以环保为支点撬动社区治理。起初，绿主妇们将可回收的垃圾通过手工制作将其变废为宝，制作成手提袋、围裙、遮阳帽、家庭摆饰等，随后便以积分兑换的形式吸引广大居民,垃圾分类回收率早已达到 90%。随后,"绿主妇"成为品牌,又相继建立了家庭阳光一平方米菜园队、环保创意设计组、"绿主妇"调解工作室等,成为了社区居民自治的核心力量。①如今,她们正通过"湿垃圾不出小区"行动,探索厨余垃圾循环利用的绿色生态循环链,走在了垃圾分类的前列。女性与公益的天然亲和性导致了支撑女性社区管理者的社会资本沿着公益化的轨道不断地再生产出来。

(3)社会化积累

在社区社会资本的积累过程中,如果说体制提供了对女性社区管理者的保护与青睐、女性的"慈善"性格优势提升了公共精神的培育力度,那么女性的专业优势则为群众团体与社会组织中女性负责人的成长及其向社区领袖的转化,提供了社会化积累的轨道。

社区就业群体以女性为主。伴随着现代化与城市化的不断发展,人们生活压力逐步变大,女性下岗、失业人员比男性职工更倾向于选择准入障碍较小的社区就业,在帮助家庭增加收入来源的同时,也不耽误处理家庭事务。②女性进入社区后,很多社会团体的负责人由女性担任。在社区营造女性化的基础上,她们结合自己的性格优势和专业优势,以群体活动为支点,推动社会资本的性别化积累。

下述案例就是一位女性利用专业力量在社会化轨道上推动社区社会资本积累的有力例证。上海市徐汇区凌云街道的仲燕,7 年前生下儿子米乐成为全职妈妈。由于传统的坐月子风俗和想要自己带孩子的想法,米乐妈妈左手提幼儿车、右手抱孩子,就这样每天从一楼爬到五楼,因此逐渐出现了腰

---

① 该案例参考内部资料,王宸等:《"垃圾三村"是怎样变成"花园三村"的》,人民网,http://sh.people.com.cn/n/2015/0929/c134768-26583640.h。

② 参见任远:《社区就业的性别特征与防止妇女地位边缘化的思考》,《妇女研究论丛》,2003 年第 6 期。

痛等症状并越来越严重。4年前，米乐妈妈尝试用各种方法进行治疗，但效果都不尽如人意。随后，她意外开始练习瑜伽，并寻找到小区附近的杉树林作为练习场地。如今，长期坚持练习的米乐妈妈，一改虎背熊腰的形象，成为社区身形苗条、气质优雅的知名健身达人。与此同时，她开始在瑜伽馆担任瑜伽老师，也为自己谋得了一份生计。

街道在得知此事后，对居民的课程需求进行了调研，协助她成立了"米乐妈妈生态瑜伽工作室"，许多居民非常关注该课程，定时抢位上课。公益瑜伽课程的设立，不仅帮助居民塑形健体，也舒缓了他们的心理问题。米乐妈妈作为社会团体的负责人，以公益瑜伽的形式为社区居民缓解生活压力，对抗健康危机，并经常举办社区公益亲子活动，增加了居民之间的交流、团结和信任。因此，作为社会团体负责人的女性以社会团体所承载的功能为纽带，促进了社区社会资本的性别化积累。

作为小政治、弱政治、低政治的社区领域，社区空间呈现女性化的特征，即社区治理逻辑、社区营造和社区公共服务的女性化。社区治理的社会属性和自然属性促使社会资本在社区中以体制化、公益化和社会化的形式持续性积累，使得女性在社区治理中逐步占据主导地位。

然而随着房权社会的来临，社区中的冲突从邻里冲突转变成利益性冲突，并且该迹象越来越明显。那么我们不禁要问，社区社会资本的性别化积累还能持续吗？这一积累是否会出现中断？当住房成为一种商品的时候，必然会导致"房权社会"的诞生。房权社会迫使社区成为利益政治场域，逐步消解社区中形成的互惠、信任和规范，对情感政治造成巨大的冲击。因此，在利益政治的诞生和扩张过程中，对利益政治有着天然偏好的男性便进入该场域。因此，如何将利益政治和情感政治的治理逻辑和治理经验整合起来，构建具有中国特色的基层社会治理体系，将成为推动中国城市治理体系现代化的重要组成部分。

社区公共生活可以划分为三种类型，即政治性公共生活、关系性公共生活和利益性公共生活，女性在社区中的政治性公共生活、关系性公共生活中始终占据主导地位。但围绕房权而形成的利益性公共生活，会对社区的女性化特征和女性在社区治理中的主导地位形成挑战。如何将以上三种社区公共生活中的治理经验整合在一起，将成为决定中国基层民主和协商民主迈向成熟状态的重要因素。（参见"关联物权"与"生活政治学"等部分）

28. 生活政治学①

西方的古典政治学可以被界定为"政体政治学"，西方的现代政治学可以被界定为"国家政治学"。②政体政治学尽管指向善的政治生活，但是这里

① 本节核心内容已发表参见牛长振、刘建军：《让社会运转起来：国家与社会关系的公共生活建构》，《学术月刊》，2020年第3期。

② 尽管当代政治学者试图用政治体系、政治系统、政治共同体等概念替代国家，但这仅仅是一种政治修辞。国家的连贯性并没有被打破。美国政治学者西达·斯考切波提出"找回国家"（bring the state back in）这一命题，同样是一种政治修辞。国家一直在那里，无须找回。全球化时代的全球治理有有议题动议的一面，因为波及全球治理的儿乎所有议题都是在一国之内得到解决的。换言之，全球治理组织虚幻的一面，跨国联络、平台搭建等功能，但议题的真正解决都离不开国家。有全球化，有全球治理，就必然导致国家委顿。这个逻辑是想象出来的，不是真实的世界。把全球治理与国家主权（政治主权、经济主权、文化主权）视为对立的两极，这既不符合事实，又不符合逻辑。全球治理不是高于国家之上，而是穿插于国家之间，试图填补国家之间的空隙地带。国家作为当今国际社会最为重要的政治单位，过去是，现在是，将来恐怕也是。除非到了马克思所说的共产主义时代，国家消亡之后才会有根本性改观。美国退群、英国脱欧并不是"国家的回归"，更不是"国家的凯旋"。美国退群和英国脱欧都是国家政治的一面是政客的嚎叫，另一方面是国内民粹主义泛滥的政治后果。美国退群和英国脱欧都是国家政治的嚎叫，记得一位思想家说过：一旦政客拆解诸民众的直接结合与民粹主义的政治后果。那么这个国家的沉沦也就开始了。尽管这一论断过于极端，但它的良苦用心在于提醒民众的政治地位。而目像英国、美国这样被越多元力量分割，强势资本统驭的国家，能否通过"退群"和"脱欧"实现国家的回归，是很有疑问的。从这个角度来说，"退群"和"脱欧"更像一个政治嚎注，绝不是国家的回归与凯旋。

的政治生活是带有古典政治属性的,是服从于"人天生是政治动物或城邦动物"这一命题要求的。因此,在古典政治学视野中的生活是纯粹的、透明的、未经过经济染指的公共生活。现代政治学被锁定在现代国家的领地之内,将丰富多彩的市民生活留给了社会学和经济学。在马克思所断言的人类经过政治解放之后,在政治领域中实现平等的同时,则将不平等留在了市民社会之中。在这里,已经预设了政治与生活的分离。现代政治学之所以专注于国家权力而鄙视生活场域,就是因为生活的非国家化、非政治化。但是在我们对现代政治学所鄙视的生活场景中,发现了完全不同于国家政治,但又与国家政治有着千丝万缕关系的生活政治领域。在这个特殊的生活政治领域中,尽管没有大规模的阶级对抗,但是一个简单的生活议题可能会被引爆为国家政治动荡的前奏。也就是说,专注于公共权力、阶级政治、大人物政治的国家政治学,实际上是处于弥散性的生活政治的包围之中的。

生活政治就是生活场域中价值的协商性分配。这与戴维·伊斯顿(David Easton)所说的政治就是"价值的权威性分配"①是完全不同的。孟德斯鸠说过:"掌握着最高权力的人民应该亲自做他们能做好的一切事情,自己做不好的事情,则应交由执行人去做。"②这里已经暗含着共同体政治与恩格斯所说的日益与大众相脱离的国家政治的分离了。当生活场域一旦被纳入到政治学的视野且被赋予特殊的政治内涵之后,生活政治学作为一门亚学科也就有了应运而生的可能。生活政治有三重规定性:①作为低政治的生活政治(Politics of life as low politics);②作为弱政治的生活政治(Politics of life as weak politics);③作为小政治的生活政治(Politics of life as little politics)。尽管是低政治、弱政治、小政治,但生活政治的出场恰恰为美好生活的营造、基层协商民主的孕育提供了广厚的土壤。

---

① David Easton, *The Political System*, Knopf, 1953, p.129.
② [法]孟德斯鸠:《论法的精神》(上卷),许明龙译,商务印书馆,2008年,第18页。

　　生活政治学是一种回归真实世界的政治知识。在传统的政治知识中，几乎所有概念都是基于特殊的目的被制造出来。就像国家是人类社会最伟大的政治发明一样，传统政治学中的所有知识和概念都带有强烈的目的论色彩。例如，阶级是为革命服务的，国家是为统治阶级服务的，权力是为居于高位的人服务的，政体是为一种扑朔迷离的合法性学说服务的。总之，这些知识和概念都具有一个共同的特征，那就是远离普通人的生活，甚至毫不夸张地讲，这些概念与知识同普通人的生活世界关系并不是很大，甚至可以说是掩盖真实世界的知识外壳。

　　政治学中一直盛行二元论的传统，这是以"一分为二"这一哲学工具为基础的。例如，私人与国家、个人主义与集体主义、国家与社会、上层阶级与下层阶级、专制与民主等。这样的二元划分都是人为的，为特定的政治目的服务，带有很强的建构性和目的性。我们在理解中国社会的构成时，不能陷入个人主义与集体主义的二分框架而被困住。正如本书一再强调的，关联主义的社会生成机理直接导致了中国社会注重从个体向外部的道德扩展。所以这是一个有别于西方立体社会（即阶层社会或阶级社会）的水平社会。在这个水平社会中，个体身心的关联、个体知行的关联、个体与家庭的关联，家庭与社区的关联，社区与国家的关联，成为将不同要素串联在一起的联结机制。而我们所关注的生活政治学，则直接指向人的真实的生活世界。例如，一个人是基于与什么样的人沟通而形成他的交往世界？一个人是基于什么样的交易制度而拥有至关重要的房权？一个人是基于什么样的权利和责任而确立他在生活场景中的角色？是逍遥者还是参与者？是抗争者还是支持者？是消极破坏者还是积极行动者？我们试图通过介入性的研究方法，将一个人真实的生活世界呈现出来，从而揭示生活世界中的政治密码。

　　政治学的经典命题——国家–社会关系是我们理解生活政治学的学理背景。尽管法国思想家福柯（Michel Foucault）否认这种二元划分，就像汪民安在《什么是批判·福柯文选Ⅱ》的编者前言中所说的：“福柯的政治理论，绝对不会在国家和社会的二分法传统中出没。实际上，福柯认为政治理论长期以来高估了国家的功能。国家，尤其是现代国家，实际上是并不那么重要的一种神秘抽象。在他这里，只有充斥着各种权力配置的具体细微的社会机制——他的历史视野中，几乎没有统治性的国家和政府，只有无穷无尽的规训和治理；几乎没有中心化的自上而下的权力的巨大压迫，只有遍布在社会中的无所不在的权力矫正；几乎没有两个阶级你死我活抗争的宏大叙事，只有四处涌现的权力及其如影随形的抵抗。”[①]福柯的悲剧气质与批判利器把权力无限放大了，遮蔽了国家体系中的人性之美和善治努力。他对国家“利维坦”的肢解，模糊了国家与社会的界线。所以我们要想体验生活政治之美，就必须在逻辑上对国家与社会的先后及其差异作出明确的界定。

国家–社会关系的建构有如下三种传统：

首先是国家与社会关系的制度建构。从古至今，无论古代政治还是现代政治系统，国家与社会之间历来都有客观存在的种种正式和非正式制度的联系，从国家到社会的制度安排无疑可以影响到个人，而从社会到国家同样存在制度性建构的关系，形成制度网。例如，源自古希腊、古罗马的选举制度，源自英国的现代文官制度，甚至法国波旁王朝末期的卖官制度亦处处呈现国家–社会间的复杂互动。在西方社会中，还存在基督教、天主教等宗教体系的教区制度、主教制度，治安官和（英美等）陪审团制度，为民众与国家之间建立了相应的联系，社会与国家间在制度意义上得以勾连。

我国自汉代之后废除世卿世禄制，除了王朝自上而下的中央–郡县制度，自下而上同样存在察举制、九品中正制、科举制等一系列制度性安排，保障国家与社会之间的人员交流，存在邸报、奏章等体系维持信息的上传下

---

①　汪民安编：《什么是批判·福柯文选Ⅱ》，北京大学出版社，2016年，编者前言第Ⅷ页。

达；民间在保甲、里甲等正式体系之外，亦有宗庙系统、会社、乡绅等关系维持士绅社会①抑或礼法社会的运行。历史记录呈现了古今中外，国家与社会之间真实运行中的制度建构，关注了不同阶级和阶层的利益表达。

其次是国家与社会关系的哲学建构。与具有实体性表现的制度建构不同，哲学建构是指社会公认的，从逻辑上、模型上高度抽象出国家与社会两大研究主体，涉及意识形态，从本体论和认识论的角度对两大主体进行研究，从逻辑合理意义上探讨主体间关系的含义。洛克、孟德斯鸠、黑格尔和马克思、恩格斯等西方政治思想家是哲学建构的典型代表，他们建构的国家–社会关系经历了前工业化时期的"一元论"到"二元论"的演化、工业化时期的"对立性"与"同一性"的并存，以及后工业化时期"互动论"和"多元化"争鸣三个明显的演化分期，②其争论的国家–社会关系焦点之一在逻辑意义上讲，究竟是"社会先于国家"还是"国家高于社会"。

黑格尔第一次从政治哲学意义上将政治国家与市民社会进行区分，并分别归并为普遍性和特殊性的领域。在黑格尔的思想中，国家与市民社会是分离的实体，义务与权力相结合作为最重要的观点之一，是国家力量内在之所在。③在《法哲学原理》一书中，黑格尔认为"国家是自觉的伦理的实体"，或者说"国家是具体自由的现实性"。他从客观唯心主义出发，将伦理看成一个精神性的、活生生的有机世界，认为它有其自发生长的过程，并将其矛盾发展过程分为三个阶段："第一，直接的或自然的伦理精神——家庭……第二，市民社会，这是各个成员作为独立的单个人的联合，因而也就是在形式普遍性中的联合，这种联合是通过成员的需要，通过保障人身和财产的法律制

---

① 参见费孝通：《中国士绅》，外语教学与研究出版社，2011年，第25~37页。
② 参见侯利文：《国家与社会：缘起、纷争与整合——兼论肖瑛〈从"国家与社会"到"制度与生活"〉》，《社会学评论》，2018年第2期。
③ 参见［德］黑格尔：《法哲学原理》，范扬、张企泰译，商务印书馆，1979年。

度,和通过维护他们特殊利益和公共利益的外部秩序而建立起来的。……第三,在实体性的普遍物中,在致力于这种普遍物的公共生活所具有的目的和现实中,即在国家制度中,返回于自身,并在其中统一起来。"①从某种意义上,这一阶段的研究是在逻辑上将国家从社会中"脱嵌"的过程。

贺麟曾批判黑格尔思想中的国家是"伦理理念的现实,是绝对'自在自为'的理性东西,所以个人只有成为国家成员才具有客观性、真理性和伦理性",他认为这种唯心主义的观点实际就是说,如果没有国家,个人就丧失了自由和作为市民的种种权利。黑格尔将孟德斯鸠的三权分立的思想改造加工为单一王权、行政权和立法权相结合的普遍制度,试图论证当时德国的君主立宪制合乎上帝旨意。②这种唯心主义的观点因为其实质就是国家决定社会,受到了随后马克思、恩格斯等的严厉批判。

马克思、恩格斯接受了国家–社会二元论,但与黑格尔唯心主义的"国家决定市民社会"的观点完全相反,马克思、恩格斯秉持着市民社会决定国家、社会力量决定权利的观点,建构了基于经济生产方式和交换方式而产生的市民社会及其所决定的政治国家和时代精神③,最经典的论述就是"经济基础决定上层建筑,上层建筑反作用于经济基础"④。作为西方资本主义经济体系发展的产物,市民社会在马克思、恩格斯的视角中,就是政治国家的天然基础,国家与市民社会二者对立统一,关注市民与无产阶级的利益。由黑格尔、马克思开始的"国家–市民社会"理论架构成为研究国家和社会的经典建构,此建构事实上属于政治哲学领域的范畴,由此称之为国家–社会"关系"

---

① 　[德]黑格尔:《法哲学原理》,范扬、张企泰译,商务印书馆,1979 年,第 173~174 页。

② 　参见同上,第 20 页。

③ 　参见高放、高哲、张书杰等:《马克思恩格斯要论精选》(增订本),中央编译出版社,2017 年,第 231 页。

④ 　同上,第 232 页。

的"哲学建构"。哲学建构的国家和社会间应然"关系"从逻辑意义上论证了国家和社会间"谁决定谁"关系的实质,但"批判的武器"不能代替"武器的批判",正确的理论只有通过客观存在的政治制度建构才能投射和影响到真实世界。

最后是国家与社会关系的话语建构。哲学建构通过制度"由内而外"投射到真实世界,话语建构则"由外向内"影响国家-社会间关系。作为法兰克福学派第二代学者的代表人物之一,哈贝马斯构建了"交往行动理论",认为系统与生活世界的社会共同体二维架构,而生活世界却被国家或者资本"殖民化"了,金钱成为调整人们经济行为的媒介,单一的工具理性统治了一切。他借助"劳动"和"相互作用"来取代马克思的生产力和生产关系范畴,引入交往行为,从而完成对马克思历史唯物主义的重构。哈贝马斯认为交往行为实际上是以达到相互理解为目的的言语行为,因此他把语言当作一切社会行为中最根本的东西,赋予语言一种本体论的地位。

通过批判连马克思本人也反对的教条化的"唯生产力论"和"经济决定论",哈贝马斯提出了自己的解释:"理性化的社会进化过程包含着生产力的提高和个人的道德意识和实践能力的提高两个部分,前者是社会进化不可缺少的动力;后者则意味着,在交往过程中人们的道德意识和实践能力的提高,两者均为社会进化不可缺少的动力。在某种意义上,后者比前者更为重要。生产力的提高取决于科技知识的增长,而交往水平的提高则依赖于道德实践知识的增长,因而对于社会进化来说,'道德-实践'知识领域里的学习过程发挥着起搏器的功能"[①],道德实践比生产力的进步在这个意义上对社会进化更为重要。因此,哈贝马斯指出应以交往合理性取代单一的工具合理性。

---

① 郑召利:《哈贝马斯和马克思交往范畴的意义域及其相互关联》,《教学与研究》,2000 年第5 期。

复旦大学郑召利教授认为，哈贝马斯理解的生活世界既是主体之间进行交往活动的背景，又是作为交往行为者相互理解的"信念的储蓄库"，它作为每一个交往活动的参与者必须置身于此的境域，提供了前人积累下来的知识和意义的资源，是预设的无争议的背景性信念。正是在这种可信赖的、熟悉的背景中，人们之间的相互理解才是可能的；正是这种相互理解和学习过程在维系着社会行为或交往行为，公共知识分子在其中起到了议题建构的作用，构建出国家-社会关系。由此，哈贝马斯的理论实际上在建议形成民众得以共同认知的舆论场域，民众在其中进行基于自身利益的"话语—议题—交往"建构。

通过思索以上这三种联系，我们可以发现，从经典理论建构出的、从社会中生长出来的现代国家，从制度建构中导出国家-社会关系得以运行的制度空间，形成了一整套的传导机制，使信息、资源得以上传下达；从哲学建构导出逻辑和意识形态空间，继而从逻辑意义上探讨真实制度背后的理论预设蓝图；国家与社会间存在着一个由话语建构而来的"舆论空间"，形成国家-社会之间行为的舆论约束，从外向内影响国家-社会关系，由此形成了相互影响，但却独立运行的三种联系。

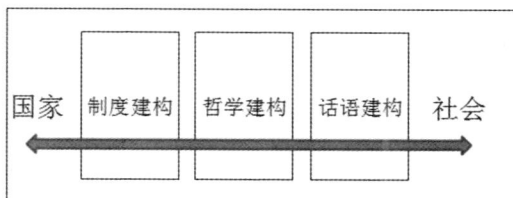

图8　制度、哲学和话语建构

以上各种建构描述的关系，并不足以完全呈现国家与社会间关系的全局。政治经济学构建出的"经济空间"，将国家与社会均赖以生存的物质资料的经济体系纳入考量。它代表了一种国家-社会关系的经济建构模式。人们正是通过国家与社会间关系的制度建构、逻辑建构、话语建构和经济建构，这些相互平行、独立运行却又互相联系的社会制度互动,才初步理解了国家与社会是如何互动的。

国家–社会关系建构的三种传统可以让我们理解国家是怎样影响到社会的,但并不能解决隐含的问题——国家如何影响到个人、个人如何影响到国家。以上三种建构明晰了从国家出发所要解决问题的不同路径,为解决社区冲突提供了政治、意识形态和舆论的不同渠道,但这些渠道通常不能直接解决社区中出现的问题,原因在哪里呢? 因为所有的考察,均缺少了对"人"的理解,缺乏从"社会"一端开始所提供的理解。我们认为国家–社会关系实际上构建了一个"机制"+"因素"的闭环模型。所谓"机制"(mechanism),原意是指机械的构造与工作原理,社会科学中定义颇多,其中克莱威尔(Craver)的定义较令人满意:"(机制是)引起某种经常性变化的实体及其活动。"①"实体"和"活动"可以理解为机构和制度运行。

对于国家与社会间的机制,可以从以下两方面来解读:一是国家和社会由哪些部分组成和为什么由这些部分组成,二是这些部分是怎样工作和为什么要这样工作。国家–社会之间的关系,实际涉及的是三个部分:国家、社会及两者之间的关系。从本体论来讲,关系是一种机制(mechanism),是能够联接国家和社会之间的机制,使得国家–社会得以形成逻辑闭环、正常运转。当然,在国家内部也必然有其运行的机制,但在国家—机制(联系)—社会这一模型上,机制分别联通国家和社会,形成自上而下、自下而上两条并行通路。多重建构作为并行的机制,真实运行于国家与社会之间。理论上"自下而上"和"自上而下"的两条通路形成的控制闭环,在联通国家和社会的两端,均应各有一个连接点,以形成联通。

社会意见和需求最终要由一个客观存在的行为主体提出具体的需求,

---

① 左才:《政治学研究方法的权衡与发展》,复旦大学出版社,2017 年,第 25 页。

通过国家与社会间的连接点和机制的整合、分析、传导,最终抵达决策部门,形成切合客观整体实际的政策和法令,并通过同一机制最终反馈到客观存在的行为主体,完成政策运行的逻辑闭环。除经济关系以外,三种传统建构的基础都具有深刻的"体系论"的色彩,注重社会、阶级、阶层等"实体"或者"黑箱"。国家—社会—人的机制在国家那里已经转化为客观存在的科层制政府系统,在各种政府大院、机构设置中可以找到实体意义上的国家。理论上讲,应该存在提供各种信息和要求的社会。但在现实中,应该接受信息、提出要求并得以反馈的另一方主体、作为"系统实体"的社会却"消失"了,具体的行动者(agent)究竟是谁? 真实场景中作为国家代表的基层政府,究竟在和谁打交道,实现国家与社会的双方交互与逻辑闭环,从而实现社会治理的目标?

　　为理解社会–人之间的缺环,我们引入公共生活建构。"人"生存于国家、社会间,除了是制度建构、哲学建构、话语建构乃至经济关系中的"人"之外,同样是存在于公共生活中的"人",人与人之间、家庭与家庭之间所建立的公共生活是国家和社会真实运行结果的承载,考察国家与社会之间的公共生活空间、形成公共生活建构就有其真实的意义:所有的国家–社会间关系均会投射到公共生活中, 所有民众的日常公共生活也会反过来影响制度、哲学、舆论和经济建构过程。正是为了能够更全面地理解国家–社会间关系,本节将以往学派所忽视的公共生活纳入到国家–社会关系的研究之中。

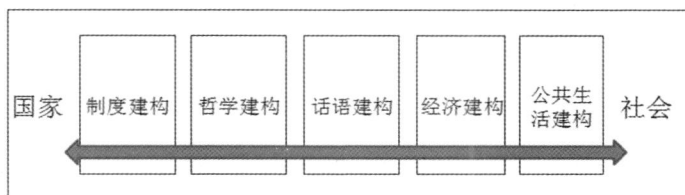

图9　五种国家–社会建构形成的子空间

　　国家–社会关系制度建构、哲学建构、话语建构及经济建构所具有的缺陷就是对真实的生活场景的遗忘,说到底就是对人的忽视,这直接促使我们必须实现国家与社会关系的公共生活转向。这就是我们提出的生活政治学的学理背景,即国家-社会关系的生活建构。现代国家转型之后所形成的国家-社会关系从理论到实践、再到认知逻辑范式的变化,体现了国家和社会间复杂的互动关系:现实中出现的从统治到治理的认知转换,不仅仅是国家和社会间互动的简单描述,而是国家、社会各司其职、相互协作互动的结果。在社会急剧转型期中的城市社会治理,通常就是国家和政府对社区的治理,国家与社会双方协作必然存在一个真实运行的联接机制,真实的公共生活便进入我们的研究视界。

基层政府在与谁打交道并代表谁进行社会治理?在城市而言是小区和社区的代表。他们代表的是一个个的"社会细胞"。当我们超越"体系论"的国家与社会关系,把"消失"了的社会重新导入的时候,就进入到了真实的生活世界。现代城市公共生活是工业化和城市化的产物[1],之所以探究生活世界,是因为生活中民众的居住状态、"社会治理细胞"的行为,是驱动国家与社会联系的机制运转的"要素"。要素的更新与重组,必然驱动机制的变迁。公共生活政治的概念由此出场,从公共生活视角构建国家与社会关系的时机也就来临了。与吉登斯所建构的同"解放政治"相对的,关注于现代性、后匮乏、生态环境、对话民主等的"生活政治"[2]不同的是,我们所说的公共生活政治是建构在家庭"私域"与国家政治"公域"中间的一种机制、一种独立存在的治理制度空间,它无关单个家庭的财务和纠纷,也不同于国家宏观治理,而是承载着当居民"走出家庭大门,但还没有到达城市广场"这一段的公共生活。

从"体系"视角向公共生活政治"细胞"视角的转向,展示出历史演进的

---

① 参见张康之、张乾友:《从共同生活到公共生活》,《探索》,2007 年第 4 期。

② 参见郭忠华:《现代性·解放政治·生活政治——吉登斯的思想地形图》,《中山大学学报》(社会科学版),2005 年第 6 期。

过程,是"国家政治"向"生活政治"的回归。普通民众关注衣食住行娱,居住条件是牵动千家万户、亿万民生的核心。居住状态的变迁及其随之而来的居民参与,往往是推动社会、国家现代化转型的核心驱动因素,因为它关系到民众最重要的生存条件。恩格斯在《论住宅问题》中,很清晰地描述了德国在普法战争后国家工业化进程中,城市工人阶级面临住宅短缺的一系列困境,他写道:"一个老的文明国家像这样从工场手工厂和小生产向大生产过渡,并且这个过渡还由于情况极其顺利而加速的时期,多半也就是'住宅短缺的时期'"[①];恩格斯描述的是德国 1872 年左右的状况,但无疑,当时德国城市无产阶级生活环境的恶劣状况也是德国阶级矛盾和斗争的焦点之一,生活领域的问题随之发展成愈演愈烈的国家、社会、国际政治问题,甚至是战争与和平问题。

自 1978 年以来,中国城市化进程急速前行,需要对客观存在的"城市化中的国家与社会"进行理论上的把握。中国城市的人口密度、楼群密度及其他制度约束条件决定了,居民是生活在私人生活和公共生活的交集之中的,那么我们就要问:中国城市的居民,要过一种怎样的公共生活?

当代城市小区是与熟人社会完全不同的陌生人社会,是基于付出的利益和"房权"而形成的非血缘关系的群集。与传统村落、单位居住区相比,社区联动较少、人口密度高;人际关系复杂,牵扯到的事务大多与民众具体利益相关,国家与社会的关系、国家与单位之间的关系,逐渐被国家与社群间的关系、国家与社区的关系、国家与地方公共产品的供给关系所替代,社会实体的消失,其背后就是"细胞化"对"实体化"的替代。城市民众居住形态的变迁说明这种"细胞"内部发生变化,并引发了国家与社会、制度与生活中的社会、生活这一"端点"因素的转型。

---

① 参见高放、高哲、张书杰等:《马克思恩格斯要论精选》(增订本),中央编译出版社,2017 年,第 438 页。

社区精神的衰落①、民众间交往的减少导致社会资本流失、"独自打保龄球"等一系列后果。为理解这些问题,需要对发生于社区空间中的公共生活进行理解。我们认为,当把视角转入公共生活世界的时候,依据对民众个人与空间中不同行为主体间互动行为实质的把握,三种公共生活机制就会浮现在我们的面前,它们分别是个人与个人间的关系性公共生活、个人与建制性权力间的政治性公共生活和个人与社群共同体("社会治理细胞")间的利益性公共生活。

所谓关系性公共生活,就是指民众间实现的、特定时刻聚集的共同仪式性公共生活,例如西方教堂每周举办的弥撒,大家在特定时间聚集于教堂参与布道等;在古代中国乡村,定期举办的庙会、社戏②等也可以从广义上理解为关系性公共生活,民众之间不涉及利益,只建立普遍联系;在当代中国城市更多的是依托由各种趣缘性纽带所形成的丰富多彩的群众团体,如广场舞、太极拳团队、合唱队等。我们在本书中一再提及,诸如此类的社团组织充其量是活动型组织,而不是功能型组织。社区治理的一大奥秘就是将这些活动型组织转化为功能型组织。

所谓政治性公共生活,就是指与政治活动和政治组织密切相关的公共活动。很多国家的政治选举所折射出来的就是典型的政治性公共生活。西方的议员选举,我国人大代表的选举、居委会的选举,社区党组织举行的组织生活,党支部和党小组活动等,都是典型的政治性公共生活。

所谓利益性公共生活,就是直接涉及社区、小区公共利益的活动。美国和欧洲社会,利益性公共生活是建立在国家与社会非常清晰的边界之上的。社区和国家对每个人的家庭利益和个人利益不干涉,但只要违背了社区公

---

① 参见夏佑至:《小区史》,http://m.sohu.com/a/323459784_439847,2019 年 6 月 27 日。

② 参见萧公权:《中国乡村:论十九世纪的帝国控制》,张皓、张升译,联经出版事业股份有限公司,2017 年,第 331 页。

共规则和国家的法律,就会触动作为国家正式权力机构的警察和法庭,以保障社区共同体的公共利益。例如在美国,你家别墅门口草坪的草长高了,社区委员会警告你要修剪,如果不修剪,要么打911召唤警察,要么将你告上法庭,诉诸司法程序寻求解决。2014年,美国田纳西州的Karen Holloway就因为没有按照市政规定标准修剪草坪进了监狱。因为你不修剪草坪,杂草丛生,会影响到周边邻居房产的公共卫生与住房价格。这就是国家权力与社区的对接机制。在中国,维修基金的动用、老旧公房安装电梯、公共水箱的清洗、公益性收入的公开、物业管理费的缴纳与使用情况的公开、维修基金的二次缴纳、物业公司财务状况的公开等,均与每个人的利益息息相关。这是"房权社会"治理所面临的难题

经过调研我们发现,缺乏关联物权或相邻物权这一基础的社区治理,是难以越过利益性公共生活这道坎的。台湾公寓大厦管理委员会对公共安全侵犯者拥有的"强制驱离"和"强制转让"的权力,就是对利益性公共生活进行强制性调控的有力表征。这两项权力宛如社区中的"核威慑",让几乎每一个家庭都要服膺于利益性公共生活的逻辑。在大量调研的基础上,我们提出了如下论断:第一,中国城市中的关系性公共生活规则、政治性公共生活规则和利益性公共生活规则可以交叉合成,这一交叉合成可以为社区善治提供一个复合性的善治基础,其中党建引领可以为这一复合性基础提供一道中轴线;第二,依靠"以法入礼"缔造长了"牙齿"的居民公约,才能真正从源头上缔造利益性公共生活的基本规则和基本秩序,实现德治、法治与自治有机融合的社区治理格局;第三,中国城市的居民只有迈过了利益性公共生活这道坎,社区协商民主才能真正得以建立。

这三种公共生活就是作为"社会细胞"内的居民应该过的公共生活,公共生活行为的结果就是驱动国家-社会联系机制得以建立的要素。三种公共生活的浮现,使得国家与社会间关系的建构因素,摆脱社会、"体系论"、阶

级、阶层等一系列整全性的建构基础,形成公共生活政治驱动的社会制度变动与运转,从而使国家与社会"互相主动构建"的关系成为可能。

三种公共生活实实在在地发生在我们赖以生活的社群和社区之中。其中,影响最大的是调节和支配利益性公共生活之规则的缺失。利益冲突的持续往往是社区冲突持续的根本因素。居民所拥有的房产,是自身绝大多数财富的承载者,而居民缺乏机制和信任来进行集体行动,以保障自身的利益。例如,为防止小区盗窃在楼道中安置摄像头、老旧小区加装电梯、动用房屋维修基金、物业公司服务不到位等一系列涉及居民切身利益的公共生活事务,由于缺乏真正的议题建构与负责主体,以及民众事实上的低参与度,往往无法得到妥善且及时的处理。这其中,由于涉及巨大的经济利益,如作为房屋"养老钱"的巨额住房维修基金,有的小区甚至可达上亿元,整体金额已达上万亿元之巨。[1]但由于监管主体缺失,这些维修基金无法得到妥善管理,一直处于国家与社会监管的盲区,甚至被贪污挪用。[2]这一切都体现出居民公共生活缺乏的危险,同时也体现出,脱节的国家与社会应该怎样在"社会细胞"与公权力的交接点上建立起真正的对接,使"社会细胞"成为驱动国家与社会间联系机制得以运转的因素,最终实现社会的善治。

值得警惕的是,理论不能代替现实,在正式制度和非正式制度之间,现行体系下存在很多冲突。例如,业委会建立的制度设定。[3]业委会成立有明确的规章制度,但是实践中的非正式制度却使得业委会的成立极为艰难。这种制度性冲突是社区冲突持久存在的根源。又如,从物业公司方面来说,理论上,物业公司管辖事务是有相应权限的,但实际执行中物业公司对业主违背

---

① 参见黄博阳:《住宅维修基金之谜:到底有多少? 到底谁监管? 》,http://business.sohu.com/20150829/n420025583.shtml,2015 年 8 月 28 日。

② 参见张勇:《宁波"涨停板敢死队"又爆大案》,《经济观察报》,2009 年 5 月 20 日。

③ 参见袁汝婷、白田田、刘良恒:《15 年 4 次夭折:建个业委会咋这么难》,《半月谈》,2019 年第8 期。

公序良俗的行为往往没有强制执行权,而只能劝阻;从业主方面来说,由于缺乏制度支持,遵从正式规则很难解决问题,所以只能"以闹代谈"。民众为什么不遵守正式制度的规范? 是因为正式制度不完整、不健全,无法解决民众要解决的实际问题,所以只能通过不遵守正式制度以尝试解决问题。①

例如,我们考察某小区物业时发现这样一个现象:国家和社会非实体化导致"多源委托–单一代理"机制的出现。国家与社会并非单一实体,因此在自上而下的治理体系中,国家对社会的要求、对基层居委会业务的要求由各个部门分别发出,呈现多源头状态,不同单位条线下达不同要求,因此居委会对社区的要求也呈现多源状态。因为沟通效率和成本问题,其对接者在正式制度中应该是业委会,在非正式制度中变成了物业公司,引发物业公司面临"多源委托–单一代理"状况。因为业委会很难成立,也很难得到业主们的认可,因此利益冲突往往很难得到制度化解决。

单位制解体后,缺乏利益性公共生活的小区和社区中业委会无法成立或运行不良,业主没有组织,物业公司则是有组织并具有相应的制度性联系,并掌握治理所需关键信息,因此在面临多源委托时,基于自身利益对街道和业主需求作出选择性回应。这种选择性回应导致业主关注重点与物业公司无法"同频共振",引发业主不满与冲突;由于规则体系的不完善,物业成为业主群体与社会、政府各项矛盾的单一针对对象,由此持续地产生与物业公司的冲突。

只有自下而上、经过利益冲突方博弈所形成的制度才能得以遵守,只有利益性公共生活的正常运行才能达成一定的解决方案,消弭社区冲突。因此,不能以"互动""自上而下"等抽象词语来理解国家与社会关系,而应从正式制度与非正式制度间的冲突来理解转型中的国家–社会的互构关系,不同

---

① 参见［美］杰克·奈特:《制度与社会冲突》,周伟林译,上海人民出版社,2009 年,第 184 页。

的社会环境下经过利益性公共生活自下而上地构建出合适的规则,尽量弥合正式制度与非正式制度间的差距,使两者达成和谐,催动社会运转。

从国家与社会关系生活建构的角度出发,我们可以得出如下结论:社会冲突的持续,是因为社区和小区中利益性公共生活的缺失,同样也是因为国家和社会制度的不健全、矛盾无法转移,使得利益冲突各方持续对抗。为解决这样的困境,由于国家和社会间是互构关系,在建立能使利益性公共生活正常运行机制的同时,也应随之构建出合适的配套制度,以实现社会良好运转。之所以需要实现居民间利益性公共生活,是因为好的治理效果需要资金与资源,许多治理问题无法解决是因为资金和资源不足;无论社会组织也好,社区也好,都面临服务付费和可持续收益这一核心问题,外部资源不可能无限制地向社区中投入,最终需要由受益的业主和居民付费,因此必须实现社区与小区中利益性公共生活有序展开。利益性公共生活良性运行的意义,并不仅是为了减少或消灭社区冲突事件的产生,更是为了避免社区冲突的长久持续,从而促进社会能够持续平稳地运转起来!

"规则即是未来行动的指南"[①],每个人都希望过幸福的生活,而从幸福生活出发,就需要关注家门之外的公共生活,建立并维持良好的公共生活规则。国家与社会的关系、国家与人的关系,实际上是讲国家与"社会细胞"的互构关系、讲国家与"社会细胞"联系在一起的机制;把社会还原为一个真实的社会,各个"社会细胞"间的公共生活建构了国家与社会的关系基础,以人民为中心,需要关注每一个"社会细胞"。当每一个"社会细胞"健康幸福安宁的时候,在一个个"社会细胞"之上组成的、作为有机体的国家,必然会更加繁荣昌盛!

---

① [美]杰克·奈特:《制度与社会冲突》,周伟林译,上海人民出版社,2009年,第68页。

29. 人文治理与人文社区①

    社区治理的终极目标不在于培育和巩固治理的细胞和微观单元，而在于通过社区创造美好生活。政治创造美好生活，是对政治本质最崇高的表达。通过社区展示人性之美、乐群之美、利他之美，这是社区政治的本质之所在。从这个角度来说，理想的社区治理的终极形态就是人文治理，理想的社区生活的终极形态就是人文社区。

    在本体论层次，人文治理的基础是建构主义哲学，即人是社会的类存在物，其心灵观念具有后天的建构属性。在思想史中，人文治理虽未作为专门性概念被提出，但相关观念源远流长。从西方文明上看，古希腊人将德性视为公民在城邦生活中参与政治所必需的能力，②这种共和主义思想构成了人文治理的先声。文艺复兴的人文主义则打破了神权对个体的支配，表达了对人性的崇高歌颂和期望。启蒙时期的民情思想则在政治理论层面，有力强调了民众精神品质的政治意蕴。民情（moeurs）一词，就其基本特征而言，既包括

---

① 本节核心内容已发表，参见刘建军、邓理：《基于人文教育的人文治理——理论建构及实践进路》，《华东师范大学学报》（哲学社会科学版），2020 年第 2 期。

② 参见刘飞：《苏格拉底对德性的"技艺类比"》，《哲学动态》，2010 年第 12 期。

社会群体心理,也指代社会实践所彰显的行为特征和风格。布鲁姆(Bloom)指出,民情既关乎特定社会或民族集体层次的生活样式和伦理,也与个体精神、旨趣和道德存在密切关系。①

卢梭极为重视民情,认为:"最重要的法律不是铭刻在大理石上,也不是铭刻在铜表上,而是铭刻在公民们的内心里,它形成了国家的真正宪法……它就是风尚、习俗和舆论"②,"一切问题,归根到底是人的问题"。在经验研究领域,托克维尔则将民情发扬光大,通过观察美国民主,托克维尔有力论证了民情是美国民主制度赖以存在的基础,认为墨西哥虽然与美国有相似的地理位置和法律,但因为民情差异,导致民主制只能在美国生根发芽。具体而言,美国民情的内容包括独立思考、自治习惯、追求自由和热衷结社等。③在这个意义上,启蒙思想家提出了对于社会进步极为重要的命题,即民情的规范性问题,良好的民情能够强化治理绩效,成为政治稳定甚至政治体制的基石。遗憾的是,人文传统并没有抵挡住物质力量的蚕食,古典的人文传统及卢梭式、托克维尔式的情感与民情在市场化的扩张和掠夺中不堪一击。马克思异常深刻的"异化"理论就敲响了"异化社会"和"异化文明"的丧钟。

在东方,古老的中国也体现出浓郁的以人为本位的治理情节。与西方文化将人交给实体、上帝和理性不同,中国文化自始至终都没有脱离对人的关注。从中我们可以体悟中国文化没有走向异化的基础和西方文化蜕变为异己力量的根源。从词源上看,"文化"与"物化"相对,指的是以文化浸润的方式改造社会。在儒家看来,个体从野蛮到文明的过程需要通过教化实现,也就是"文质彬彬,然后君子"。而教化要旨,则是让每个人明白自己的身份并恪守行为规范,达到移风易俗和人心变易的目标,最终实现和谐社会的理

---

① 参见张国旺:《趣味、思虑与身体:卢梭论民情与现代个体的关系》,《社会学研究》,2014年第4期。

② [法]卢梭:《社会契约论》,何兆武译,商务印书馆,2003年,第70页。

③ 参见[法]托克维尔:《论美国的民主》,董果良译,商务印书馆,1991年,第358页。

想。因此,儒家一直强调人文伦理在国家治理中的基础性作用,并发展出了系统性教化体系。《周易》有言:"关乎天文,以察时变,关乎人文,则化成天下。"这里的人文指的就是以儒家礼乐为代表的教化体系。韩星认为,儒家社会治理的模式可以用"寓治于教"的概念概括,具体而言,包括宗教教化、道德教化、礼乐教化三个维度。①总之,礼治和德治的嵌入,使儒家形成了以反思内心、规训主体、格物修身为路径的社会治理方案,通过道德教化实现天下大治的政道理想。

从上述分析而见,无论西方抑或东方,人文治理都具有丰富的思想来源。它们和当代治理理论的关键差异在于展示了另一条通往善治的道路,即不是单纯依靠治理制度和结构,而是从正人心、塑民情的文化建构维度探讨治理问题。在某种程度上,当代治理理论关心的是国家如何通过善政来实现善治,代表了自上而下的路径。人文治理则关注民众如何通过善意、善言、善行来实现善治,代表了自下而上的路径。这两条进路,也应当构成我们思考国家和社会治理现代化的重要出发点。

人文治理和治理理论存在根本差异。在行为动机上,人文治理不再遵循理性经济人的前提假设,而认为人是康德所说的道德存在物,具有内在精神观念的可塑性。一方面,主体不仅具有动物的欲望属性和利己倾向,也具有生而为人的崇高性,被赋予了关于真善美的种种期望,具有完善道德情操的潜能。另一方面,从建构主义视角来看,人性是在特定历史和社会环境下所呈现出来的,通过实践活动,主体总是在不断反思和改造自身,始终处于被建构的状态。由此,人不仅是治理主体,同样也构成了治理客体和对象,面临着"治理自我"的问题。需要注意的是,人文治理和国家治理中的道德治理含义并不相同。道德治理针对的是道德失范问题,主要依赖法律、监督等硬性

---

① 参见韩星:《寓治于教——儒家教化与社会治理》,《社会科学战线》,2012 年第 12 期。

手段,遵循惩恶奖善的逻辑。与之相对,人文治理触及深层心灵层次,本质是对于主体价值规范的建构性活动。

人文治理遵从文化主义的路径,因此在内容上,它需要考虑到文化系统的结构。霍夫施泰德将文化层次比喻为"洋葱皮",区分了文化的四个维度:价值观、礼仪、英雄(社会的角色模范)和外显性符号。①沙因(Schein)将组织文化区别为外显性行为、支持性价值观和潜意识假定三个层面。②由于本节中的文化主要与价值规范相关,因此遵循由内而外、由心理向行为、由内隐向外显的递进关系,人文治理的具体内容可以区分为下述三个层次:

第一,价值观念层次。它属于人文治理的核心层。价值观对于主体的影响具有基础性, 它涉及主体的信仰体系和对真善美的理解。司怀特(Schwartz)认为,价值观存在三种来源:个人的需要、社会和谐互动的需要、社群生产和发展的需要。③按照关系范畴的不同,人文治理的价值观培育可以划分为四组类型:对于自我的理解、自我与他人的关系、自我与国家的关系以及自我与世界的关系,它们包含着不同的价值子集。例如,对自我的理解包括树立正确生命观、健康观、人生观等,自我与他人的关系涉及道德感和伦理,自我与国家的关系包括国家认同感、历史认同感、意识形态认同等信念体系的塑造,自我与世界的关系包括对大自然的观念等。上述价值范畴涵盖了个体生命历程最为重要的互动对象, 构成了价值判断和价值选择的基点。

第二,人格特质层次。所谓人格特质,是指个体所具有的一致、稳定、持

---

① 参见[荷]霍夫斯坦德:《跨越合作的障碍——多元文化与管理》,尹毅夫、陈龙、王小登译,科学出版社,1996年,第7页。

② See Tohidi H,Jabbari M M,Organizational Culture and Leadership,*Procedia-Social and Behavioral Sciences*,Vol.31,2012.

③ See Schwartz S H,Are There Universal Aspects in the Structure and Contents of Human Values,*Journal of Social Issues*,Vol.50,No.4,1994.

久的心理结构和观念。当然,人格具有多元性,不同主体往往具有不同人格特征。然而人格也有健康与病态、卓越与庸劣之分,社会文化系统对于不同人格具有差异性评价标准,这使得人格应当成为价值规范建构的重要维度。一方面,应当在教化过程中防止极端人格(如反社会人格)的出现;另一方面,良好的人格特征(如坚强意志、自我控制能力、自我管理能力、执行能力、创造力)等,也应当受到积极鼓励和培育,提升个体的人力资本。

第三,行为规范层次。行为规范类似于布迪厄所说的"惯习",是指个体所具有的一致、稳定、持久的行为模式。因其具有外显性,所以行为规范直接影响着社会治理效果,构成了评价人文治理绩效的直观标准。例如,具体化的生活习惯、社会交往规范、公共规则行为等,都属于行为规范层面。需要指出的是,传统的行为约束方式(如法律)更注重消极层面,体现的是"不能为之"的底线思维,而人文治理的行为内容不仅更为全面,更重要的是它还具有"应当为之"的积极性观念,例如帮助社会成员、进行公益活动等。因此,相较于传统治理,人文治理蕴含了更具倡导性的行动目标。

人文治理对价值规范的建构包括了价值观、人格特征和行为规范三个维度。在实现路径上,人文治理需要借助专门实践活动,实践活动应当涉及社会各种场域,既包括学校、社区、街道等公共空间,也特别关注传统上被忽视的家庭私人领域。上述三个内容维度,构成了人文治理实践致力于实现的核心目标,以之为导向才能建设人文社会。需要指出,人文治理并非试图对个体心灵进行全面控制,相反,它试图在社会文化系统的共性层面和主体的个性层面维持平衡,既使得主体能够自我赋能,也使得主体与社会之间保持和谐状态,从而最大程度地增进个人福利和公共利益的共赢。在价值规范建构的标准上, 人文治理寻求的是普世伦理和社会自身文化系统特殊性的统一,教化需要以现有社会文化体系作为参照,而不具有纯粹先验性。这意味着,人文治理实践是一种具有历史和文化相对性的治理活动。例如,在当代中国，人文治理应当以坚持社会主义核心价值体系作为宗旨之一，而由于平等已经成为基本价值，所以传统的身份等级观念就已经不具有合法性了。

相比于以往的治理模式，人文治理具有下述独特性：第一，在治理出发点上，它遵循人本主义而非事本主义逻辑，它围绕完整的人，而非碎片化和专门性的事务开展治理活动，以改善人、充实人、发展人作为目标。在这个意义上，人文治理是一种源头治理。第二，人文治理是一种长效治理，同时具有短期和长期两种效应。短期效应是指人文治理实践在多大程度上取得了成果，具有可考核性和可评估性。长期效应则具有不可量化性，是指在主体成功汲取相关价值规范、形成布迪厄所说的惯习之后，其心智和行为模式具有稳定性，能够自发在其他相关社会实践中，呈现、传播、扩散自身的人文观念和人文行动，进而提高社会整体治理绩效。例如，主体如果经过人文教化，形成了垃圾分类、不购买一次性物品等环保习惯，那么他就很可能将这些习惯维持终生，甚至通过网络关系影响其他人。这意味着，人文治理是一种基础性、整体性和系统性治理，对于其他社会治理实践具有很强的溢出功能，产生了经济学中所说的正外部性。在这个意义上，人文治理具有两种重要的社会价值。

首先，就文化系统而言，人文治理具有塑造良好社会风气、巩固主流价值观的功能。结构功能主义将社会区分为经济、政治、文化等不同系统，文化系统承担着重要的社会整合功能。随着改革开放的深化，当代中国社会面临的重要挑战是利己主义和共同体主义之间的张力关系，进而产生种种社会失范现象。对此，人文治理能提升社会核心价值体系的凝聚力和影响力。通过人文教化，主体能遵从公约法纪，改变其对于利益的界定和追求利益的方式，缓解社会冲突。

其次，就文化系统外部而言，从社会治理整体格局来看，人文治理能减少各类事务性治理的成本，强化社会治理绩效。人文治理对于社会治理的增益不在于提供资金、机制、技术等生产要素,而在于它提供了道德、价值、理念等最为重要的公共产品。因此,人文治理构成了诸多有益于解决公共事务的心理变量,例如社会资本、合作信任、效能感、公共意识的重要来源,减少"搭便车"行为,对于权力制度、制度治理、关系治理具有补充和完善作用。例如,提高集体层次的社会网络和资本是关系治理的重要内容,而人文治理可以使主体更容易对其他社会成员形成信任和合作倾向,通过提高人文素养来培育社会资本。因此,人文治理通过改变个体内在性禀赋,能够有限缓解社会治理所面临的失范困境。

　　人文治理着重于微观的主体层次,对于其他治理要素具有着基础性巩固和支持功能。需要指出的是,人文治理在多大程度上发挥其作用,取决于人文治理实践的具体效果。人文治理塑造出来的就是人文社区,但仅仅有健全的社区服务和良性的治理结构还不足以成为人文社区。人文社区最重要的表征就是社区能够释放出育人、养心的气息。人文的本意不在于对自身的关注,而是对所有人的尊重,对"人是目的"这一信条的践行。中国各个领域中出现的问题,其统一性的根源就在于转型期间的人文性缺失。从这个角度来说,承载人文性的社区教育、社区艺术、社区节日、社区仪式等,均已成为人文社区的重要部件。为中国社区注入人文要素,既是弥补其他领域人文性缺陷的应对策略,也是从源头上展示中国社区魅力、提升文化自信的必由之路。

30. 社区温度与社区风度^①

美国思想家艾默生(Ralph Waldo Emerson)说过："以爱为基础的秩序是不牢靠的。"^②这一信条深深地影响着一代又一代的美国人。资本主义法权社会塑造出来的就是以法律为基础的秩序。对法律的偏执导致了普特南所说的"社会资本"处于不断的流失之中。但是艾默生犯了一个错误,那就是缺乏以爱为基础的秩序也是不牢靠的。

当我们面对崇尚家庭、社群和集体的中国社会时,一种依靠温情互助、关系构建支撑起来的秩序正处于孕育和扩展的过程之中。一个显而易见的事实就是,市场化的逻辑并没有撕裂中国社会中的社群秩序,也没有斩断中国社会中的家庭纽带和社群纽带。中国社区对关系资源、情感资源、互助资源和共同体资源的持续开发和不断巩固,为中国复杂社会、流动社会、物权社会、网络社会和风险社会的治理奠定了一个广厚的基层底盘,从而托住了中国社会的快速变动与急剧转型。我们可以用"营造有温度的社区"来揭示

---

① 本节核心内容已发表,参见刘建军:《社区需要温度更需要风度》,《中国民政》,2018 年第 21 期。

② [美]莱斯利·里普森:《政治学的重大问题:政治学导论》,刘晓等译,华夏出版社,2001 年,第29 页。

其背后的秘密。熟人社区、互助社区、关联社区、温情社区等所有概念，均是对有温度社区的不同维度的表达。

市场化必然导致人与人关系的疏离。以物为媒介、以货币为媒介的关系实际上就是把人与人的交往变成了一种交易。人成为商品，是资本主义逻辑的必然结果。但是市场化并不能吞噬人的所有活动空间。这也是资本主义社会中人生困局的根源。社区，无论是作为生活单元，还是作为治理单元，其本性与市场化规则是不能同构的。我们甚至可以说，建立在理性人、私有物权和个人主义之上的所有经济原理，与社区生活和社区治理都是不相容的。当我们摆脱私有物权–公共物权、私有财产–公共财产、家庭劳动–生产劳动、个人主义–集体主义这些二元对立的框架之后，我们在社区发现了在这两极之间生长出了相邻物权、社会财产、社会劳动、关联主义等蕴含着社区温度的"公共空间"和"社区纽带"。这正是有温度的社区赖以存在和扩展的基础所在。从"一分为二"到"一分为三"，不仅仅是哲学观的革命，更是生命观的革新。有温度的社区，让人摆脱了物的奴役，回归到了真实的关系状态之中。有温度的社区，其实质就是关系资本、情感资本、结合型资本的培育和累积。关系构建、情感互通与内聚强化是有温度社区的真谛。

当然，社区作为公共生活单元和公共治理单元，仅仅有温度还是远远不够的。正如前文所言，在所有的社区中，均存在着三种类型的公共生活，即政治型公共生活、关系型公共生活、利益型公共生活。有温度的社区是与关系型公共生活相对应的。广场舞、舞蹈队、合唱队、书法团队等，都在不断地提高着人际交往的频率与密度。但是当我们面对社区中各种各样的公共议题的时候，当我们面对社区中纷繁复杂的利益纠葛和利益冲突的时候，社区的温度还不足以从根本上使社区公共秩序完全确立并延续下去。正是在这个意义上，我们提出了"社区的风度"这一命题。之所以提出这一命题，是因为我们发现人在组织（公司或党政部门）中都面临刚性的纪律、责任、义务约束。一旦回到社区,仿佛回到自然状态,对其社区行为的零约束导致了一系列社区治理困境的滋生与蔓延。社区的风度意指对法律的敬畏、对社区公约的遵循、对社区公共规则的实践,以及对个体部分利益和部分权利的让渡。我们在研究社区垃圾分类的过程中,发现社区的风度就体现在个人对其"利己性便利"的放弃之中。

我们要想在社区过有风度的生活,就得有忍受"烦琐"和"不便"的气质和追求。有风度的社区必然要求个体对其部分利益和部分权利的让渡甚至放弃,必然要求他不能随心所欲,必须遵守关系到每一个人生活质量的社区公共规则。从"有温度的社区"迈向"有风度的社区",就是实现了从关系到治理的升级。社区的关系维度和社区的治理维度,两者不可偏废。"关系构建+治理优化"乃是对社区公共秩序和基层公共秩序的双重界定。

那么我们不禁要问如下问题:社区温度与社区风度是割裂的吗? 社区温度与社区风度是对立的两极吗? 社区温度与社区风度是否可以嫁接在一起呢? 大量的事实证明,社区温度与社区风度并不是割裂的,而是相互促进的。社区温度为社规民约的制定奠定了良好的关系资本,社区温度大大降低了社规民约制定过程中的交易成本,进而提高了人们对社规民约的认同程度和实践能力。同样,社区风度又反过来强化了人们在处理公共议题、参与公共事务中的交往频率和交往密度。如果没有社区温度的支撑,很多社规民约将形同虚设。因为社区是一个非常特殊的空间,这里没有严格意义上的处罚权、执法权和立法权。社区从根本上来说是集情感性与规则性于一身的"复合空间"。如果说社区是一枚硬币,那么它有两面:首先,情感维度、关系维度是一面;其次,规则维度、治理维度是另一面。一枚硬币离开其中任何一面,另外一面也就不复存在。单一的情感和关系维度不足以维系社区的公共状态,单一的规则和治理维度会阉割社区的本质属性。社区温度的提升、社区风度的构建,实际上就是一个将原始的"自然人"转变为"社区人"的过程。这一过程将人是多种社会关系的总和这一属性充分展现出来了。

营造有温度的社区,这是人之情感的自然展现;构建有风度的社区,这是人之理性的优雅张扬。没有温度,社区就是个人主义偏执狂的墓地;没有风度,社区就是私人利益无限扩张的死穴。社区不仅需要温度,更需要风度。两者不可偏废,缺一不可。因为温度与风度是社区这枚硬币的两面,缺一不可。

结语：社区建设的五个维度

　　"社区中国"的基本内涵就是社区已经替代单位，或者说社区已经成为与单位并行的社会基本单元。社区的开放性、伸缩性、韧性与弹性是单位组织所不具备的。从这个角度来说，社区建设是支撑中国社会治理体系、国家治理体系最为重要的要素。所以中国不是把社区视为国家之外的独立领域。这是中国大一统的制度基因决定的。它不像联邦制国家那样，在其国土之上并立着上千上万个互不隶属的自治单位。大一统、中央集权的传统，以及政党国家的逻辑，决定了社区的基石地位。这一点，司马迁在《史记》中说得非常通透：

　　　　天下之患，在于土崩，不在于瓦解，古今一也。何谓土崩？秦之末世是也。陈涉无千乘之尊，尺土之地，身非王公大人名族之后，无乡曲之誉，非有孔、曾、墨子之贤，陶朱、猗顿之富也。然起穷巷，奋棘矜，偏袒大呼而天下从风，此其故何也？由民困而主不恤，下怨而上不知（也），俗已乱而政不修，此三者陈涉之所以为资也。是之谓土崩。故曰天下之患在于土崩。①

如果说像罗马帝国、欧盟这样庞大的政治机体，其最大的隐患和挑战在于"瓦解"的话，那么像中国这样集政治共同体、民族共同体与文明共同体于一身的超大型机体，其最大隐患就在于"土崩"。用中国政治学家徐勇教授的话来说，在中国历史上，就是政治共同体的连续性可以被打破，但文明共同体与民族共同体的生命力又驱使后来者在原来的土地上夯土再建，而不是像罗马帝国瓦解之后，后人易地重建。②从这个角度来说，基层治理单位的基石地位，自秦始皇"废封建，立郡县"，建立大一统政治体系之后，就没有改变过。相反，基层的涣散必然导致整个体系的土崩。

社区中国的历史意蕴已经跃然纸上。如果说在西方选举制度之下一切政治都是"乡土"（基层或社区）的，那么对于中国这个一统体系绵延至今的国家来说，一切政治既是国家的，也是基层或社区的。因为中国政治的理论逻辑、历史逻辑和制度逻辑拒绝在结构、空间和层级上的刚性分离。在本书对社区中国的解剖即将进入尾声的时候，我们提出了社区建设的五个维度，作为我们对本书的总结和对社区中国未来延展的期许。这五个维度一是服务传递，二是关系构建，三是治理优化，四是人文滋养，五是发展持续。与其说这是社区建设的五个维度，不如说这是夯实国家治理基石的五个维度。

第一个维度是服务传递。服务传递的背后就是社区公共产品的提供。社区公共产品的提供有其特殊的逻辑和路径。这一逻辑和路径的中国表达就是"政府治理、社会调节和居民自治的良性互动"。首先，困扰基层社会治理的第一大任务就是解决公共服务的均等化问题。解决公共服务可得、可达的

---

① 司马迁：《史记》卷一百一十二，《平津侯主父列传第五十二》，中华书局，1959年，第2956页。

② 参见徐勇教授2020年6月23日在华东政法大学主办的第9期"东方明珠大讲坛"上所做的"两种政体，三类共同体"的学术报告。

问题是今后很长一段时间,实现公共服务均等化的立足点和着力点。这一问题必然要在基层治理当中,在社区当中寻找答案。因为社区是社会治理的最后单元、基础单元,也只有在"街居制"或"街社(区)制"的治理结构中才能贯彻和落实公共服务。正是根据这一公共服务的供给逻辑,形成了我国社会治理的基本要求,即治理重心下移、资源下沉、权力下放。

首先,各地根据党和国家的要求,形成了大量以"社区生活圈"为核心实现公共服务均等化的有益探索。"社区生活圈"是公共服务均等化落地的有效途径,从公共服务提供者的角度看是实现供给的精准与效率,从城市居民的角度看是实现服务的可得与可达。以"步行友好"(十五分钟)为原则的"社区生活圈"照顾了人们日常生活的安全、便捷,兼顾了公共资源的有效、合理利用,提升了人与城市的关联程度和亲近程度。发展和巩固"社区生活圈"的核心地位,通过优化条块服务供给,打造资源整合平台,借助互联网,最大程度地实现公共服务均等化,构建普惠型的共享社区,是服务传递这一维度的重要内容。在将来的城市规划中,如何将分立平行的"十五分钟生活圈"拼接在一起,形成连贯性的城市场景,最大限度地展示城市空间的美学景观,将是将服务传递与人文滋养贯通在一起的重要途径。

其次,社会力量在社区公共产品提供过程中的服务能量已经被释放出来了。社区基金会、社区企业、企业组织和其他社会组织,都在社区服务传递中显示了财富的社会性归宿这一命题的力量。

最后,居民在服务传递过程中尽管扮演着不同的角色,但居民作为积极行动者的迹象已经开始出现。中国的住房制度及规划视角下的小区制、新街坊制决定了居民不是社区服务传递的旁观者,而是应该成为积极的参与者和行动者。"科斯定理"指出:在交易费用为零的情况下,不管权利如何进行初始配置,当事人之间的谈判都会导致资源配置的帕累托最优。我们也可以说:在人人成为积极行动者的前提下,社会治理的成本趋向于"最小化"。

第二个维度是关系构建。创新基层社会治理的一个秘诀就是在资源投放、项目开展的过程中,着力于社会关系的构建。社会学家帕特南提出的"社会资本"这一概念就是着眼于此。缺乏社会资本和社会关系的资源投放和服务供给是机械的,不是有机的。资源下沉不能脱离人。党的十九大提出要建设健康中国。健康中国最为基础的要素是健康的人格和健康的社区。我们一直强调,人的健康有三个指标:一是身体健康,二是心理健康,三是社会功能良好。社区建设不是仅仅着力于社区公共产品的供给,更是着力于将公共产品作为恢复和丰富社会关系的媒介。这是社区建设的通则,即任何投放的资源和供给的公共产品都应该转化为关系媒介。唯有如此,社区作为一个有生命的空间才能释放出"韧性"(resilience)的品质,才能在关系构建中不断得以"活化"(activation)。

第三个维度是治理优化。基层社会治理,仅仅有服务传递和关系构建是不够的,更要有收集、商议和解决公共议题的制度安排和机制支撑。社区生活也是一种公共生活。公共生活必然要产生出各种公共议题。在中国基层社会领域,存在着政治性、关系性和利益性三种类型的公共议题。尤其是各种利益冲突型议题的凸显和喷发,对社区建设提出了严峻的挑战。发端于上海的"三会制度"就是解决各种类型公共议题的制度安排和机制创新。社区建设应该将服务、关系嵌入到治理优化的轨道之中,为基层社会领域矛盾调处、议题化解和共识达成提供强而有力的制度保障。

第四个维度是人文滋养。所谓人文滋养就是要培养健康的公益人格、公共人格和利他人格。人最伟大的事情就是从自然人跃升为"人格"。这就是人文滋养的魅力。社区建设的一个重要使命,就是开发社区人文资源的文化标识,为社区注入价值和灵魂,使其成为安放心灵、接受启迪的重要空间。换言之,人在社区中,不仅是权利的捍卫者,不仅是公共事务的参与者,更是生命积极能量的传播者。与西方把社区视为国家之外的独立领域不同的是,中国把社区视为是家庭的扩大,是与国家连为一体的公共生活领域。人们常说的家国一体、家国情怀等,指的就是这个道理。从这个角度来说,中国社区中的各种服务、参与、议事平台,不仅是提供服务、构建关系、优化治理的窗口与阵地,更是展示中国社区和基层社会人文魅力、给人以人文滋养的丰厚土壤。

第五个维度是发展持续。尽管中国的制度决定了社区是国家中的社区,但是社区并不是完全被动接受各种资源输入、被动接受各种恩赐的客体。而且现代国家的治理能力也决定了把社区完全纳入到国家财政体系的做法是不现实的。可持续发展动力的匮乏是目前中国所有社区面临的困境与瓶颈。社区要么作为资源的消耗者,要么作为内生活力极度贫困的衰败者,蒙上了一层发展衰朽的阴影。于是,我们看到的是社区行政化、社区废墟化、社区无序化等多重形态。具有自我更新能力、自我营造能力、自我进化能力的可持续发展的社区是非常稀缺的。

从这个角度来说,对社区经济维度、场景维度的关注是开发社区可持续发展能力的理论基点。社区企业、股份社区、社区合伙人①等新型要素可能会蕴含着培育社区可持续发展的种子。通过经济纽带将社区内外要素串联起来,通过场景营造拓展社区的空间范围,丰富社区的经济内涵,把社区内部各要素拼接、连接在一起,塑造体现场景美学的立体社区、场景社区、美学社区、景观社区,不仅是为社区注入可持续发展的动力,更是实现"社区社会主义"的重要路径。正如单位社会主义的基础在于单位的经济功能和资源再分配功能一样,社区社会主义的基础则是与外部性的公共资源输入、内在性的资源再生能力这两重面向联系在一起的。

---

① 即社区引进的出资人。该出资人用社区闲置场所开设的低盈利空间,通过非盈利导向的收费机制反哺社区公益基金。

参考文献

（一）中文书籍

[1]［美］埃里克·达米安·凯利、芭芭拉·贝克尔：《社区规划：综合规划导论》，叶刘茂、吴宇红译，中国建筑工业出版社，2009年。

[2]［美］埃里克森：《无需法律的秩序：邻人如何解决纠纷》，苏力译，中国政法大学出版社，2003年。

[3]［美］埃莉诺·奥斯特罗姆：《公共事物的治理之道：集体行动制度的演进》，余逊达、陈旭东译，上海三联书店，2000年。

[4]［美］艾伯特·O.赫希曼：《转变参与：私人利益与公共行动》，李增刚译，上海世纪出版集团、上海人民出版社，2015年。

[5]［英］艾伦·麦克法兰：《现代世界的诞生》，管可秾译，上海世纪出版集团、上海人民出版社，2013年。

[6]［英］艾伦·麦克法兰：《英国个人主义的起源》，管可秾译，商务印书馆，2008年。

[7]［美］爱德华·格莱泽：《城市的胜利》，刘润泉译，上海社会科学院出

版社,2012 年。

[8][美]爱丽丝·戈夫曼:《在逃:一个美国城市中的逃亡生活》,赵旭东等译,中国人民大学出版社,2019 年。

[9][英]安德鲁·查德威克:《互联网政治学:国家、公民与新传播技术》,任孟山译,华夏出版社,2010 年。

[10][法]邦雅曼·贡斯当:《古代人的自由与现代人的自由》,阎克文、刘满贵等译,上海人民出版社,2017 年。

[11]包利民:《生命与逻各斯》,东方出版社,1996 年。

[12]曹锦清、陈中亚:《走出"理想城堡"——中国"单位"现象研究》,海天出版社,1997 年。

[13]曹文柱、赵世喻、李少兵:《飘逝的岁月:中国社会史》,华东师范大学出版社,2001 年。

[14]陈澔注:《礼记·礼运》,上海古籍出版社,2016 年。

[15]陈伟东:《社区自治——自组织网络与制度设置》,中国社会科学出版社,2004 年。

[16]陈文:《社区业主自治研究》,中国社会出版社,2011 年。

[17]陈周旺:《社区中的国家:中国城市社区治安体系研究》,复旦大学出版社,2011 年。

[18][美]戴维·波普诺:《社会学》(第十一版),李强等译,中国人民大学出版社,2007 年。

[19][加拿大]丹尼尔·亚伦·西尔、[美]特里·尼科尔斯·克拉克:《场景:空间品质如何塑造社会生活》,社会科学文献出版社,2019 年。

[20][美]丹尼斯·R.贾德、托德·斯旺斯特罗姆:《美国的城市政治》,于杰译,上海社会科学院出版社,2017 年。

[21][美]道格拉斯·诺斯:《经济史中的结构与变迁》,陈郁等译,上海三

联书店,1994年。

[22]费孝通:《乡土中国 生育制度》,北京大学出版社,1998年。

[23]费孝通:《中国士绅》,外语教学与研究出版社,2011年。

[24][法]福柯:《安全、领土与人口》,钱翰、陈晓径译,上海人民出版社,2010年。

[25]付磊:《转型中的大都市空间结构及其演化——上海城市空间结构演变的研究》,中国建筑工业出版社,2012年。

[26]高放、高哲、张书杰等:《马克思恩格斯要论精选》(增订本),中央编译出版社,2017年。

[27]顾元:《衡平司法与中国传统法律秩序:兼与英国衡平法相比较》,中国政法大学出版社,2006年。

[28]郭圣莉:《居委会的创建与变革——上海市个案研究》,中国社会出版社,2006年。

[29]韩潮主编:《谁是马基雅维利》,上海人民出版社,2010年。

[30][德]黑格尔:《法哲学原理》,范扬、张全泰译,商务印书馆,1979年。

[31][法]亨利·列斐伏尔:《空间与政治》,李春译,上海人民出版社,2015年。

[32][荷]霍夫斯坦德:《跨越合作的障碍——多元文化与管理》,尹毅夫等译,科学出版社,1996年。

[33][美]杰克·奈特:《制度与社会冲突》,周伟林译,上海人民出版社,2009年。

[34][德]康德:《世界公民观点之下的普遍历史观念》,何兆武译,商务印书馆,1990年。

[35][德]柯武刚、史漫飞:《制度经济学——社会秩序与公共政策》,史漫飞、韩朝华译,商务印书馆,2001年。

[36]孔子:《论语》,杨伯峻、杨逢彬注译,岳麓书社,2018年。

[37]寇延丁、袁天鹏:《可操作的民主:罗伯特议事规则下乡全纪录》,浙江大学出版社,2012年。

[38][英]拉尔夫·达仁道夫:《现代社会冲突》,林荣远译,中国社会科学出版社,2000年。

[39][美]拉塞尔·M.林登:《无缝隙政府:公共部门再造指南》,汪大海等译,中国人民大学出版社,2002年。

[40]李汉林:《中国单位社会》,上海人民出版社,2004年。

[41]李锦峰:《物权治理与物业管理指导手册》,格致出版社、上海人民出版社,2019年。

[42]李路路、李汉林:《中国的单位组织》,浙江人民出版社,2000年。

[43]李威利:《城市基层党建指导手册》,格致出版社、上海人民出版社,2019年。

[44]李向前、江维:《院落自治实务》,四川大学出版社,2017年。

[45]李友梅等:《城市社会治理》,社会科学文献出版社,2014年。

[46]李志刚、顾朝林:《中国城市社会空间结构转型》,东南大学出版社,2011年。

[47]梁漱溟:《中国文化要义》,上海人民出版社,2011年。

[48]梁治平:《清代习惯法:社会与国家》,中国政法大学出版社,1996年。

[49][美]林南:《社会资本——关于社会结构与社会行动的理论》,张磊译,上海世纪出版集团、上海人民出版社,2005年。

[50]刘春荣:《社区治理与中国政治的边际革新》,上海人民出版社,2018年。

[51]刘春荣、耿曙、陈周旺主编:《中国城市基层治理研究读本》,复旦大学出版社,2018年。

[52]刘建军、宋道雷、李威利等:《联动的力量——基层治理创新:以杭

州市上城区为研究对象》,格致出版社,2018 年。

[53]刘建军:《单位中国——社会调控体系重构中的个人、组织与国家》,天津人民出版社,2000 年。

[54]刘建军:《古代中国政治制度十六讲》,上海人民出版社,2009 年。

[55]刘建军:《居民自治指导手册》,格致出版社,2016 年。

[56]刘建军等:《创新与修复:政治发展的中国逻辑 1921—2011》,中国大百科全书出版社,2011 年。

[57]刘建军等:《新中国根本政治制度研究》,上海人民出版社,2009 年。

[58]楼庆西:《亭子》,清华大学出版社,2016 年。

[59][法]卢梭:《社会契约论》,何兆武译,商务印书馆,2003 年。

[60][美]鲁思·本尼迪克特:《菊与刀》,来鲁宁、赵伯英译,陕西人民出版社,2009 年。

[61][法]罗伯斯庇尔:《革命法制与审判》,赵涵舆译,商务印书馆,2011 年。

[62][美]罗伯特·D.帕特南:《使民主运转起来》,江西人民出版社,2001 年。

[63][英]洛克:《政府论》(下卷),叶启芳、瞿菊农译,商务印书馆,1996 年。

[64][美]马丁·夏皮罗:《法院:比较法上和政治学上的分析》,中国政法大学出版社,2005 年。

[65][德]马克斯·韦伯:《新教伦理与资本主义精神》,李修建、张云江译,九州出版社,2007 年。

[66][德]马克斯·韦伯:《学术与政治》,钱永祥译,广西师范大学出版社,2010 年。

[67]《马克思恩格斯选集》(第一卷),人民出版社,1966 年。

[68]《马克思恩格斯文集》(第一卷),人民出版社,2009 年。

[69][英]梅因:《古代法》,沈景一译,商务印书馆,1996 年。

[70][法]孟德斯鸠:《论法的精神》(上卷),许明龙译,商务印书馆,2008 年。

[71][意]尼科洛·马基雅维利:《君主论》,潘汉典译,商务印书馆,1985年。

[72][美]帕克等:《城市社会学——芝加哥学派城市研究文集》,宋俊岭、吴建华、王登斌译,华夏出版社,1987年。

[73]瞿同祖:《中国法律与中国社会》,中华书局,2003年。

[74]沈奕斐:《被建构的女性:当代社会性别理论》,上海人民出版社,2005年。

[75]宋昌斌:《编户齐民——户籍与服役》,长春出版社,2004年。

[76]宋庆华主编:《沟通与协商:促进城市社区建设公共参与的六种方法》,中国社会出版社,2012年。

[77]谭琦:《日本国立小学365天》,生活·读书·新知三联书店,2017年。

[78]唐亚林:《从边缘到中心:当代中国政治体系构建之路》,华东理工大学出版社,2006年。

[79]唐亚林:《当代中国政治发展的逻辑》,上海人民出版社,2019年。

[80]唐亚林等:《社区治理的逻辑:城市社区营造的实践创新与理论模式》,复旦大学出版社,2020年。

[81][德]滕尼斯:《共同体与社会》,张巍卓译,商务印书馆,2019年。

[82][法]托克维尔:《旧制度与大革命》,冯棠译,商务印书馆,1992年。

[83][法]托克维尔:《论美国的民主》,董果良译,商务印书馆,1991年。

[84]汪民安编:《什么是批判·福柯文选Ⅱ》,北京大学出版社,2016年。

[85]王笛:《街头文化:成都公共空间、下层民众与地方政治(1870—1930)》,李德英等译,商务印书馆,2013年。

[86]王丰:《分割与分层:改革时期中国城市的不平等》,浙江人民出版社,2013年。

[87]王利器等主编:《国立北京大学五十周年纪念论文集》,北京大学出版部,1948年。

[88]王元：《日本城市综合管理》，上海远东出版社，1997年。

[89]王政、杜芳琴：《社会性别研究选择》，上海三联书店，1998年。

[90][美]威廉·富特·怀特：《街角社会》，黄育馥译，商务印书馆，2007年。

[91]吴晓林：《房权政治：中国城市社区业主维权》，中央编译出版社，2016年。

[92][古罗马]西塞罗：《论共和国·论法律》，王焕生译，中国政法大学出版社，1997年。

[93]萧公权：《中国政治思想史》，辽宁教育出版社，2001年。

[94]熊易寒：《城市化的孩子——农民工子女的身份生产与政治社会化》，上海人民出版社，2010年。

[95]徐勇：《关系中的国家》（第一卷），社会科学文献出版社，2019年。

[96]徐勇：《关系中的国家》（第二卷），社会科学文献出版社，2020年。

[97][匈牙利]雅诺什·科尔奈：《社会主义体制：共产主义政治经济学》，张安译，中央编译出版社，2006年。

[98][英]亚当·弗格森：《文明社会史论》，林本椿、王绍祥译，浙江大学出版社，2010年。

[99][英]亚当·斯密：《道德情操论》，蒋自强等译，商务印书馆，1997年。

[100][英]亚当·斯密：《国富论》，高格译，中国华侨出版社，2018年。

[101][古希腊]亚里士多德：《尼各马可伦理学》，廖申白译注，商务印书馆，2003年。

[102][古希腊]亚里士多德：《政治学》，吴寿彭译，商务印书馆，1996年。

[103][以色列]尤瓦尔·赫拉利：《人类简史：从动物到上帝》，林俊宏译，中信出版社，2014年。

[104][英]约翰·伦尼·肖特：《城市秩序：城市、文化与权力导论》，郑娟、梁捷译，上海人民出版社，2015年。

[105]俞祖成等:《社区公共危机管理指导手册》,格致出版社、上海人民出版社,2020年。

[106][美]詹姆斯·S.科尔曼:《社会理论的基础》(上),邓方译,社会科学文献出版社,2008年。

[107][英]詹姆斯·布赖斯:《现代民治政体》(上下册),张慰慈等译,吉林人民出版社,2001年。

[108][英]詹姆斯·弗农:《远方的陌生人:英国是如何成为现代国家的》,张祝馨译,商务印书馆,2017年。

[109]张纯明:《中国政治二千年》,商务印书馆,1942年。

[110]张冠生:《费孝通晚年谈话录(1981—2000)》,生活·读书·新知三联书店,2019年。

[111]张晋藩:《中国法律的传统与近代转型》,法律出版社,2005年。

[112]张乐天:《告别理想——人民公社制度研究》,东方出版中心,1998年。

[113]赵世瑜:《吏与中国社会》,浙江人民出版社,1994年。

[114]赵子建:《基层政府人员编制隐性膨胀问题研究》,国家行政学院出版社,2013年。

[115]郑永年:《中国的"行为联邦制":中央-地方关系的变革与动力》,东方出版社,2013年。

[116]周晓虹:《传统与变迁:江浙农民的社会心理及其近代以来的嬗变》,生活·读书·新知三联书店,1998年。

[117]周振鹤:《中国地方行政制度史》,上海人民出版社,2005年。

[118]周振鹤:《中国历代行政区的变迁》,中国国际广播出版社,2010年。

[119]左才:《政治学研究方法的权衡与发展》,复旦大学出版社,2017年。

[120]《左传》,蔡践解译,中国纺织出版社,2017年。

（二）英文书籍

［1］Amitai Etzioni, *The Spirit of Community*, Simon & Schuster, 1993.

［2］David Easton, *The Political System*, Knopf, 1953.

［3］David I. Kertzer, *Ritual, Politics, and Power*, Yale University Press, 1989.

［4］Ernest Gellner, *Nation and Nationalism*, Cornell University Press, 1983.

［5］Ferdinand Tönnies, *Community and Civil Society*, trans. Margaret Hollis, Cambridge University Press, 2001.

［6］Haus Michael, Heinelt Hubert, Stewart, Murray, *Urban Governance and Democracy Leadership and Community Involvement*, Routledge, 2005.

［7］Jean B. Quandt, *From the Small Town to the Great Community: The Social Thought of Progressive Intellectuals*, Rutgers University Press, 1970.

［8］Jennifer Rudolph and Michael Szonyi eds., *The China Questions: Critical Insights into a Rising Power*, Harvard University Press, 2018.

［9］Karl W. Deutsch, *The Nerves of Government: Models of Political Communication and Control*, The Free Press, 1963.

［10］Lander J.R., *Government and Community*, Edward Arnold, 1980.

［11］Lily L. Tsai. *Accountability without Democracy, Solidary Groups and Public Goods Provision in Rural China*, Cambridge University Press, 2007.

［12］Manuel Castells, *The City and the Grassroots: A Cross-Cultural Theory of Urban Social Movements*, University of California Press, 1983.

［13］Mark Gottdiener, Leslle Budd and Panu Lehtovuori, *Key Concepts in Urban Studies(Second Edition)*, Sage Publication Ltd., 2016.

［14］Mark Roseland, *Toward Sustainable Communities: Resources for Citizens and Their Governments*, New Society Publishers, 2005.

［15］Matthew Desmond,*Evicted:Poverty and Profit in the American City*, Penguin Random House LLC.,2017.

［16］Morton H. Fried,*The Evolution of Political Society:An Essay in Political Anthropology*,Random House,1967.

［17］Philip Pettit,*Republicanism:A Theory of Freedom and Government*, Clarendon Press,Oxford University Press,2010.

［18］Robert David Sack,*Human Territoriality:Its Theory and History*,Cambridge University Press,1986.

［19］Robert Nisbet,*The Sociological Tradition*,Transaction Publishers,1993.

［20］Takeshi Inagami,D. Hugh Whittaker,*The New Community Firm:Employment,Governance and Management Reform in Japan*,Cambridge University Press,2005.

［21］Ted C. Lewellen,*Political Anthropology:An Introduction*,Praeger Publishers,2003.

［22］Yuval Noah Harari,*21 Lessons for the 21st Century*,Jonathan Cape, 2018.

后 记

20年前我的第一本书《单位中国》在天津人民出版社出版。20年后,我的《社区中国》又在天津人民出版社出版。这是我与天津人民出版社的不解之缘。巧合的是,《单位中国》与《社区中国》正好构成了我研究中国基层治理与中国社会的姊妹篇。

光阴似箭,岁月如梭。20年弹指一挥间。在我的这本新书即将付梓之际,我特别想表达对两个人的感激之情。

首先感谢上海市民政局前局长马伊里博士。2012年7月至2013年7月,我以上海民政局局长助理的身份进行了一年的挂职锻炼。正是这一年的挂职改变了我日后学术研究的路径与风格。从书房中的孤芳自赏,猛然扎根于中国日新月异的大地,这一转换所带来的冲击可谓是刻骨铭心。在我的学术灵感与学术想象陷入枯竭的时候,这一年的挂职经历宛如一簇火焰重新点燃了我的学术激情。感谢马伊里博士给我带来如此宝贵的机会,让我的研究实现了从文字世界向生活世界的转移。本书中的很多观点和判断就是直接来自她的教诲与启发,尤其让我感动的是她欣然为本书作序。马伊里博士对我的帮助与提携我将终生不忘。

　　我要感谢的第二个人就是天津人民出版社总编辑王康。王康毕业于复旦大学国际关系与公共事务学院，在她毕业之际，我正好作为研究生辅导员参加了他们的毕业茶话会。正是在这次茶话会上，我问她到什么单位工作。她告诉我是去天津人民出版社工作。我告诉她我正在写一本研究中国单位组织的书，同时问她能否在天津人民出版社出版。王康慨然允诺。这温暖感人的一幕至今还印在我的脑海里，难以消逝。因为在那个时候，年轻人要想出一本书是非常艰难的。

　　为撰写此书，我做了十年的艰苦积累。在这过去十年中，我扎根中国大地，走进普通人的生活世界之中，试图搜寻和捕捉中国人的生活密码，感受和体悟中国人生活的魅力。俗话说，读万卷书，行万里路。我觉得只有这两点还不够，还要"知万件事，识万个人"。"知万件事"就是熟读历史，"识万个人"就是走进人的心中。上知天文、下知地理固然重要，但如果不懂人心，注定不能作出正确的决策，也无法做出有生命力和穿透力的学问。孔子说："四十不惑。"我恰恰相反。我是"四十而惑"。在我困惑的时候，回归大地、直面人心的"涅槃"，让我的学术获得了再生。

　　要想读懂当今中国，在司马迁所说的"天人"和"古今"的框架中，是远远不能奏效的。因为今日之中国远非传统中国所能比拟。当今中国的国家治理在投射空间、构成要素、运行机制以及观念世界等诸多方面，已经完成了对传统中国的整体性超越。所以在"天人"和"古今"之外，我们还必须加上"群己"与"中外"两条轴线。在当今世界，要想成一家之言，不仅要"究天人之际，通古今之变"，还要"明群己之界，汇中外之流"。我们只有在天人、古今、群己、中外组成的立体坐标中，才能读懂中国，才能真正做到潘光旦先生所追求的"安其位、遂其生"。

　　我写《社区中国》一书，力求在以上四重轴线组成的立体坐标中，思考中国人所处的生活空间的意义，探索生活空间与国家、世界的关联。本书是否能做到成一家之言,是否能做到文以载道,我不敢妄断。但不盲从他人之说,力求言之有物,我还是有一点把握的。因为过去十年,是我学术研究最有底气的十年。一旦从前人创造特别是西方学术界创造的概念的迷思中突围出来,才发现世界是那么的广阔、生动和优美,绝不是西方概念体系中的单一面目与僵化教条。复旦大学历史学家周振鹤先生提出"历史学处在人文与科学之间"这一重要命题。我则认为政治学处在合法性(合道性)与有效性、相对与绝对、理想与现实之间。过度偏向一方,都会导致政治学的偏执与狭隘。我试图在"一分为三"的哲学观中,向读者展示政治学的中和与冷静。本书是否达成这一目的,敬请读者评判。

本书的部分内容已在《社会》《学术月刊》《复旦学报》《华东师范大学学报(哲学社会科学版)》《吉林大学社会科学学报》《江苏行政学院学报》《南京社会科学》《湖北社会科学》等刊物上发表过。感谢我的合作者,是他们的慷慨才让我将以上成果收录到本书之中。感谢我的学生张兰、邓理、耿鑫宇、马梦岑、金美来、牛长璐、莫丰玮为校订书稿所付出的辛勤努力。他们一丝不苟、追求完美的做事态度让我感动。在本书最后的杀青阶段,我的博士研究生张兰贡献甚多,在此特别致谢。

当然,有一句话是不能遗漏的。那就是:任何建议和批评对我来说都是最宝贵的财富。

刘建军

2020 年 6 月 18 日于复旦大学